JULIO CESAR AMORIM FERREIRA

ESCOLHA VENCER

Literare Books
INTERNATIONAL
BRASIL · EUROPA · USA · JAPÃO

Presidente do conselho:
Maurício Sita

Presidente:
Alessandra Ksenhuck

Vice-presidentes:
Cláudia Pires e Julyana Rosa

Diretora de projetos:
Gleide Santos

Capa e projeto gráfico:
Gabriel Uchima

Diagramação:
Alexandre Alves

Revisão:
Josué Dantas

Assistente editorial:
Júlia Almeida

Impressão:
Printi

Dados Internacionais de Catalogação na Publicação (CIP)
(eDOC BRASIL, Belo Horizonte/MG)

F383e

Ferreira, Julio Cesar Amorim.
Escolha vencer: criando o hábito de conquistar sonhos e objetivos / Julio Cesar Amorim Ferreira. – São Paulo, SP: Literare Books International, 2024.
344 p. : 16 x 23 cm

ISBN 978-65-5922-876-8

1. Empreendedorismo. 2. Desenvolvimento pessoal. 3. Sucesso. I. Título.

CDD 658.4

Elaborado por Maurício Amormino Júnior – CRB6/2422

Literare Books International.
Alameda dos Guatás, 102 – Saúde– São Paulo, SP.
CEP 04053-040
Fone: +55 (0**11) 2659-0968
site: www.literarebooks.com.br
e-mail: literare@literarebooks.com.br

MISTO
Papel | Apoiando o manejo florestal responsável
FSC® C196274

Julio Cesar Amorim Ferreira

ESCOLHA VENCER

Literare Books
INTERNATIONAL
BRASIL · EUROPA · USA · JAPÃO

Criando o hábito de conquistar sonhos e objetivos.
Julio Cesar Amorim Ferreira

SUMÁRIO

DESTAQUE

Meu avô Pedro me ensinou muito sobre a vida e sempre tive uma admiração enorme por ele. Lembro-me que ele era motorista de ônibus, usava uma gravata de crochê, e o nó que dava na gravata ficava enorme. Eu gostava daquilo e dizia que um dia usaria gravata e daria o mesmo nó que ele dava.

E eu realmente fiz isso, o que marcou muito a minha imagem no mercado corporativo, porque todo mundo comentava sobre como o nó da minha gravata era enorme. E então eu respondia que ali havia algo muito maior do que um simples nó de gravata. Porque ali estava a lembrança do meu avô, com todos os ensinamentos que ele havia passado para mim e com o amor e a admiração que eu tinha por ele.

Espero que com este livro eu consiga passar para você ao menos um pouco de toda a inspiração que meu avô Pedro trouxe para a minha vida.

DEDICATÓRIA

Dedico este livro a Deus, que tornou tudo possível em minha vida.

Foi Ele quem me proporcionou minhas histórias de vida, com momentos de vitória ou de dificuldades, histórias reais que apresentaram oportunidades que me permitiram desenvolver o método que apresento neste livro, com o objetivo de contribuir com as pessoas e com as empresas para que tenham melhores resultados.

Durante toda minha jornada, durante todo o caminho, Deus esteve presente e me orientou para que eu pudesse fazer algo com a intenção genuína de ser útil ao próximo.

Por isso, tenho fé que este livro vai ajudar as pessoas a transformarem situações, quebrarem barreiras e fazerem uma diferença significativa em suas vidas. Que ele vai se tornar um instrumento de consulta para conectá-las com uma luz divina que as oriente ao longo da vida.

Minha esperança é que cada pessoa que ler esta obra consiga respostas para seus desafios e caminhos para a conquista de seus sonhos. Que ela entenda que toda sua jornada pela vida está conectada a algo muito maior, que faz parte de um plano superior, de uma conexão divina que tudo coordena e determina.

A minha dedicação, portanto, é a Deus, que me deu todas as condições para que este livro pudesse ser materializado.

Assim, acredito que Ele também dá a você todas as ferramentas para construir o seu sucesso. E deixa claro sempre em sua vida que "vencer é uma questão de escolha".

Escolha vencer… E vença.

AGRADECIMENTOS

Meus agradecimentos a todas as pessoas que contribuíram e contribuem para que eu tenha uma vida feliz e cheia de realizações. E também para todos os que contribuíram, direta ou indiretamente, para que esta obra pudesse ser escrita.

Meus agradecimentos especiais:

- Aos meus pais Damião e Rosali, que me concederam a vida e todas as condições que precisei para tornar-me a pessoa que sou hoje;
- Aos meus filhos Bruno, Caio e Arthur, que fazem com que eu acredite todos os dias que é muito bom e que tem muito sentido viver;
- Aos meus avós Pedro e Rosa, Joaquim e Hilda, pelo carinho e atenção com que ajudaram a me criar. Em especial, gratidão ao meu avô Pedro, a quem presto uma homenagem especial, utilizando o nome dele como um personagem deste livro;
- A minha esposa Katiane, que está sempre do meu lado, me apoiando em todas as minhas iniciativas;
- A Nadyr Buda, um grande mentor, que sempre foi para mim um segundo pai e que me orientou com seus ensinamentos, muitos dos quais fazem parte desta obra. Ele me ajudou a encarar a vida empresarial de uma forma muito especial;
- A toda a minha família, meus queridos irmãos, a todos que viveram e vivem ao meu lado e que, com todas as suas particularidades, vêm contribuindo comigo ao longo da minha vida;

- Aos meus grandes amigos de jornada, companheiros de estudo e de trabalho, que contribuíram para que eu me tornasse a pessoa que sou hoje e ter as experiências que tive. Que ajudaram para que eu me habituasse a repensar sempre cada passo que dei, para que pudesse acertar mais e errar menos;
- Agradeço também aos meus mentores Roberto Shinyashiki e Rosely Bosquini, que me ensinaram o quanto é importante ter um método na vida. Foi a partir dessa consciência que desenvolvi a Metodologia UP de tal modo que pudesse fazer sentido para as pessoas;
- Meu agradecimento ao meu mentor de escrita, Gilberto Cabeggi, que me apoiou o tempo todo enquanto trabalhávamos neste livro.

Essas são apenas algumas das inúmeras pessoas que contribuíram para que este livro estivesse repleto de amor e carinho, com o propósito de contribuir para que você, leitor, possa fazer desta obra uma ferramenta de suporte para consultar sempre que escolher vencer.

PLANEJAR PARA REALIZAR

1

Em 2005 tive a oportunidade de conhecer o Japão. Foi uma experiência incrível, muito rica para alguém que, como eu, buscava encontrar naquele país lições de organização, planejamento e disciplina. Voltei de lá com inúmeras histórias para contar sobre aquele povo e seu modo de pensar, que provavelmente dariam para escrever um livro somente com elas. Mas vou compartilhar aqui com você aquela que considero a mais comovente e impressionante.

Era o mês de dezembro e, entre os vários lugares que visitei, fui conhecer a cidade de *Nikko*, nas montanhas da província de *Tochigi*, em especial as partes mais altas localizadas do outro lado do *Lago Chuzenji*, onde me deslumbrei com a cachoeira *Kegon*, resultante da formação do *rio Daiya*, desviado pela erupção de lavas há milhares de anos. Existem lá 12 quedas d'água e em alguns pontos elas atingem mais de 100 metros de altura.

Enquanto admirava a paisagem, observando aquele lugar esplêndido onde o grande diferencial é a beleza daquelas formações, fiquei sabendo que ali era um dos locais mais procurados pelos jovens para cometerem suicídio. Rodeado por diversos macacos, que vivem livres naquela região, sentei-me em uma pedra, perplexo com essa informação. E passei a refletir sobre quais seriam os motivos que poderiam levar as pessoas a tomarem uma decisão tão definitiva. Anteriormente eu já havia ouvido falar que o Japão tinha um dos maiores índices mundiais relacionados ao suicídio de jovens, porém, diante daquele cenário, fiquei pensando na ironia de se ter uma enorme cascata, com tanta beleza, sendo transformada em um túmulo gigante ao ar livre.

O que poderia ter levado aquelas pessoas a um ato tão radical? Será que elas haviam fracassado em coisas importantes em suas vidas e não conseguiram se recuperar? Ou tinham se desiludido com certas condições de vida que não eram a que desejavam? Se fosse esse o caso, qual teria sido o motivo de tal desilusão? O que poderia ter sido feito para evitar aquele fracasso ou, pelo menos, minimizar seus efeitos e impedido que aquelas pessoas tomassem uma decisão tão radical quanto a de acabar com a própria vida?

Durante algumas horas, confesso que me passaram pela mente todos os momentos da minha vida em que tive que encarar algum tipo de fracasso, derrota ou desilusão, em que as coisas não saíram da forma como eu gostaria. Pensei nos sentimentos e nas dores a que fui submetido e procurei entender como foi que eu tinha conseguido superar tudo aquilo. Comecei a me perguntar que diferença haveria entre o modo como eu pensei e agi nessas ocasiões e a maneira como aquelas pessoas que cometeram suicídio pensavam nos seus momentos de desilusão. A verdade é que existem pessoas que se suicidam, sem que ninguém sequer possa imaginar quais seriam os motivos. Um pai que perdeu um filho por suicídio muitas vezes até mesmo atribui a si próprio a culpa – normalmente não justificada – por não ter dado a ele melhores condições, para que o filho pudesse ter escolhido outros caminhos. Mas, ao certo, é muito difícil saber, e menos ainda entender, o que leva uma pessoa a esse tipo de decisão.

Ao entrar no ônibus para retornar ao hotel, contei à nossa guia turística o que ouvi. Mas eu não imaginava que estava prestes a conhecer uma das maiores frustrações da história mais recente do Japão. A guia me contou, então, a seguinte história:

— Quando o trem-bala japonês (chamado de *Shinkansen*, na língua japonesa) foi projetado, o objetivo principal era que ele fosse o trem mais veloz do mundo. Os engenheiros envolvidos no projeto fizeram todos os estudos, planejaram com detalhes e desenvolveram o que de melhor era possível na época, em termos tecnológicos. Conseguiram atingir sua meta, com o trem atingindo velocidades acima de 300 km/h.

O fato é que quando o trem-bala europeu foi desenvolvido e colocado em teste, sua velocidade ultrapassou a do modelo japonês, por uma diferença bem pequena, mas deixando o trem japonês em segundo lugar, o que foi considerado como uma afronta pelos engenheiros japoneses. A partir dali, durante alguns anos aqueles homens foram envolvidos em novas pesquisas, para que pudessem encontrar uma solução que novamente "trouxesse a honra para a tecnologia do Japão" – como consequência, o Japão apresentou ao mundo o conceito de novas ferrovias com trens ultravelozes, expandindo os limites de velocidade, capacidade e segurança em suas linhas *Shinkansen*.

Porém, o que aconteceu de mais grave naquela época foi o fato de que dois dos principais engenheiros do projeto, envergonhados por terem sido superados pelos europeus, cometeram suicídio – afinal, não se sentiam orgulhosos do exemplo que estavam deixando para as novas gerações.

Ouvindo essa história, confesso que eu não conseguia compreender essa situação. Mais tarde, no quarto do hotel, olhando fixamente para o céu através da janela, continuei a pensar sobre tudo aquilo. Finalmente, me veio a compreensão: tudo teve a ver com o planejamento que havia sido feito. Alguém falhou na hora de planejar o projeto completo do trem-bala e não levou em consideração a existência de uma concorrência forte que buscava os mesmos objetivos. E então eles foram superados pelos europeus.

É claro que aqui estamos falando de um exemplo em que as pessoas acabaram levando a desilusão com um fracasso a um ponto extremo – e sabemos que nem sempre é assim que acontece. Mas essa história ajuda a colocar em evidência a importância do planejamento na vida das pessoas, como uma componente real, forte e com grande poder de mudar seus resultados, seja na área pessoal ou no campo profissional. E ainda nos chama a atenção para o fato de que as emoções também devem ser levadas em conta em um bom planejamento, além da racionalidade necessária para fazer acontecer o que se planejou. Nenhum plano vai dar certo se não levarmos em conta o fato de que somos humanos e, por isso mesmo, nossas emoções interferem em nossas decisões e ações.

Sim, este livro é sobre planejamento, mas nada tem a ver com aquela ideia que as pessoas têm de que planejar é chato, difícil e complicado. Vamos conversar não só sobre as vantagens de se ter um bom plano, mas também sobre como é simples, fácil, intuitivo e divertido planejar. E o mais importante: vamos ver com clareza que planejar bem está ao alcance de todos, desde os empreendedores mais especializados e até mesmo para aquelas pessoas que têm – ou desejam ter – um pequeno negócio de atuação local, oferecendo produtos e serviços para seus vizinhos e amigos.

Mais ainda, vamos falar como um planejamento simples pode contribuir muito também para aquelas pessoas que podem até não se interessar por ter um negócio próprio, mas que têm sonhos a realizar – como comprar um carro, uma moto, uma casa, ou fazer uma viagem de férias – e querem saber qual é a melhor maneira de atingir esses seus objetivos pessoais.

QUEM FALHA EM PLANEJAR

Existe um pensamento muito popular hoje em dia, e que normalmente é atribuído a Benjamin Franklin, embora não haja fonte segura que comprove essa autoria, que diz:

"SE VOCÊ FALHA EM PLANEJAR, ESTÁ PLANEJANDO FALHAR".

Faça algo sem planejar e as suas maiores chances serão de que isso não dê certo. A falta de planejamento, ou mesmo a existência de um planejamento inadequado, descuidado, pode transformar uma ótima oportunidade em um enorme fracasso, ou frustrar um sonho que lhe seja

NENHUM PLANO VAI DAR CERTO SE NÃO LEVARMOS EM CONTA O FATO DE QUE SOMOS HUMANOS E, POR ISSO MESMO, NOSSAS EMOÇÕES INTERFEREM EM NOSSAS DECISÕES E AÇÕES.

importante, com grandes perdas e muitos prejuízos, não só financeiros, mas também emocionais. E não importa se você está envolvido em uma grande empresa ou se simplesmente está investindo em um pequeno negócio de servir lanches naturais na praia no verão, ou se quer apenas um modo de economizar dinheiro para comprar uma bicicleta, ou trocar de celular por um modelo mais novo.

Portanto, neste livro vamos conversar muito sobre como fazer e executar um bom planejamento. Vou falar com você de uma forma direta, assim como fiz com Pedro, um jovem que me procurou em busca de assessoria e se tornou também um grande amigo. Pedro é estudante de Administração, com grande interesse em se especializar em planejamento. Durante um bom tempo o acompanhei e orientei no desenvolvimento de sua carreira.

Vou trazer para esta nossa conversa muitos dos momentos em que Pedro e eu discutimos ideias, enquanto eu o orientava sobre sua vida profissional, mas também levando em conta o impacto de nossas conversas em sua vida pessoal. Afinal, no meu modo de ver, um bom planejamento precisa se aplicar a toda e qualquer área da nossa vida, sem descuidar de qualquer aspecto que seja.

Pedro é uma pessoa que sempre esteve à procura de ser mais assertivo quanto as suas definições de objetivos, sobre a forma de como construir a sua jornada pela vida, tanto profissionalmente falando quanto em seus sonhos pessoais. Na verdade, ele é alguém que quer ter um sucesso cada vez mais consistente e duradouro, que até já teve jornadas bem-sucedidas, porém teve casos em que alguma coisa ficou para trás, como o tempo ideal, a qualidade dos seus resultados, perdas afetivas, entre outros contratempos e prejuízos, que fizeram com que ele se frustrasse. E assim passou a refletir sobre como poderia mudar isso, para ter um sucesso mais completo em suas próximas jornadas.

Uma das características de Pedro era a falta de clareza sobre as definições e decisões que devia tomar. Sendo assim, vivia cheio de dúvidas. Sempre foi um guerreiro que queria continuar lutando e vencendo, continuar atingindo objetivos e realizando sonhos, porém tinha dentro dele algo que o incomodava, que fazia com que não tivesse uma conexão forte com algo que pudesse mudar sua vida de forma definitiva.

Algo muito positivo em Pedro é que ele sempre quis continuar a criar razões e crenças profundas de mérito e reconhecimento, para potencializar suas ações e realizar seus melhores sonhos, além de ajudar outras pessoas a também realizarem os sonhos delas.

A partir de nossas conversas, Pedro encontrou uma esperança especial de sucesso e conquistou uma conexão com um método de planejamento bastante simples, que mudou completamente sua vida e dos seus entes queridos. E, o que é melhor, com o tempo ele entendeu que um planejamento simples e eficaz pode fazer toda a diferença do mundo em toda e qualquer área de sua vida.

Lembro-me claramente da nossa primeira conversa, em que ele me perguntou sobre qual era a diferença que um planejamento poderia fazer na vida de alguém, ou que diferença isso poderia fazer na vida dele próprio, na realização de seus sonhos. Resolvi responder a ele com uma história que outro amigo havia me contado em certa ocasião.

Aquele meu amigo tinha amargado um recente fracasso em uma das suas tentativas nos negócios e procurou orientação junto a seu pai, um senhor de cabelos brancos e com a face trazendo as marcas da vida, mas que sempre se mostrou bastante sábio. O diálogo entre eles provavelmente aconteceu mais ou menos assim:

— Pois foi isso, pai. Não consegui chegar aos resultados que eu queria. Fracassei – afirmou meu amigo.

— Entendo, filho. Mas me diga uma coisa: você planejou a sua jornada até o sucesso?

— Não, pai. Não fiz isso. Segui apenas a minha intuição e o meu tino para os negócios. Na verdade, não sei bem como fazer um planejamento e, sinceramente, tenho dúvidas sobre se isso adiantaria alguma coisa.

Abismado com a resposta do filho, o experiente homem retrucou: – Filho, na vida, para conquistar vitórias é necessário aprender com os melhores profissionais da sua área, planejar cada passo e, acima de tudo, ter a humildade de reconhecer que não sabe fazer algo e procurar aprender o que não sabe; e em alguns casos, até mesmo desaprender determinadas coisas para reaprender da forma certa depois. Admitir que não sabe é dar o primeiro impulso necessário para buscar o conhecimento que o levará para o sonhado resultado, ou ainda para aquele objetivo que às vezes parece estar tão distante. Mas saiba que para fazer tudo funcionar como deve você precisará necessariamente de um bom planejamento. É ótimo que você admita não saber planejar. Então, o seu primeiro passo deve ser procurar aprender sobre como fazer um bom planejamento para tudo o que deseja realizar.

A partir daquele momento, pai e filho passaram mais a trocar ideias e compartilhar as necessidades individuais de cada um, de modo que puderam construir juntos planos claros e sólidos para seus próximos projetos. Meu amigo seguiu os conselhos do pai e aprendeu tudo o que era necessário para fazer e aplicar um bom planejamento.

Tempos depois, fiquei sabendo que aquele meu amigo havia se tornado um empresário bem-sucedido, dono de uma distribuidora de sinais de uma das mais conhecidas redes de TV a cabo do Brasil.

Terminando de contar esse caso, retomei a conversa:

— Então, Pedro, respondendo a sua pergunta: "Qual a diferença que um planejamento pode fazer na vida de alguém?", eu digo com toda a certeza que o bom planejamento faz toda a diferença do mundo. É o divisor de águas entre um provável fracasso e um sucesso grandioso. E digo mais: isso não se aplica somente aos negócios. Todo e qualquer objetivo que tenhamos na vida, por mais pessoal e simples que seja, sempre vai ter mais chances de dar certo se fizermos um bom planejamento.

Depois dessa nossa conversa inicial, Pedro me pediu para orientá-lo em seus planos de sucesso e então iniciamos um compromisso de conversar sempre que ele tivesse dúvidas sobre como proceder quanto aos possíveis caminhos que ele tomaria em sua vida. E adotamos o hábito de conversar regularmente sobre planejamento, mais propriamente sobre a Metodologia UP, um método que criei para ajudar as pessoas a conquistarem os resultados que buscam.

ADMITIR QUE NÃO SABE É DAR O PRIMEIRO IMPULSO NECESSÁRIO PARA BUSCAR O CONHECIMENTO QUE O LEVARÁ PARA O SONHADO RESULTADO.

ESTE LIVRO É PARA VOCÊ

Se você entende que um bom planejamento pode fazer uma grande diferença na sua vida, então este livro também é para você. Coloque-se no lugar de Pedro e venha comigo por esta jornada de esclarecimento sobre o que a Metodologia UP pode fazer por você.

Pedro é uma pessoa simples, com grande vontade de ter sucesso em atingir os objetivos comuns de seu dia a dia e, quem sabe, talvez até mesmo se destacar em termos profissionais. Ele é um tanto parecido com a grande maioria das pessoas que sonham com um futuro melhor, se empenham em sua luta para conquistá-lo, mas muitas vezes se sentem perdidas, sem ter certeza de que caminho seguir. Vive às voltas com sonhos que vão desde a troca simples de celular, a compra de uma moto para facilitar a locomoção no dia a dia e, mais a longo prazo, adquirir ou construir a casa própria, para dar um pouco mais de segurança e conforto para a família.

Talvez esse seja também o seu caso, ou quem sabe até a jornada de Pedro lembre exatamente aquilo que você vive no seu dia a dia. Se for assim, pode ter certeza de que este livro realmente vai ajudar muito nos seus planos.

Já faz muito tempo que acompanho e estudo casos de pessoas como Pedro, que têm dificuldades em atingir seus objetivos e, assim, levantei os principais motivos pelos quais isso acontece. Desse modo, neste livro trago soluções que poderão ser úteis para pessoas de todos os gêneros, que tenham idade suficiente para decidir sua vida por si mesmas, que busquem se diferenciar, se destacar na vida profissional e também na vida pessoal, que queiram ter um sucesso consistente e liderar outras pessoas de modo que juntos possam também fazer uma diferença positiva no mundo.

Nosso foco nesta jornada são aquelas pessoas que buscam um plano e um modo de agir prático, de maneira a ajudá-las a atingir seus resultados e seus objetivos. Pessoas que escolhem vencer nas coisas que se dedicam a fazer e que procuram o prazer de ver realizados os seus sonhos, por mais simples ou complexos que sejam.

Vamos trabalhar juntos para fornecer ferramentas e estratégias para quem quer encontrar respostas para suas dúvidas sobre onde chegar, como construir um plano que funcione para chegar lá e como executar tarefas eficazes com clareza e focadas nos seus objetivos.

Durante muitos anos, analisei desde grandes empreendedores até pequenos empresários individuais e muitas pessoas de um modo geral que, independentemente do tamanho dos seus sonhos, negócios e da área em que atuavam, sofriam com as mesmas dificuldades e continuavam a ter sempre os mesmos resultados negativos ou parcialmente atingidos. Também acompanhei aquelas pessoas que obtiveram sucesso em seus empreendimentos e objetivos, que se realizaram na concretização de seus melhores sonhos, como contraponto para fazer minha análise.

Em resumo, o material que você tem agora em mãos vai mostrar-lhe o caminho para planejar de modo simples e executar com eficiência e eficácia tudo o que planejar. Este livro é para você, assim como é para todos os "Pedros" espalhados pelo mundo. Qualquer pessoa que queira atingir um objetivo, ao longo do tempo e independentemente de época, vai encontrar aqui uma forma de ajudar a si mesmo, seja qual for o objetivo que pretenda alcançar. Vamos tratar de um método para ajudar as pessoas a viverem melhor e com mais sucesso, em toda e qualquer área da vida. Este livro foi escrito para ajudar pessoas como Pedro e, se você se identifica com ele, foi escrito também para ajudar você.

A CAUSA DA MAIORIA DOS FRACASSOS

Ao longo de minha vida profissional, prestando apoio a profissionais das mais diversas áreas e também acompanhando pessoas comuns, simples, que se lançam ao sonho de montar um negócio próprio, mesmo que seja apenas para garantir o pão de cada dia, ou que têm dificuldade em realizar mesmo sonhos bem simples, mas de grande importância pessoal, ficou evidente para mim que mais de 70% dessas pessoas acabaram fracassando na busca dos seus sonhos. Esse resultado é realmente assustador. É duro imaginar que em tantos casos as pessoas vaporizam seu capital, construído com tanto esforço e dedicação, sem conquistar aquilo que buscavam. É triste constatar isso, mas essa é a realidade que pude comprovar.

Provavelmente você já deve ter conhecido alguém que juntou todas suas economias e se aventurou na abertura de um negócio e fracassou em pouco tempo, ou deve conhecer também pessoas que não conseguem atingir seus resultados, nem mesmo os mais simples e corriqueiros, coisas do dia a dia normal, pois não sabem como construir um modo de agir a partir de um plano simples. Pessoas que em geral alegam que não conseguiram realizar o que pretendiam porque não tinham dinheiro suficiente, quando na verdade o que lhes faltou provavelmente foi um pouco de planejamento.

O interessante é que isso é válido para todos que têm um objetivo a conquistar – seja o empreendedor, um alto executivo, o vendedor de lanches na praia, a tia do cafezinho, o frentista que também busca vencer em suas atividades, ou mesmo aquele pai que procura fazer uma poupança para levar a família para passar férias na praia uma vez por ano. Todas essas pessoas sofrem a mesma dor: a frustração de terem que encerrar uma atividade com que sonhavam para ser o seu porto seguro, ou a sua tábua de salvação que iria livrá-las de uma vida com muitas limitações, ou terem de abandonar um sonho de cunho pessoal, que significava tanto para elas e seus entes queridos.

Percebi que quando um negócio não dá certo, ou perdemos um objetivo simples, ou ficamos frustrados por não realizar um desejo simples da família é porque, na grande maioria das vezes, faltou planejar – mesmo que fosse um planejamento simples e básico. Por exemplo, na maioria das vezes uma das principais causas é que a pessoa tinha seu dinheiro limitado e não possuía nenhuma alternativa de ação – ou seja, o negócio "tinha" que dar certo a qualquer custo. Ela tinha que conseguir, porque não havia uma alternativa caso algo não desse certo. E ter vivido essa situação é consequência da falta de um plano adequado para atingir os seus objetivos.

PERCEBI QUE QUANDO UM NEGÓCIO NÃO DÁ CERTO, OU PERDEMOS UM OBJETIVO SIMPLES, OU FICAMOS FRUSTRADOS POR NÃO REALIZAR UM DESEJO SIMPLES DA FAMÍLIA É PORQUE, NA GRANDE MAIORIA DAS VEZES, FALTOU PLANEJAR.

O brasileiro tem algumas características muito peculiares: é muito impulsivo, tem mais otimismo do que juízo, arrisca muito no tudo ou nada e muitas vezes se atira em um negócio, ou mesmo na realização de um sonho pessoal, sem nem mesmo ter noção do que tem que fazer e nem do como fazer. É movido apenas pelo desejo de realizar seu sonho de "ser seu próprio patrão", ou de ter sua casa própria, ou de comprar aquele carrinho tão sonhado.

Quando a decisão de realizar seu sonho é tomada, a pessoa tem a tendência de colocar toda sua energia e recursos com foco na assertiva – em outras palavras, o indivíduo nem sequer admite a hipótese de que algo pode dar errado. E isso é muito perigoso porque, em geral, ele não tem em sua retaguarda um cofre cheio de dinheiro esperando para investir mais se for preciso, ou até mesmo para corrigir eventuais atitudes que não derem certo.

Em uma situação tão frágil, a pessoa deveria ser muito mais cuidadosa com as ações que pratica e as decisões que toma. Mas ela peca pela falta de planejamento, o que não lhe permite ter uma visão geral do que está acontecendo ao seu redor e se descuida de detalhes importantes – o que na maioria das vezes acaba pondo tudo a perder e o sonho da casa própria não se realiza, e o tão sonhado carro de passeio para a família acaba não vindo.

Planejamento errado, ou mesmo a falta de planejamento, é a causa da maioria dos fracassos das pessoas. E não sou eu apenas quem diz isso. A falta de planejamento ou o planejamento falho, que levam ao fracasso, não são "privilégios" apenas de nós, brasileiros, e nem mesmo de pessoas humildes, porém corajosas, que arriscam tentar realizar seus sonhos, mesmo sem ter maiores informações sobre isso. Esse mal afeta também as grandes empresas, os grandes negócios, as pessoas mais bem-preparadas e bem-informadas, do mesmo modo que gera fracassos entre os pequenos empresários que prestam os serviços mais básicos à população e também para aquele trabalhador que luta para conseguir algum conforto a mais para sua família.

PLANEJAMENTO ERRADO, OU MESMO A FALTA DE PLANEJAMENTO, É A CAUSA DA MAIORIA DOS FRACASSOS DAS PESSOAS.

Grandes projetos e grandes empreendimentos também falham e caem devido a um planejamento inadequado. Basta relembrar o exemplo que citei no início deste livro, sobre o ocorrido durante a construção do trem-bala no Japão.

PLANEJAR É SIMPLES E NECESSÁRIO

Certo dia Pedro e eu conversávamos, e ele comentou: – Quando ouço alguém falar que preciso me planejar para chegar onde quero, sinto-me desconfortável. Fico sempre com a sensação de que isso é algo muito complicado e que talvez não seja para mim. É normal isso?

— Bem, Pedro – respondi – a experiência de acompanhar as pessoas, seus negócios, as tentativas de investirem em algo que lhes dê independência financeira e traga bons resultados, além de trabalhar com pessoas que tinham dificuldades em realizar seus sonhos mais simples e corriqueiros, tem sido uma importante base de trabalho durante toda a jornada de construção da minha especialização nessa área. Essa atividade me trouxe excelentes respostas para explicar essa situação de falta de sucesso de tantas pessoas.

Então posso lhe dizer que é comum as pessoas terem esses receios e essas dúvidas que você trouxe, quanto a fazer um planejamento. Porém, eu disse que "é comum", mas não podemos dizer que é normal. O normal seria a pessoa se dedicar a aprender no mínimo algo básico para planejar e montar estratégias para atingir seus objetivos e então transformar tudo isso em ações que a levem aonde deseja chegar, para o que deseja realizar.

A conclusão a que cheguei foi que as pessoas têm sim muita dificuldade de realizar seus objetivos, em especial por não planejarem, por acharem que planejar é algo muito difícil e desnecessário, ou mesmo por não saberem planejar adequadamente.

— Como assim? – perguntou Pedro, ainda um tanto confuso.

— É importante entender que, na verdade, os obstáculos vão aparecendo no caminho de quem busca realizar seus sonhos; mas isso é bom, porque é exatamente por meio deles que as pessoas aumentam sua capacidade de raciocinar e agir, de se superar e vencer. Porém, para que isso aconteça, é necessário permanecer na luta. Infelizmente, muita gente, por não ter um bom plano de trabalho, desiste diante dos desafios. Afinal, sempre parece mais fácil desistir quando a situação aperta e as coisas ficam difíceis. Acredito até que você já tenha vivido alguma situação em que os momentos de dificuldades tenham paralisado suas ações.

— Acontece sempre comigo. Chego até a pensar que ter um negócio próprio não é para mim – Pedro se lamentou.

— Aí está, Pedro. Esse é o ponto. Quem não planeja desiste muitas vezes sem nem mesmo tentar realizar o seu sonho. Já aconteceu comigo também, é claro. Muitas vezes fiquei paralisado diante de uma oportunidade que a vida me deu, mas que considerei difícil de encarar. Felizmente, fui socorrido por amigos que me alertaram que o meu sucesso dependia de um bom planejamento e de manter forte a minha iniciativa. Sim, já fracassei e me senti como um verdadeiro fracassado. Mas digo que isso não deve ser encarado como um sentimento ou acontecimento ruim, porém como uma grande oportunidade de mudar o jogo na sua vida.

QUEM NÃO PLANEJA DESISTE MUITAS VEZES SEM NEM MESMO TENTAR REALIZAR O SEU SONHO.

— Nossa! Eu nunca poderia imaginar que você também já tivesse passado por isso.

— É claro que sim. Eu também precisei aprender a planejar para ter sucesso. Vou lhe contar uma de minhas histórias de vida, para você compreender melhor. Em meados dos anos 1990, eu conversava com Glaucio, irmão de um amigo de infância e um profissional diferenciado que trabalhava nas plataformas da Petrobras, que naquela época era sonho de realização profissional de qualquer engenheiro. Estava falando sobre a admiração que eu tinha por atitudes como as dele, que saiu e foi buscar a sua oportunidade de realização profissional. Foi quando ele me disse algo que me impressionou ainda mais: "Qualquer um pode fazer isso, qualquer um pode buscar a própria realização, a própria felicidade". Isso me deixou curioso, mas ao mesmo tempo intrigado. "Será mesmo que qualquer um pode?". Essa foi a pergunta que fiz a ele.

"QUALQUER UM PODE FAZER ISSO, QUALQUER UM PODE BUSCAR A PRÓPRIA REALIZAÇÃO, A PRÓPRIA FELICIDADE."

Como resposta, Glaucio pegou um jornal e o abriu na minha frente. Naquele dia, ele tinha comprado um jornal de grande relevância no Brasil e, mostrando-me a seção de empregos e sabendo dos meus interesses profissionais, perguntou: – Por que você não vai atrás de uma oportunidade destas, em São Paulo?

Fiquei de boca aberta, espantado, e retruquei:

— Como? Não conheço nada por lá e tenho medo de quebrar a cara.

— Simples: você só precisa se planejar para fazer isso. – Foi o comentário dele.

Ainda assim, respondi que era impossível porque "era muito difícil planejar". Disse a ele que isso tudo era muito complicado.

Com muita atenção e paciência, ele me pediu para que fizesse uma pesquisa no caderno de empregos daquele jornal e selecionasse as oportunidades que na minha concepção eram as mais difíceis, porém fossem também as mais desejáveis. Lembro-me que peguei uma oferta de emprego para técnico em eletrônica. O salário era uma fortuna para aquela época, algo em torno de mil dólares. Mostrei a ele qual fora a minha escolha.

Glaucio pegou uma caneta e um papel, entregou para mim e pediu que eu escrevesse algumas perguntas que me faria e, em seguida, as minhas respostas. E então prosseguiu perguntando:

— Qual é o seu objetivo?

— Conseguir este emprego – Mostrei com o dedo, no jornal, qual emprego havia me interessado mais.

— Quando você quer fazer isso?

— O mais rápido possível.

— Como você vai fazer isso?

— Vou pegar um ônibus amanhã e vou para São Paulo. Hoje à noite vou me preparar para a entrevista e me atualizar sobre como consertar os circuitos de placas eletrônicas.

Sorrindo, Glaucio concluiu:

— Viu como é fácil planejar algo? Nesse papel está o seu esboço de planejamento para um objetivo de curto prazo.

Quando terminei de contar essa história, Pedro se animou e comentou:

— Me pareceu ser bem simples esse tipo de planejamento. Já não me parece um bicho de sete cabeças – comentou Pedro.

— Realmente é muito simples. Como você viu nesse exemplo, planejar não é coisa do outro mundo, como você havia pensado. É claro que existem planejamentos mais complexos e completos, mas ainda assim um planejamento simples e objetivo é infinitamente melhor do que nenhum planejamento.

Embora na maioria das vezes fazer um planejamento inicial para algo que se queira realizar seja realmente simples, até hoje, sempre que digo para as pessoas que é preciso planejar para conquistar qualquer coisa que queiram realizar, elas ainda insistem em me dizer que é muito difícil fazer um planejamento e que planejar dá muito trabalho. Por isso, para ter sucesso é preciso abandonar esse tipo de mentalidade.

A grande verdade é que as pessoas ainda falham ao planejar porque acham que planejamento não é importante, ou que é muito difícil de fazer. E que não adianta planejar porque não conseguirão realizar conforme planejaram. E esse é o primeiro passo para o fracasso de qualquer empreitada. Manter-se no foco em direção àquilo que se almeja é a grande arte, é o que torna as pessoas turbinadas e diferenciadas umas das outras. Porém, isso só pode ser feito de uma forma eficaz por meio de um bom planejamento.

ESCOLHA VENCER

Pedro estava animado com as nossas conversas e dizia que durante anos ele tinha procurado fazer tudo o que considerava certo e melhor para conquistar o sucesso na vida, mas não havia conseguido um bom resultado. E que finalmente estava começando a ver uma luz no fim do túnel.

— Não subestime a importância de um bom planejamento, em hipótese alguma – insisti com Pedro. A falha em planejar ou a falta do planejamento pode ter consequências irreparáveis. Essa é, com certeza, uma das grandes causas dos fracassos das pessoas ao longo dos anos.

— Mas o que acontece se eu planejar errado? – Pedro argumentou.

— Ainda assim, precisamos considerar que é melhor um planejamento falho ou incompleto do que nenhum planejamento. Porque ao planejar – mesmo que seu planejamento não seja o ideal – você começa a ter uma visão mais completa da sua trajetória, passa a perceber os caminhos que poderá tomar e as dificuldades que irá enfrentar. E assim as chances de erro diminuem. É muito melhor isso do que nem mesmo se preocupar em fazer um plano. Porque não planejar é navegar totalmente às cegas.

É MELHOR UM PLANEJAMENTO FALHO OU INCOMPLETO DO QUE NENHUM PLANEJAMENTO.

Aliás, devo dizer que cheguei a uma conclusão interessante sobre a diferença de quem planeja com quem não o faz: a pessoa que planeja, ao final da jornada, mesmo que de alguma maneira não tenha atingido 100% do objetivo, vai perceber que colheu ao longo da trajetória frutos e aprendizados que vão dar-lhe uma pista do que faltou ou dos porquês de não ter chegado na totalidade dos resultados que esperava. Já a pessoa que não planeja se lança de forma aventureira e, portanto, ao longo da trajetória pode até não sentir frustrações – afinal quem não tem clareza do que fazer e não faz medições dos seus resultados ao longo da jornada não tem contato direto com o sentimento de que não está tendo sucesso. Porém, quem não planeja, quando chega a algum destino e percebe que não atingiu 100% do que desejava não sabe dizer por que isso aconteceu.

Quando lhe perguntamos o porquê de ter falhado, total ou parcialmente, suas respostas são do tipo "acho que faltou dinheiro, acho que a crise me prejudicou, acho que saí do foco, acho que, acho que…" e assim vai. Logo, seu aprendizado é muito menor e sua conscientização sobre seus erros é mais complicada.

Esse é um grande prejuízo para a jornada daquela pessoa que não planeja, porque muitas vezes a diferença entre atingir um objetivo ou não está apenas em melhorar uma situação que deu errado. Mas como fazer isso sem ter clareza do seu plano?

— E se eu realmente não souber planejar?

— Aprenda. Dê um jeito de aprender sobre planejamento. Informe-se, estude, busque saber o máximo. Porque o poder de um planejamento bem-feito é imenso. E os resultados que você vai conseguir vão superar de longe todos os esforços que você fizer para aprender. Lembro-me, por exemplo, que entre outros muitos empreendimentos, participei da construção de uma grande empresa que teve um crescimento astronômico em pouquíssimo tempo. Qual foi o fator que tornou isso possível, que de fato nos ajudou a realizar nossos objetivos? Um bom planejamento, bem-construído e bem-aplicado. Porém, lembro também que um bom planejamento me ajudou a conseguir pagar a faculdade, comprar um carro, adquirir a casa própria, educar meus filhos, proporcionar momentos inesquecíveis para mim e minha família, entre tantas outras vitórias que conquistei.

— Então, eu estou no melhor caminho, buscando a sua assessoria? – Pedro comentou, procurando mexer com meu ego.

— Eu diria que você está no caminho certo. Se será ou não o melhor caminho, vai depender de você e de como você aproveitar o que vamos discutir ao longo dos próximos dias. O objetivo destas nossas conversas é principalmente contribuir para quebrar o paradigma de que planejar é pesado, difícil e chato. Mais do que isso, nosso empenho nesta jornada estará sempre em ajudar você a encontrar e definir suas metas de maneira clara, planejar seus caminhos até seus objetivos e aplicar um método simples, de modo fácil, que o levará até a realização de seus sonhos. E pode ter certeza: o que vamos trabalhar juntos, no seu caso, será a base para um livro que pretendo escrever sobre esse assunto.

— Uau! Isso vai ser muito bom. Já me sinto mais confiante… e também me sinto muito importante por participar desse seu projeto.

— Que ótimo, Pedro. O livro que vai surgir de nossas conversas já está devidamente esquematizado e planejado, como todo projeto precisar ser. Juntos, vamos desmistificar o planejamento para as pessoas e provar que planejar é algo desejável, simples e fundamental. Mais ainda, vamos criar a conscientização de que "planejar é fácil e necessário, e executar é fundamental". Por meio de um método simples e objetivo, vamos fazer planos e colocá-los em prática. Vamos trabalhar para que o planejamento se torne um hábito saudável e produtivo em sua vida e na vida de qualquer pessoa, mesmo nas coisas mais simples que elas tenham como meta realizar.

— Vai ser uma jornada de muito aprendizado, pelo que estou entendendo.

— Com certeza. Vai também ser um processo de tomada de consciência de que você tem escolhas que pode fazer na sua vida e que são elas que determinam o seu futuro. Quando você planeja, tem a chance de optar pelos melhores caminhos que o levarão à conquista do que deseja.

VOCÊ TEM ESCOLHAS QUE PODE FAZER NA SUA VIDA E QUE SÃO ELAS QUE DETERMINAM O SEU FUTURO.

— E isso é algo que vai me servir para a vida toda, certo?

— Muito mais do que isso, Pedro. Além de servir para a sua vida toda, o que vamos estudar juntos vai ser tão determinante que mesmo daqui a décadas alguém que estiver lendo o livro que vou escrever também entenderá o poder deste aprendizado, que se perpetuará ao longo do tempo.

Planejar faz parte da vida do ser humano. O homem das cavernas já precisava ter um bom plano de ação para sobreviver em tempos tão duros e perigosos. Da mesma forma, o homem do futuro também necessitará planejar para lidar com todas as opções que lhe estarão disponíveis no mundo, independentemente das condições em que estiver inserido.

Meu conselho para você neste momento, Pedro, é: aprenda a planejar, planeje direito, aja com base nesse planejamento e então colha os melhores resultados. Como na sua vida você sempre tem a opção de escolher, então planeje de tal maneira que a sua escolha sempre seja vencer.

— Então quer dizer que todo sonho precisa de um planejamento para acontecer?

PLANEJAR É TRANSFORMAR O ACREDITAR EM RESULTADO. QUANDO VOCÊ ESCOLHE VENCER, QUALQUER QUE SEJA O SEU SONHO, O PRIMEIRO PASSO TEM QUE SER PLANEJAR COMO VOCÊ VAI REALIZAR AQUELE SONHO.

— Exato, Pedro. Por isso existe uma frase minha que costumo repetir muito, para todos com quem falo sobre planejamento: **Planejar é transformar o acreditar em resultado.** Quando você escolhe vencer, qualquer que seja o seu sonho, o primeiro passo tem que ser planejar como você vai realizar aquele sonho.

O ALTO PREÇO A PAGAR PELA FALTA DE PLANEJAMENTO

2

Em certa ocasião, quando voltávamos de carro de uma palestra sobre planejamento, que dei em uma comunidade, Pedro estava pensativo e quieto. Procurei quebrar seu silêncio, perguntando se havia gostado da palestra e se havia algo que não tinha ficado claro para ele. Pedro então perguntou:

— Pelo que entendi até aqui das nossas conversas e das suas palestras, a dificuldade que as pessoas têm de realizar seus sonhos e objetivos se deve principalmente ao fato de não levarem muito jeito com o planejamento. Estou certo?

— Sim, com certeza, Pedro. Muita gente acha que planejar é algo difícil, complicado ou até mesmo desnecessário.

— E então nem se dão ao trabalho de fazer um plano para agir – Pedro ponderou.

MUITA GENTE ACHA QUE PLANEJAR É ALGO DIFÍCIL, COMPLICADO OU ATÉ MESMO DESNECESSÁRIO.

— Mais ainda, Pedro. Mesmo quando planejam, algumas pessoas ainda têm dificuldades para executar o que planejaram. Em resumo, elas se perdem no início, quando fazem o planejamento e durante a execução do plano. E também têm muita dificuldade para ajustar o plano quando necessário. E assim aumentam as dificuldades para seguirem rumo aos seus objetivos e muitas vezes desistem no meio do caminho.

A diferença entre a decisão de uma pessoa que se realiza e outra que fracassa, em geral, está ligada ao modo como cada uma delas planeja construir a sua jornada. Planejar de modo realista e consciente é a chave que ativa toda a diferença de resultados que cada um pode obter.

— Mas o sucesso não depende também das condições que a pessoa tem em mãos? Quero dizer, quem tem melhores condições tem também mais chances de sucesso – Pedro argumentou.

— É verdade. As boas condições que a pessoa tem disponíveis podem favorecer seu crescimento e sua jornada. Mas não é garantia de sucesso. Condições semelhantes podem levar a resultados totalmente diferentes. Tudo depende do que a pessoa faz com aquilo que tem em mãos, com aquilo que a vida lhe apresenta. Uma pessoa pode pegar um caminho que a leve à vitória, enquanto outra pessoa nas mesmas condições pode tomar outro caminho, que a leve ao fracasso e à infelicidade. Mais uma vez, afirmo que a grande diferença está no planejamento que cada uma faz e como o coloca em prática. Sobre isso, costumo contar uma história real de que tive conhecimento há muito tempo e que ilustra bem o que estamos conversando.

PLANEJAR DE MODO REALISTA E CONSCIENTE É A CHAVE QUE ATIVA TODA A DIFERENÇA DE RESULTADOS QUE CADA UM PODE OBTER.

Uma atriz famosa, que aqui vou chamar de Martha, para preservar sua privacidade, tinha um amigo com quem havia estudado na infância e na adolescência, porém não se encontravam havia muito tempo. Vamos chamá-lo de Lucas, também para respeitar seu anonimato.

Por ocasião de uma locação de filmagens em um bairro de São Paulo, Martha encontrou um mendigo que lhe pediu alguma ajuda. Solícita como sempre, ela lhe deu atenção e perguntou o que podia fazer por ele.

Inesperadamente, porém, ela percebeu que já o conhecia. Após hesitar por um momento, respirou fundo e decidiu perguntar o nome daquele homem. E então confirmou: o mendigo era Lucas, seu antigo amigo de juventude. Depois dessa constatação, ambos se emocionaram e se abraçaram, com lágrimas nos olhos. Sentaram-se lado a lado em um banco ali na praça e se puseram a conversar.

Martha perguntou a Lucas o que havia acontecido com ele, para que ficasse naquela situação de vida tão frágil. Afinal, eles tinham vindo de um mesmo lugar, com vidas semelhantes, com as mesmas oportunidades e as mesmas dificuldades.

Lucas, então, se justificou, dizendo que depois que terminaram o ensino médio não conseguiu mais continuar os estudos, porque seus familiares não tinham condições de pagar os custos de uma faculdade. Alegou também que, naquela época, não conseguiu encontrar um emprego decente e que só lhe ofereciam salários baixos e, consequentemente, acabou ficando sem dinheiro, passando a fazer pequenos trabalhos que surgiam casualmente, vivendo sempre com muita dificuldade. Nem mesmo teve uma oportunidade real de construir sua própria família.

Lucas alegou ainda que a vida havia batido muito nele, com uma sucessão de decepções, e que entendia que era um fracassado por conta disso. Dizia que fracassou não por vontade própria, mas porque o destino lhe tinha imposto aquela condição.

Martha ouviu com muito carinho e atenção a narração de Lucas e então contou ao amigo um pouco de sua própria história. A primeira coisa que ela fez quando saiu do ensino médio foi procurar ter claro qual era o seu maior sonho. Colocou então em sua cabeça que seria uma atriz famosa e, assim, esse se tornou um objetivo claro para ela.

Seus pais também não tinham condições de pagar por seus estudos. E foi por conta disso que ela decidiu colocar-se o objetivo de conseguir o emprego que lhe fosse possível na época, para gerar alguma renda, mesmo que ganhasse pouco devido à sua falta de experiência. Programou-se para poder continuar investindo em seus estudos, mesmo não ganhando muito, de modo que gradativamente progrediu e concluiu a faculdade, adquirindo os conhecimentos e a prática necessária para seguir na carreira de atriz.

Martha explicou ao amigo que havia entendido que para se tornar uma atriz famosa precisaria continuar a investir em sua carreira e nunca desistir do seu sonho. Para isso, precisaria gerar recursos e perceber quais eram os pontos que poderia fortalecer, para chegar ao seu objetivo. Dessa forma, traçou um plano de ação e manteve sempre muito claro em sua mente o objetivo que queria alcançar. Continuou fazendo o que era necessário para progredir na sua carreira, inclusive buscou um financiamento para poder manter uma condição financeira melhor para se estabelecer profissionalmente.

Enfim, como Martha tinha um plano bem-estabelecido, tinha também uma espécie de fotografia muito clara da situação em que se encontrava a cada avanço que fazia e daquilo que ainda precisava fazer para que pudesse chegar ao seu objetivo.

Isto significa que ela se deu conta de que para realizar o seu sonho, para ser uma atriz famosa, precisava construir os caminhos que a levariam a isso de forma clara, sem nunca se desvincular do tempo que cada etapa levaria para ser realizada. Em outras palavras, ela sabia da importância que um bom planejamento teria nessa jornada que escolheu percorrer. E foi assim que agiu, sempre com um senso de direção muito apurado, embasado no seu planejamento. E o sucesso chegou, muito além até do que ela havia imaginado.

Assim que Martha terminou de contar sua história ao amigo, olhou em seus olhos e, sem nenhuma intenção de julgá-lo, disse que "**vencer é uma escolha**". Explicou que escolher vencer é algo que, independentemente da situação em que nos encontramos, faz toda a diferença. Quando pensamos e acreditamos que podemos escolher vencer, e temos objetivos claros e traçar bons planos para sair em busca do que queremos realizar, podemos transformar tudo à nossa volta e ter todo o sucesso que desejamos.

Finalmente, Martha ofereceu ao amigo uma oportunidade de trabalhar em sua equipe, sob sua orientação. Lucas aceitou de imediato, porque pela primeira vez compreendeu que **seu fracasso foi devido exatamente por não ter tido uma forte conexão com seus objetivos e não ter planejado como chegar a eles**. Agora iria aprender isso tudo com a amiga e iria recomeçar da maneira certa.

Pedro sorriu, animado e repetiu:

— Entendi... Tudo depende do que a pessoa faz com aquilo que tem em mãos.

— Isso mesmo – confirmei. Sucesso ou fracasso são os resultados possíveis para as ações que você toma. O sucesso vem mais rapidamente, mais fácil e mais completo quando você planeja o que vai fazer, quando você planeja vencer.

— E o fracasso...

O SUCESSO VEM MAIS RAPIDAMENTE, MAIS FÁCIL E MAIS COMPLETO QUANDO VOCÊ PLANEJA O QUE VAI FAZER, QUANDO VOCÊ PLANEJA VENCER.

QUANDO PENSAMOS E ACREDITAMOS QUE PODEMOS ESCOLHER VENCER, E TEMOS OBJETIVOS CLAROS E TRAÇAR BONS PLANOS PARA SAIR EM BUSCA DO QUE QUEREMOS REALIZAR, PODEMOS TRANSFORMAR TUDO À NOSSA VOLTA E TER TODO O SUCESSO QUE DESEJAMOS.

O fracasso vem exatamente com a falha em planejar. O que quero dizer com isso? Quero alertá-lo de que é necessário sempre ter muito claros em sua mente os seguintes pontos, que fatalmente levam qualquer um a fracassar:

- **a pessoa** não escolhe vencer e com isso está escolhendo perder, falhar, fracassar. Não se pode esquecer que **vencer é uma escolha** que ao ser feita gera toda a diferença nos resultados.
- o fracasso acontece quando a pessoa não tem uma **conexão com seus objetivos** e, por isso, não enxerga como chegar a eles. É preciso acordar todos os dias e olhar atentamente para os seus objetivos e se determinar a continuar em busca deles.
- **as pessoas não planejam.** Elas não reservam tempo de qualidade e boa energia para planejar.
- **as pessoas não acham que planejar é necessário.** Existe uma falta de valorização do planejamento. As pessoas até ouvem que planejar é necessário e, se perguntadas sobre isso, concordam com essa afirmação. Porém, a questão crítica hoje em dia é que a valorização quase sempre está somente no resultado que o planejamento traz. Não existe um entendimento de que a ferramenta de planejamento é o que pode mudar de fato o jogo e a vida das pessoas – e então a consequência será obter os resultados que se busca.
- **as pessoas consideram que existe muita dificuldade em planejar**, que planejar é difícil. Esse é um paradigma que precisa ser quebrado, é uma barreira no caminho do sucesso.
- **o excesso de informações e as múltiplas escolhas** disponíveis hoje em dia e ao alcance da mão, ou "a um clic de teclado", dificultam o planejamento, pois faz com que as pessoas tenham mais dificuldades de definir e decidir aonde querem chegar e quais recursos usar, ou qual caminho tomar.
- **as pessoas não executam o que planejaram.** A falta de dedicação ao que foi planejado e de disciplina ao executar colocam a perder boa parte do plano que foi definido.

- **as pessoas se desviam do que foi planejado**. O objetivo muitas vezes se perde na execução, mesmo tendo sido feito um bom planejamento. Além disso, uma vez que desviaram do planejado, as pessoas não sabem como voltar ao plano original.
- **as pessoas não desfrutam do prazer da jornada.** Desse modo, muitas vezes desistem no meio de sua trajetória, por não se sentirem recompensadas. Outras vezes, quando chegam ao destino acabam frustradas por não terem clareza de seus objetivos. Elas caminham em sua trajetória sempre projetando a felicidade para quando chegarem ao destino. Por isso, não vivem intensamente sua vida e perdem a beleza da jornada, além de não desfrutarem de cada pequena conquista que as levará ao seu grande sonho. É preciso construir o lado racional da solução do problema levando também em conta o fator emocional, visando maior satisfação principalmente durante o trajeto que as pessoas fazem enquanto buscam seus objetivos.

Pedro estava muito animado com a nossa conversa e solicitou:

— Entre todos esses pontos, o que mais me intriga é esse que diz que "as pessoas não desfrutam do prazer da jornada". Me fale um pouco mais sobre isso, por favor.

— Muito bem, Pedro. Deixe-me falar de um exemplo da minha vida pessoal, para ficar mais claro o que estou dizendo. Essa foi uma das passagens mais importantes da minha história, talvez até mesmo o aprendizado mais importante que já tive. Hoje eu o uso em todas as minhas palestras, em todos os lugares que vou, em todos os trabalhos de assessoria, em todas as consultorias que presto e sempre que penso em ajudar alguém.

Quando estudava no colegial, eu queria ser técnico eletrônico. Depois que me formei nessa etapa, decidi que seria engenheiro. E quando me formei engenheiro, queria ter um bom emprego. Quando tive um bom emprego, queria ter uma empresa. Naquele anseio e empenho todo, conquistei meus objetivos: tive bons empregos, me tornei um executivo e montei uma empresa aos 36 anos de idade. Foi então que aprendi a maior lição da minha vida.

Na verdade, eu sempre tive objetivos claros, mas sempre vivi somente em função daqueles objetivos. Sempre vivia projetado no futuro, vivia buscando a satisfação de cumprir o destino que eu me propunha, sempre estava me vendo no ponto final da minha jornada, pensando no que eu queria conquistar.

O problema é que não percebi que a vida passou. Os dias vieram e se foram rapidamente, enquanto me dedicava aos meus objetivos, e a minha conexão com o que eu estava vivendo a cada dia se perdeu. Deixei de desfrutar de tudo o que havia na época do colegial e perdi grandes momentos especiais durante o curso de engenharia. Na minha busca alucinada pelos meus objetivos, deixei de curtir os bons momentos da faculdade, do emprego e com a família, porque vivia sempre lançado no futuro. Foi então que, aos 39 anos, pude perceber claramente as tantas coisas que eu tinha deixado de viver e que elas não voltariam mais. Falhei na minha caminhada de vida, porque não tinha ainda compreendido que a minha felicidade estava principalmente na jornada e não apenas no destino de chegada.

— Como assim? Não estou conseguindo enxergar o ponto a que você quer chegar – Pedro questionou.

— Vou explicar de uma forma mais prática: imagine que você coloque como objetivo, por exemplo, comprar um carro daqui a 2 anos e então se dedique intensa e totalmente a atingir esse objetivo, sem dar a si mesmo tempo ou energia para pensar ou fazer outras coisas, ou mesmo para se divertir. Depois de passarem esses 2 anos, você faz um balanço de seus resultados, que neste caso podem ser:

- ***Você atingiu o seu objetivo, mas não aproveitou a jornada.*** Neste caso, você tem o carro, mas deixou de viver intensamente dois anos de sua vida.
- ***Você não conseguiu comprar o carro e também não aproveitou a jornada.*** Nesta hipótese, você deixou de viver com intensidade

e de desfrutar de tudo naqueles dois anos de sua vida e mesmo assim não atingiu o seu objetivo e continua andando a pé, ou mesmo de Uber.

Continuei:

— Em contrapartida, se você se dedicou ao seu objetivo de comprar o carro, mas durante todo o tempo nesses dois anos dedicou também tempo e energia para pensar e fazer outras coisas que lhe deram prazer, que o levaram a se divertir e aproveitar bem a vida, você é um vitorioso. Aqui também podemos destacar duas possíveis situações resultantes:

- ***Você não atingiu o seu objetivo, mas viveu intensamente a sua jornada***. Neste caso, a sua vida foi intensa, prazerosa, você viveu todos os dias, aprendeu, curtiu tudo o que tinha direito, ao mesmo tempo em que se dedicava ao seu objetivo com seriedade e responsabilidade. Se ao final dos 2 anos você ainda não estiver com o seu carro, irá perceber com muito mais clareza o que precisa fazer dali para frente para conseguir atingir o seu objetivo.
- ***Você fez questão de curtir a jornada e se dedicou também de modo a atingir seu objetivo.*** Esse é o melhor dos mundos, pois vai lhe trazer muito mais satisfação. Essa é a situação ideal em qualquer jornada em que se busca atingir um objetivo traçado.

— Perfeito! Agora, sim, compreendi. Não é só buscar o objetivo. É viver intensamente o dia a dia da nossa busca. – Pedro concluiu.

— Exatamente. Foi nessa época que ficou muito claro para mim que a melhor forma de se obter todos os resultados que buscamos é a gente viver intensamente a jornada, ao mesmo tempo em que se dedica com todas as forças para cumprir tudo aquilo que planejamos, tudo aquilo que programamos, como as ações para chegar aos nossos objetivos. Esse é o melhor dos mundos, é o mundo ideal: curtir a jornada e atingir o objetivo.

"Em resumo, é muito importante compreender que há um grande prejuízo quando você coloca o foco total e durante todo o tempo somente no seu objetivo. Na hipótese de se ter o resultado menos desejável, se você projeta a felicidade sempre para o ponto de chegada da sua jornada, sempre para o momento de realização do seu objetivo, você não atinge o objetivo e não curte a jornada. E mesmo assim vai perceber que a vida passou e que provavelmente não vai ter uma segunda chance de viver o que deixou para trás. Pode ser que as pessoas que estavam ao seu lado naqueles dois anos não estejam mais, e que as situações que você poderia ter vivido no seu trajeto já não estejam mais disponíveis."

"O grande desafio, Pedro, é você chegar ao seu objetivo e poder comemorar com as pessoas que você ama – e não ter de deixá-las pelo caminho de tal modo que esteja sozinho nas suas conquistas. Na verdade, conheço muitas pessoas assim: milionários vivendo em palácios vazios, pessoas que quando partiram desta vida não tinham ao seu lado sequer seis pessoas para segurar as alças do seu caixão."

"É por isso que faço questão de reforçar que o que considero como um dos grandes aprendizados da minha vida foi compreender e aceitar que a felicidade está principalmente na jornada e não apenas no destino."

— Muito legal. Agora ficou bem claro para mim. Valeu pela explicação. – Pedro estava animado.

— Que bom, Pedro. Então, retomando a sequência da nossa conversa, o que considero fundamental que você tenha em mente é que a base para tudo dar certo, para produzir os melhores resultados, é um planejamento bem-feito e bem-executado.

Esses motivos que listamos ainda há pouco, sobre as dificuldades que as pessoas têm de planejar, são os principais problemas que elas precisam enfrentar para ter sucesso. Em síntese, eu diria que são essas dificuldades com o planejar que causam os maiores fracassos de que temos notícias e que levam muita gente a abrir mão dos seus sonhos. São esses pontos que precisamos superar, se realmente queremos chegar ao sucesso, seja qual for o sonho que queremos realizar.

— Concluindo, todo sucesso começa com um bom planejamento – resumiu Pedro.

— Na verdade, tudo começa até mesmo um pouco antes do que o planejamento; começa com a definição do seu objetivo, de um objetivo que realmente o inspire, como no exemplo de Martha. Depois, você prepara um planejamento cuidadoso e coloca sua estratégia em ação. Como disse o palestrante Tony Robbins, "Toda fixação de objetivo deve ser imediatamente acompanhada pelo desenvolvimento de um plano e também por uma ação maciça e sistemática para sua realização"[1].

Mas esses detalhes do planejamento, esse passo a passo que vou lhe ensinar e que tornará o planejamento totalmente claro e simples para você, nós vamos discutir um pouco mais à frente, depois que você estiver com os conceitos básicos sobre planejamento e sucesso bem claros na sua mente.

OS PLANOS QUE VOCÊ FAZ PARA A SUA VIDA

3

Quando alguém me pergunta se há necessidade de fazer um planejamento para tudo na vida, costumo responder: você só tem que planejar aquelas coisas que realmente quer realizar. Então, pense um pouco sobre as seguintes questões:

- Quantas vezes você já pensou que não iria conseguir algo?
- Ou imaginou que faltariam recursos, que as condições financeiras não lhe eram favoráveis, que alguém não iria colaborar com você?
- Você se convenceu de que o que desejava era um sonho impossível, que jamais iria alcançar?
- Se você parasse agora para pensar em um objetivo de que você desistiu, quais seriam os seus sentimentos?
- Quais seriam as dificuldades que você pensa que o impediram de seguir em frente?
- Se você se permitisse agora voltar no tempo em diversos momentos em que estava definindo um objetivo, será que perceberia que esses mesmos sentimentos e dificuldades se repetiram diversas vezes?
- Pense na atividade que você exerce hoje. Quando definiu isso como objetivo, imaginou que teria a capacidade de resolver as dificuldades do seu negócio com a competência que tem hoje?

VOCÊ SÓ TEM QUE PLANEJAR AQUELAS COISAS QUE REALMENTE QUER REALIZAR.

- Você chegou a pensar em quantas dificuldades teria de vencer para chegar até onde chegou?
- Se naquele momento você imaginasse isso tudo, qual teria sido o seu sentimento?
- Você diria que estava animado e confiante que iria conseguir atingir o seu objetivo?
- Você experimentou fazer um planejamento de tudo o que pretendia fazer?
- Se não fez esse planejamento, imagina que tudo poderia ter sido mais simples e seguro, e o sucesso viria mais rápido, caso tivesse planejado adequadamente?

Caso você faça esta análise com critério e responsabilidade, provavelmente vai descobrir que teve de enfrentar diversas resistências, baseadas em crenças limitadoras e despreparos, como, por exemplo, estas a seguir:

- Dificuldade de entender o cenário atual, de enxergar a foto do momento;
- Não conseguir olhar para si mesmo e, assim, não perceber seus pontos fortes e os pontos que exigem melhoria;
- Não conseguir estruturar aonde quer chegar;
- Não conseguir definir e afixar suas setas de sinalização, ao longo do caminho que precisa trilhar para chegar ao sucesso;
- Não estabelecer pontos e meios de medição para avaliar o seu progresso;
- Não ter o hábito de avaliar o que faz, de modo a saber se está no caminho certo;
- Não conseguir estruturar o "como fazer" o que se propõe a realizar;
- Não conseguir melhorar seus planos, quando percebe que os resultados não estão vindo conforme deseja;
- Desistir quando as coisas ficam difíceis, buscando optar pelo caminho mais fácil;

– Não sentir felicidades e satisfação quando conquista algo que deseja;
– Não comemorar e nem agradecer quando conquista uma vitória, não se nutrir de suas vitórias.

A verdade é que, possivelmente, assim como você talvez tenha feito, grande parte das pessoas não planejam, ou não sabem planejar, ou não acreditam que isso seja importante. Porém, depois de uma longa caminhada, mesmo que tenham conseguido sucesso, reconhecem que gastaram muito mais tempo, energia, dinheiro e outros recursos, simplesmente por não terem feito um bom plano para a sua jornada. Isso é muito comum de acontecer e talvez você mesmo tenha se enroscado em diversas dificuldades, porque quando iniciou sua jornada enfrentou alguma resistência quanto a fazer um bom planejamento.

A FALTA DE UM MÉTODO PRÁTICO DE PLANEJAMENTO

4

A falta de um método prático de planejamento é a origem da maioria dos problemas que levam a pessoa a não atingir seus objetivos ou não conseguir melhores resultados em suas empreitadas, seja na vida pessoal, no âmbito profissional ou empresarialmente falando. Um método de planejamento prático, simples, fácil de aplicar e que efetivamente funcione e gere os resultados esperados faz toda a diferença na busca de todo e qualquer objetivo. Porém, normalmente, quando se propõe a planejar, a pessoa esbarra em dificuldades como:

- A falta de hábito de planejar;
- Teorias pesadas e muito material acadêmico;
- Falta de motivação para utilizar um método;

– A descrença na necessidade de fazer um planejamento (tantos deram certo sem planejar, por que eu tenho que fazer planos?);
– Falta de certeza de que as tarefas estruturadas levarão ao resultado esperado;
– Planejar, mas não executar e, portanto, não chegar a resultado algum;
– Planejar, executar, mas não aferir os resultados, o que deixa a sensação de que nunca está havendo progresso;
– Existência de paradigmas complicadores, quanto ao planejamento.

UM MÉTODO DE PLANEJAMENTO PRÁTICO, SIMPLES, FÁCIL DE APLICAR E QUE EFETIVAMENTE FUNCIONE E GERE OS RESULTADOS ESPERADOS FAZ TODA A DIFERENÇA NA BUSCA DE TODO E QUALQUER OBJETIVO.

A METODOLOGIA UP: UM DIVISOR DE ÁGUAS

5

O ponto crucial para resolver esse problema está em utilizar um método que inclua:

- Elaborar uma visão do cenário atual;
- Tornar claro o objetivo a ser atingido;
- Fazer a definição das ações necessárias;
- Organizar o passo a passo necessário na jornada de execução;
- Fazer uma pesquisa de casos;
- Orientar sua atitude comportamental;
- Organizar metas e indicadores.

Acima de tudo, fazer uma conexão entre todos esses pontos, de tal maneira que faça sentido para a definição da sua trajetória e traga a certeza de que esse caminho o levará ao sucesso. Estamos falando, então, da Metodologia UP, que vai revolucionar a sua vida e gerar um sucesso muito mais consistente e duradouro.

Vamos deixar claro aqui que você está diante de um divisor de águas em sua vida e que o que decidir fazer a partir de agora vai transformar sua vida para um sucesso tão grande que você talvez nunca tenha imaginado antes.

Nos próximos capítulos, você vai encontrar ferramentas que irão contribuir para que você se torne um exímio planejador e um executor eficaz dos planos que traçar, de modo que possa chegar com segurança e certeza aos seus objetivos. Vou apresentar-lhe a Metodologia UP que, quando

VOCÊ ESTÁ DIANTE DE UM DIVISOR DE ÁGUAS EM SUA VIDA E QUE O QUE DECIDIR FAZER A PARTIR DE AGORA VAI TRANSFORMAR SUA VIDA PARA UM SUCESSO TÃO GRANDE QUE VOCÊ TALVEZ NUNCA TENHA IMAGINADO ANTES.

executada integralmente, irá levá-lo a conseguir os resultados que você busca e muito mais; vai ajudá-lo a construir uma base de conhecimentos que aumentará seu desempenho em todos os seus projetos futuros.

A Metodologia UP é uma ferramenta poderosa que estabelece as conexões necessárias para enfrentarmos cenários desafiadores e apresenta uma forma simples e eficiente de transformar desafios em resultados, concretizar metas, alcançar objetivos e realizar sonhos.

Uma das grandes questões que movem o ser humano durante a vida é a busca por algum tipo de reconhecimento, que pode ser tanto na área familiar quanto nos aspectos material, social, financeiro ou afetivo. A questão é que, se podemos afirmar que nós seres humanos estamos em busca de algo neste planeta, é razoável pensar também que algumas pessoas tenham mais facilidade em consegui-lo, outras tenham dificuldades claras, que muitas vezes até ameaçam inviabilizar sua busca, e também existem outras pessoas que sequer conseguem identificar o que estão buscando e, portanto, nem ao menos imaginam quais objetivos podem ser traçados em sua vida.

Pensando nisso, resolvi organizar um método que denominei de Metodologia UP para oferecer-lhe uma estratégia que, ao aplicá-la, você tenha o seu estado transformado, seja ele mental, emocional, financeiro,

ou outros mais que lhe sejam importantes. Costumo dizer que todos podem se transformar em UPs, ou seja, pessoas que atingem resultados, conquistam metas, vencem desafios, realizam sonhos e satisfazem seu coração, sua alma e sua mente.

Como a ideia é sempre estabelecer conexões que façam sentido para você, durante a leitura e a aplicação prática dos conceitos e recomendações da metodologia, criei uma lista com os "10 ensinamentos UP". Vou chamá-los de "10 Passos da Metodologia UP", porém peço-lhe que não entenda isso como se cada um desses passos devesse ser executado rigorosamente em uma determinada sequência, o que não é o caso neste método. Todos os itens da Metodologia UP podem ser executados de modo independente entre si, em uma sequência escolhida por você, e ainda assim surtir os efeitos esperados e gerar os resultados buscados.

COSTUMO DIZER QUE TODOS PODEM SE TRANSFORMAR EM UPs, OU SEJA, PESSOAS QUE ATINGEM RESULTADOS, CONQUISTAM METAS, VENCEM DESAFIOS, REALIZAM SONHOS E SATISFAZEM SEU CORAÇÃO, SUA ALMA E SUA MENTE.

Eles podem ser realizados integralmente, na totalidade do método, ou individual e separadamente, por meio da escolha específica de cada um deles. Portanto, vou apresentar aqui os "10 ensinamentos UP" de maneira numerada e sequencial, como se fosse um passo a passo, mas apenas para organizar os temas que iremos tratar. Você tem a liberdade de estudar e aplicar cada passo na sequência que melhor o atender e satisfizer, sem comprometer os resultados finais. Acompanhe a seguir o diagrama com um possível sequenciamento dos itens da Metodologia UP.

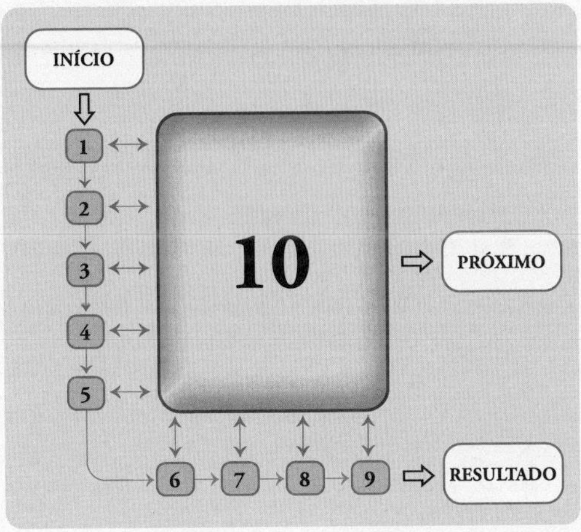

Onde:

1. Identifique o cenário atual;
2. Avalie seus potenciais;
3. Defina seu objetivo;
4. Estruture os indicadores de medição;
5. Descreva detalhadamente suas tarefas;
6. Avalie os resultados;
7. Melhore seu plano;
8. Potencialize suas crenças fortalecedoras;
9. Alimente seu potencial;
10. Conecte o aprendizado da jornada.

É importante entender que a etapa 10 armazena e catalisa o uso de todo o aprendizado da jornada, colhendo dados e disponibilizando informações para todas as outras etapas do processo. Assim, todas as etapas da Metodologia UP alimentam seus conhecimentos, que vão sendo capitalizados e reservados para serem disponibilizados quando forem necessários. Dessa forma, você poderá usar esses conhecimentos e habilidades que desenvolveu em projetos.

DETALHANDO AS ETAPAS UP

6

Imagine a tranquilidade e a segurança proporcionadas por um plano em que você, sabendo para onde vai caminhar, possa ter a clareza de uma ou duas tarefas que possa executar diariamente, semanalmente ou mensalmente, com a certeza de que essas ações estarão contribuindo para levá-lo até o objetivo que deseja alcançar.

A ideia por trás da Metodologia UP é exatamente trazer e promover a simplicidade e proporcionar a clareza de cada ação a ser executada e como elas se relacionam entre si, na busca pelo objetivo final desejado.

Dito isso, e tendo já esclarecido em especial sobre a importância suprema da etapa 10 para estruturar estratégias e planos de sucesso futuros, vamos nos aprofundar com mais detalhes em cada uma das etapas da Metodologia UP.

A IDEIA POR TRÁS DA METODOLOGIA UP É EXATAMENTE TRAZER E PROMOVER A SIMPLICIDADE E PROPORCIONAR A CLAREZA DE CADA AÇÃO A SER EXECUTADA E COMO ELAS SE RELACIONAM ENTRE SI, NA BUSCA PELO OBJETIVO FINAL DESEJADO.

PASSO 1: IDENTIFIQUE O CENÁRIO ATUAL E QUALIFIQUE A RELEVÂNCIA

7

O filósofo chinês *Lao Tsé* afirmou sabiamente que toda caminhada começa com o primeiro passo. Sem esse movimento, nenhuma mudança acontece. Mas de que primeiro passo nós estamos falando? Estamos falando de preparar bem o nosso avanço antes de nos lançarmos em busca de nossos objetivos. O que estou dizendo é que antes de começar a caminhada, precisamos aprender a entender melhor o cenário inicial em que nos encontramos.

— Não entendi. Por que isso é tão importante? – perguntou Pedro.

— Vou responder sua pergunta com outra pergunta: suponha que um avião viajou cerca de 900 quilômetros em direção ao Norte. Em que cidade ele pousou?

— Pergunta difícil essa! Sei lá onde o avião foi parar... – Pedro argumentou.

— Pois bem, a resposta é realmente difícil. Afinal, tudo depende de onde o avião saiu. Se ele saiu de São Paulo, é bem possível que pouse em Brasília, por exemplo. Porém, se saiu de Porto Alegre, o mais lógico é que pouse em São Paulo.

— É... Faz sentido!

— Em outras palavras, para podermos planejar aonde chegaremos, temos antes que conhecer em que lugar estamos. Quando vamos traçar um plano e uma estratégia para realizar um sonho ou atingir um objetivo, precisamos antes descobrir onde (ou como) estamos no momento presente. Trocando em miúdos, isso implica em 4 questões principais:

QUANDO VAMOS TRAÇAR UM PLANO E UMA ESTRATÉGIA PARA REALIZAR UM SONHO OU ATINGIR UM OBJETIVO, PRECISAMOS ANTES DESCOBRIR ONDE (OU COMO) ESTAMOS NO MOMENTO PRESENTE.

1 – Entender quais são **as fortalezas** que temos, quais são os recursos e as habilidades que nos estão disponíveis;
2 – Tomar consciência de **nossas fraquezas**, dos pontos que precisam ser desenvolvidos. Conhecer nossos pontos fracos, que teremos que superar;
3 – Entender que tipo de **riscos** teremos no projeto. Compreender quais são os níveis de ameaças que podem nos levar ao insucesso;
4 – Que tipo de **oportunidades** temos nesse projeto e quais são as possibilidades de melhoria que podemos obter.

É muito importante a gente entender esta etapa do processo, identificar o cenário atual e qualificar a relevância do que temos em mãos. Este passo é fundamental para todo planejamento que queiramos desenvolver, seja de que tamanho for, seja em uma empresa, em um empreendimento individual, ou simplesmente o nosso desejo de realizar algum sonho pessoal ou atingir determinados objetivos na vida.

Quando você identifica o cenário em que se encontra no momento que decide buscar um objetivo, tudo fica mais claro e é possível visualizar qual o melhor caminho a tomar. Em contrapartida, se não der atenção a este Passo 1, vai ficar muito difícil você conquistar um novo mercado ou mudar para uma nova área de atuação, ou mesmo comprar alguma coisa de cunho pessoal que esteja além do seu orçamento mensal.

— É tão sério assim? Então sem o Passo 1 não dá para seguir adiante? – perguntou Pedro.

— É muito sério. Porque, afinal, como é que você vai seguir adiante sem saber como está hoje? Como vai poder pensar lá na frente se você não entende quais são as suas reais condições hoje? Como vai saber qual é o melhor caminho que você tem que percorrer?

Outro ponto a ser considerado é que você precisa ter clareza, comprometimento e assertividade nesta etapa. Porque todas as vezes que você fizer o Passo 1 "mais ou menos", vai estar escolhendo "vencer mais ou menos". Toda vez que você fizer o Passo 1 sem dedicação, sem profundidade, vai escolher alcançar seu objetivo sem a maturidade necessária, sem profundidade no seu comprometimento. Além disso, se você planejar sem pensar no cenário atual, ou qualificando a sua realidade atual de forma errada, vai fazer o seu planejamento em cima de algo errado.

TODAS AS VEZES QUE VOCÊ FIZER O PASSO 1 "MAIS OU MENOS", VAI ESTAR ESCOLHENDO "VENCER MAIS OU MENOS".

— Compreendo – assentiu Pedro.

— Então, costumo dizer que a gente precisa tirar uma fotografia desta etapa, do momento atual que estamos vivendo e identificar nessa foto esses quatro aspectos da nossa realidade: nossas fortalezas, nossas fraquezas, os riscos que estamos correndo e as oportunidades que estão surgindo.

— Isso tudo a gente consegue fazer no Passo 1? – Pedro perguntou.

— Sim. Essa foto precisa ser o resultado dessa análise feita no Passo 1. E digo ainda mais: quando estiver construindo o Passo 1, você precisa ter muita profundidade, bastante serenidade e muita responsabilidade e dedicar a cada item analisando a verdadeira importância que ele tem. Porque se o Passo 1 não for bem-feito e a foto não ficar muito bem-definida, a chance de a gente perder o plano e perder o objetivo é muito grande.

Com a foto da nossa situação atual em mãos, fica mais fácil entender e trabalhar em nossas fortalezas, fraquezas, riscos e oportunidades. Podemos qualificar o que pode ser ganho ou perda e determinar qual o grau de relevância e qual é a importância de cada elemento dessa foto.

— Entendi... Mas agora ainda me resta entender como fazer a análise e avaliação de cada um desses pontos que registrei na foto. Não consegui ainda enxergar essa parte.

— Por isso mesmo que agora vou lhe explicar detalhadamente como o processo funciona. Acompanhe o meu raciocínio e você vai tirar todas as suas dúvidas.

QUAIS SÃO AS SUAS FORTALEZAS?

— Em primeiro lugar, quero que você dê uma boa olhada neste quadro que preparei para esta nossa conversa:

	FORTALEZAS	ANÁLISE INTERNA	
		IMPORTÂNCIA	PERFORMANCE
1	EQUIPE – EMPRESARIAL	B	2
2	INFRAESTRUTURA – EMPRESARIAL	B	3
3	CONDIÇÕES FINANCEIRAS – PESSOAL	A	3
4	FORMAÇÃO ACADÊMICA – PESSOAL	B	2
	NULA – **RESULTADO: D1, D2 E C1**		PERFORMANCE
	NECESSIDADE DE MELHORIA – **RESULTADO: D3 E D4**	1	FRÁGIL
	AGREGANDO POUCO VALOR – **RESULTADO: A1, A2, B1 E B2**	2	RAZOÁVEL
	VALOR REGULAR – **RESULTADO: C2**	3	ALTA
	BOA COMPETÊNCIA – **RESULTADO: C3 E C4**	4	EXCELENTE
	ALTA COMPETÊNCIA – **RESULTADO: A3, B3 E B4**		
	EXCELÊNCIA – **RESULTADO: A4**		IMPORTÂNCIA
		D	PEQUENA
		C	MÉDIA
		B	ALTA
		A	MUITO ALTA

Vamos acompanhar um exemplo de quais são as fortalezas que uma pessoa pode ter, quando se prepara para sair em busca de determinado objetivo. Podemos analisar 4 características básicas desejáveis, conforme listadas no nosso quadro.

As duas características (ou fortalezas) iniciais são de cunho empresarial: elas têm a ver com *equipe* e *infraestrutura*. Imagine que você tem uma empresa, tem um negócio, ou quer começar a empreender. Nesse caso, essas duas fortalezas são fundamentais para o seu negócio.

Já quanto aos outros dois exemplos no quadro, estes são de cunho individual. Se você é alguém que quer conquistar um objetivo, realizar um sonho pessoal, suas fortalezas podem ser suas *condições financeiras* e a sua *formação acadêmica*.

É interessante considerar que para cada objetivo que se busca, seja profissional, empresarial ou pessoal, é possível eleger tantas fortalezas quantas forem necessárias. O que vai definir a quantidade de fortalezas que convém serem trabalhadas em cada caso é a própria pessoa, dentro de uma análise pessoal íntima. Ou, no caso de ser um objetivo empresarial, de negócios, será necessária uma análise interna na empresa, para definir quais e quantas fortalezas precisarão ser trabalhadas.

— Mas então como é que a gente faz essa análise? Eu entendo que ela é necessária, mas por onde começo a avaliar como estão as minhas fortalezas? – Pedro levantou a questão.

— Como ferramenta para fazer essa análise, Pedro, eu vou lhe apresentar uma metodologia que venho desenvolvendo, testando, aplicando e aprimorando há muitos anos. Observe atentamente o quadro que lhe apresentei ainda há pouco e acompanhe o meu raciocínio.

Vamos analisar o primeiro item: a *Equipe*. Repare que existem outras duas colunas, à direita, uma chamada de "Importância" e outra de "Performance". Na coluna Importância, a pessoa deve colocar uma letra de acordo com o quanto aquele item é importante para a empresa nesse planejamento (para isso, consulte a legenda que também consta no quadro).

Suponha então que a pessoa coloque a letra B nessa coluna. Isso significa que a Equipe empresarial tem *Importância Alta* dentro do planejamento e do projeto, dentro daquilo em que o negócio está inserido.

Então, no primeiro passo para analisar uma fortaleza é preciso definir qual é a importância daquele item para o planejamento que você está construindo.

O QUE VAI DEFINIR A QUANTIDADE DE FORTALEZAS QUE CONVÉM SEREM TRABALHADAS EM CADA CASO É A PRÓPRIA PESSOA, DENTRO DE UMA ANÁLISE PESSOAL ÍNTIMA.

— E o que significa essa coluna de "Performance" na tabela? – Pedro questionou.

— Na coluna de Performance a pessoa vai registrar como está o nível de desempenho da empresa (ou da própria pessoa, dependendo do caso) quanto ao item avaliado, quanto à fortaleza que está sendo considerada. Neste exemplo, a empresa vai avaliar sua equipe. Nessa avaliação é feito um estudo dos indicadores de períodos passados, que podem demonstrar se a equipe é boa, se ela tem uma performance alta, ou se está em outra classificação (também de acordo com as opções listadas na legenda do quadro). No exemplo que temos na tabela, a Performance da Equipe recebeu a nota 2, o que significa que ela tem uma Performance Razoável.

— Se estivermos falando da vida de uma pessoa, e não de uma empresa, como isso ficaria?

— Bem, Pedro, ainda dentro dos 4 exemplos de fortaleza que demos no Quadro, as duas últimas linhas se referem a indivíduos buscando um objetivo pessoal. Veja, por exemplo, como ficou o item 3 dessa tabela, ou seja, o item que trata das condições financeiras. A análise precisa ser feita com a pessoa inicialmente se perguntando: "Qual é a importância das condições financeiras para esse objetivo que eu tenho?". Supondo-se que as questões financeiras são muito importantes, ou até mesmo imprescindíveis para alcançar seu objetivo, a coluna da Importância recebe a letra "A". Caso o indivíduo considerasse que as condições financeiras não são assim tão importantes para seu objetivo, ele poderia ter adotado qualquer das outras letras para classificá-la. Em resumo, a classificação que a pessoa deve dar para cada fortaleza deve estar ligada à importância que ela tenha em relação ao objetivo que o indivíduo está pensando atingir, que está indo buscar.

— E, nesse caso, como fica a coluna da Performance? – Pedro questionou.

— Na coluna da Performance a pessoa deverá colocar um número que represente sua real habilidade para lidar com essa fortaleza. No exemplo, a pessoa colocou o número 3, indicando que tem facilidade de lidar com as condições financeiras e que é possível ter uma performance alta nesse quesito. Mais ainda, essa classificação indica que as condições financeiras atuais da pessoa são bastante favoráveis à busca de seu objetivo. Caso nessa fortaleza a pessoa colocasse uma classificação 4, isso significaria que ela tem habilidades e condições financeiras excelentes para buscar seu objetivo e, dessa forma, provavelmente o dinheiro não iria faltar para essa empreitada.

— Muito interessante essa análise. – Pedro se admirou.

— E ainda tem muito mais. Esse método é muito prático e permite uma análise bastante realista da sua situação, quando você coloca um objetivo em foco. Perceba como esta sequência nos ajuda no raciocínio:

- Toda vez que tiver um objetivo para atingir, neste primeiro passo, você vai descrever quais são as Fortalezas que são fundamentais para o seu plano;
- A seguir, você avalia qual é a Importância de cada uma dessas fortalezas no segmento que vai atuar (quando estamos falando de uma empresa) ou para o seu plano pessoal (caso você esteja atuando como pessoa física);
- Então você avalia item por item, de modo a entender claramente como estão os seus reais recursos e qual poderá ser a sua Performance em cada um desses quesitos.

O próximo passo é classificar os seus resultados, de modo que fique mais fácil você tomar decisões sobre cada um deles e desempenhar as ações necessárias em cada caso. Uma vez que você preencheu as colunas de Importância e Performance para todas as fortalezas que listou, torna-se possível fazer uma análise das suas informações, de maneira a que você tenha mais clareza sobre o ponto em que você se encontra naquele momento, antes de partir para o próximo passo do seu planejamento.

Para facilitar essa análise, criei uma Tabela de Classificação. De acordo com os resultados que você assinalou no Quadro das suas Fortalezas, é possível classificar cada uma delas levando-se em conta os seguintes parâmetros:

INTENSIDADE DA SUA FORTALEZA	
INTENSIDADE DA FORTALEZA	POSSÍVEIS RESULTADOS A SEREM OBTIDOS
NULA	D1, D2 e C1
NECESSIDADE DE MELHORIA	D3 e D4
AGREGANDO POUCO VALOR	A1, A2, B1 e B2
VALOR REGULAR	C2
BOA COMPETÊNCIA	C3 e C4
ALTA COMPETÊNCIA	A3, B3 e B4
EXCELÊNCIA	A4

— Como assim? Ainda não consigo acompanhar esse raciocínio.

— Vou explicar, Pedro. Veja que no nosso Quadro de Fortalezas atribuímos o valor B2 para a Fortaleza Equipe. Na tabela que temos aqui, encontramos que esse resultado corresponde ao item "Agregando Pouco Valor". Isto quer dizer que a sua equipe, da forma como está hoje, não ajuda muito para atingir o seu objetivo. Então, isso significa que você (sua empresa) vai precisar trabalhar forte nesse quesito.

— Ah, sim! Agora estou entendendo. – Animou-se Pedro.

— Vamos analisar mais alguns exemplos:

- Se a pessoa obtiver o resultado D1, por exemplo, para uma determinada Fortaleza, na Tabela encontraremos que a intensidade dessa Fortaleza é **nula**. O que significa que ela não vai ajudar você a atingir seu objetivo. Logo, para corrigir isso você vai ter que trabalhar muito. Uma situação semelhante é encontrada nos casos em que o resultado de determinada Fortaleza sejam D2 ou C1.
- Para os resultados D3 e D4 você precisa considerar que vai ter muita necessidade de melhoria nessa Fortaleza, para que ela venha a colaborar na busca de seu objetivo.

- Onde o resultado for A1, A2, B1 e B2, significa que essa Fortaleza ainda está agregando pouco valor. E que é preciso trabalhar mais esse quesito, entender mais sobre ele e também verificar se ele de fato vai ser importante para seu projeto. Quem sabe até deixar de investir temporariamente nessa fortaleza, dependendo da situação em questão. É o caso também do resultado C2 (Valor Regular).

— Você quer dizer que eu posso deliberadamente deixar de investir em uma determinada Fortaleza? – Pedro estranhou o que eu disse.

— Exatamente isso. Porque, de repente, talvez seja até mais interessante deixar essa Fortaleza de lado, temporariamente, do que ficar desperdiçando energia com ela. Certas Fortalezas, como as classificadas como de intensidades "Nula", "Necessidade de Melhoria", "Agregando Pouco Valor" e "Valor Regular", vão consumir muito do seu esforço, tempo e energia e darão pouco ou nenhum resultado em retorno. Por isso é necessário avaliar com cuidado cada caso.

"Em contrapartida, temos certas Fortalezas que reagem com ótimos resultados quando investimos nelas e que precisam ser bastante exploradas. É o caso de C3 e C4 (Boa Competência) e A3, B3 e B4 (Alta Competência). Nesses casos seus esforços tendem a dar os melhores resultados. E, finalmente, temos a situação A4, que é a cereja do bolo, ou seja, a Excelente Competência. A energia que investimos nas Fortalezas com essa classificação dão excelentes dividendos."

— Então quer dizer que devemos investir somente nessas Fortalezas que dão mais resultados e abandonar as demais?

— Não é bem assim, Pedro. É preciso analisar com cuidado o seu objetivo e o seu plano de ação. Pode ser que uma Fortaleza seja importante no seu projeto, mas você não tenha boa performance nela. Nesse caso, você vai precisar, sim, investir e trabalhar nessa Fortaleza, para que ela cumpra o seu papel mais adiante no seu planejamento. Apenas é preciso avaliar e dosar isso com muito cuidado, porque, como eu disse, uma fortaleza com baixa performance vai exigir muito mais energia e trabalho para se tornar adequada para cumprir o seu papel no projeto.

TUDO QUE RECEBE A CLASSIFICAÇÃO DE BOA, ALTA OU EXCELENTE COMPETÊNCIA VAI LHE AGREGAR VALOR MAIS RAPIDAMENTE E AJUDAR VOCÊ A CHEGAR AO SEU OBJETIVO. LOGO, É BASTANTE CLARO QUE VOCÊ TEM QUE COLOCAR ENERGIA NESSAS ÁREAS.

Tudo que recebe a classificação de boa, alta ou excelente competência vai lhe agregar valor mais rapidamente e ajudar você a chegar ao seu objetivo. Logo, é bastante claro que você tem que colocar energia nessas áreas. Mas é importante analisar entre as fortalezas com classificação menos vantajosas e perceber em quais delas é necessário investir, com vista a uma necessidade futura.

Em resumo, para cada objetivo que você tem é preciso definir, aqui no Passo 1, quais são as fortalezas que são importantes e como elas estão classificadas na sua realidade atual, seja para você como empresa, seja para a sua vida pessoal. É a partir daí que você começa a ter uma ideia de onde vai precisar colocar mais energia para chegar naquele objetivo que está buscando.

QUAIS SÃO AS SUAS FRAQUEZAS?

— Pois bem, Pedro, agora que já falamos sobre as nossas fortalezas, a próxima etapa será analisar nossas fraquezas. Os nossos pontos fracos também precisam ser conhecidos e bem trabalhados, para que tenhamos força para seguir nas próximas etapas.

— Tudo isso ainda dentro do Passo 1? – perguntou Pedro.

— Sim. Nossas fraquezas também precisam fazer parte da fotografia que estamos tirando do nosso momento atual, para que possamos planejar adequadamente e com segurança os próximos passos da nossa jornada.

O enfoque, neste caso, é um pouco diferente do que aquele que fazemos quanto às nossas fortalezas. Quando tratamos sobre aquilo em que somos fortes, isso já é um ganho que temos, mesmo que, vez ou outra, tenhamos que melhorar um pouco determinada fortaleza em algum aspecto para potencializá-la ainda mais.

No caso das fraquezas, estamos falando sobre aqueles pontos que estão em um tipo de zona de sombreamento dos nossos planos. Estamos lidando com algo que temos e que não é muito bom, ou que não está bom naquele momento, ou ainda que se trata de algo bom, porém não está sendo potencializado adequadamente. Estamos falando de pontos e características em que precisamos melhorar, se quisermos progredir e ter sucesso em algo que planejamos.

OS NOSSOS PONTOS FRACOS TAMBÉM PRECISAM SER CONHECIDOS E BEM TRABALHADOS, PARA QUE TENHAMOS FORÇA PARA SEGUIR NAS PRÓXIMAS ETAPAS.

— Um bom plano tem que levar em conta também as nossas dificuldades, certo? – Pedro levantou o ponto, mostrando estar compreendendo bem o que eu estava dizendo.

— Exatamente. Nem tudo são flores quando nos propomos a realizar algo. Por isso, um bom planejamento tem que lidar também com aqueles pontos em que temos mais dificuldades. E isso serve tanto para o mundo empresarial quanto para o planejamento individual e pessoal na vida de um indivíduo, mesmo que o objetivo do planejamento dele seja algo muito simples, como, por exemplo, comprar uma bicicleta.

"Quando estamos fazendo um planejamento empresarial, precisamos levar em conta os pontos fracos em cada departamento, em cada funcionário envolvido e até mesmo nas limitações de recursos que temos disponíveis. Já para uma pessoa que está em busca de seus objetivos pessoais, ela precisa olhar ao redor e também para dentro de si mesma, buscar na sua visão interna, e perceber como ela está e quais são suas fraquezas que precisam ser superadas."

— E depois que descobrimos nossas fraquezas? O que fazemos com elas?

— Precisamos colocar nelas uma energia e uma atenção especiais, para não permitir que essas fraquezas atrasem ou mesmo inviabilizem os nossos planos. Vamos aprofundar um pouco mais esse tema e você vai compreender melhor. Para começar a nossa análise, estude por alguns momentos o seguinte quadro:

FRAQUEZAS		ANÁLISE INTERNA	
		IMPORTÂNCIA	PERFORMANCE
1	PLANEJAMENTO ESTRATÉGICO – EMPRESARIAL	B	-3
2	GESTÃO DE PROCESSOS – EMPRESARIAL	B	-2
3	ORGANIZAÇÃO – PESSOAL	B	-2
4	COMUNICAÇÃO – PESSOAL	C	-1
	NULIDADE – **RESULTADO: D-1 E D-2**		PERFORMANCE
	PERIGO – **RESULTADO: C-1 E C-2**	-1	UM POUCO RUIM
	PERIGO CRESCENTE – **RESULTADO: C-3 E C-4**	-2	RUIM
	ATENÇÃO – **RESULTADO: D-3 E D-4**	-3	MUITO RUIM
	GRANDES PERDAS – **RESULTADO: A-1, A-2, B-1 E B-2**	-4	PÉSSIMA
	PERDAS ENORMES – **RESULTADO: A -3, A-4, B-3 E B-4**		IMPORTÂNCIA
		D	PEQUENA
		C	MÉDIA
		B	ALTA
		A	MUITO ALTA

— É semelhante ao quadro anterior, certo? – comentou Pedro.

— Sim, Pedro. Com a diferença de que agora estamos falando das fraquezas que podemos ter em determinadas áreas ou habilidades, que possam vir a dificultar o atingimento de nossos objetivos, caso não lidemos adequadamente com elas. É muito importante, para tornar maiores as chances de sucesso, considerar as fraquezas que uma pessoa, ou uma empresa, pode ter quando estabelece um determinado objetivo a alcançar.

Como exemplo, vamos analisar 4 fraquezas básicas, duas delas no segmento empresarial e outras duas na área pessoal de alguém que esteja se programando para adquirir determinado bem ou gerar determinadas condições desejáveis em sua vida. Acompanhe no quadro ilustrativo desta nossa conversa.

As duas fraquezas listadas no início do quadro são referentes à área empresarial: elas têm a ver com o *planejamento* e a *gestão de processos.*

É MUITO IMPORTANTE, PARA TORNAR MAIORES AS CHANCES DE SUCESSO, CONSIDERAR AS FRAQUEZAS QUE UMA PESSOA, OU UMA EMPRESA, PODE TER QUANDO ESTABELECE UM DETERMINADO OBJETIVO A ALCANÇAR.

Essas são duas áreas fundamentais para o sucesso de uma empresa ou de um negócio que o indivíduo esteja iniciando ou queira ampliar.

Os outros dois exemplos no quadro são de cunho individual – embora a rigor também se apliquem na área de negócios. Se a pessoa está em busca de realizar um sonho pessoal, uma fraqueza não resolvida, nos aspectos de *organização* e de *comunicação,* pode dificultar muito a realização do que deseja.

— Quantas fraquezas eu vou ter que trabalhar para ter sucesso em algo que quero conquistar na minha vida? – Pedro perguntou.

— Tantas quantas forem necessárias. Estou dando apenas dois exemplos, mas na verdade você terá que trabalhar em cada uma de suas fraquezas, não importa quantas sejam elas. O mesmo se aplica para a área empresarial: todas as fraquezas devem ser trabalhadas, de modo que elas não prejudiquem os resultados buscados pela empresa. Dentro desse contexto, vamos aplicar uma metodologia que estou propondo que você use como ferramenta básica para analisar todas as possíveis situações de fraquezas em seus planejamentos. É o mesmo método que utilizamos para analisar nossas fortalezas, porém agora com um enfoque ligeiramente diferente. Acompanhe comigo.

"Vamos analisar o primeiro item do nosso quadro de exemplos, que se refere ao campo empresarial: nele falamos de *Planejamento*. Na coluna "Importância" o responsável pela análise colocou a letra "B", o que significa que uma fraqueza nessa área tem *alta importância* na busca do objetivo da empresa (confira nas legendas que existem no nosso quadro)."

— Já na coluna "Performance", a pessoa colocou o valor "-3"... O que isso significa? – Pedro questionou.

— O valor "-3" na coluna de Performance significa que os indicadores da empresa demonstram que, em termos de *Planejamento*, ela tem uma Performance muito ruim. Portanto, com essas duas informações já podemos saber que teremos um bocado de trabalho para eliminar, ou minimizar, a fraqueza que existe nesse quesito dentro da empresa.

— Deixe-me ver se entendi direito... No caso do item *Gestão de Processos*, temos uma nota B para importância e uma nota "-2" para performance. Isso significa que esse item também é de *alta importância*, mas ainda temos na empresa uma performance *Ruim* nesse quesito. Acertei?

— Exatamente, Pedro. É isso mesmo. Ou seja, também nesse aspecto a empresa vai precisar se dedicar bastante em tratar dessa fraqueza, para ter maiores chances de sucesso na empreitada. Então vamos fazendo essa análise para todos os itens envolvidos no processo da empresa e que podem ter alguma fraqueza associada a eles. Dessa maneira podemos traçar melhor um plano de ação para lidar com cada um deles, eliminar ou minimizar cada fraqueza e assim aumentar as chances de a empresa ter sucesso naquilo que deseja – como, por exemplo, duplicar o faturamento, ganhar espaço no segmento em que a empresa está inserida, ou avançar sobre novos mercados para o seu negócio.

— Já para o caso de a pessoa estar tratando da vida pessoal dela, você selecionou como exemplo os itens "comunicação" e "organização". Por que fez essa escolha?

— Na verdade, escolhi esses dois pontos como exemplos porque eles são fundamentais em tudo na vida, tanto no âmbito particular como para os assuntos empresariais. Portanto, é um exemplo bem abrangente. Mas vamos analisar esses casos dentro do enfoque de uma pessoa comum, que apenas quer realizar um sonho pessoal, como comprar um carro, aumentar seus ganhos mensais e melhorar a condição de vida de sua família, fazer uma viagem, participar de um campeonato esportivo, e por aí afora. Nesses casos, vamos fazer a análise de quanto uma fraqueza nas áreas de organização e de comunicação precisam ser tratadas, para ajudar a viabilizar os sonhos e desejos dessa pessoa.

— Beleza – afirmou Pedro. Vamos então para o item *Organização*... O sujeito marcou lá que a *Importância* é "B" e a *Performance* é "-2". Isso significa que ele tem uma fraqueza em termos de organização, cuja *Importância* é *alta* e que a Performance dele nesse quesito costuma ser *Ruim*.

— Excelente, Pedro. E o que isso significa?

— Significa que esse indivíduo vai precisar "ralar um bocado", para minimizar essa fraqueza na área de Organização, se quiser mesmo atingir seus objetivos.

— Perfeito. Você pegou bem a ideia. Agora, complementando a análise do nosso quadro de exemplos, podemos dizer que essa pessoa também vai precisar se dedicar a trabalhar para diminuir, ou eliminar, sua fraqueza no tópico "Comunicação". No nosso exemplo, ele assinalou que esse assunto tem Importância Média (nota C) e que sua performance nesse aspecto costuma ser "Um pouco ruim" (nota -1). Portanto, não é algo tão crítico, mas também não é algo de que ele possa se descuidar.

— E a análise segue como no caso anterior, em que avaliamos nossas fortalezas?

— Exatamente, Pedro. Também neste caso, nosso método permite uma análise bastante realista da situação, quando temos um objetivo a ser atingido. Depois de analisadas as nossas fortalezas, neste tópico, passamos a estudar nossas fraquezas, de forma semelhante:

- Listamos e descrevemos quais e quantas são as Fraquezas que temos e que podem interferir negativamente em nosso planejamento;
- Avaliamos qual é a Importância de cada uma dessas fraquezas de acordo com os nossos objetivos traçados;
- Avaliamos tudo isso e descobrimos qual caminho tomar em cada caso.

A partir deste ponto, nosso trabalho será o de classificar os resultados da nossa análise, de modo que fique mais fácil para tomarmos decisões sobre as ações necessárias em cada caso.

Para facilitar essa análise, vamos usar uma nova Tabela de Classificação, de acordo com os resultados que você assinalou no Quadro das suas Fraquezas. Acompanhe os detalhes desta tabela:

INTENSIDADE DA SUA FRAQUEZA	
RISCOS DEVIDO À FRAQUEZA	**POSSÍVEIS RESULTADOS A SEREM OBTIDOS**
NULIDADE	D-1, D-2
PERIGO	C-1, C-2
PERIGO CRESCENTE	C-3, C-4
ATENÇÃO	D-3, D-4
GRANDES PERDAS	A-1, A-2, B-1, B-2
PERDAS ENORMES	A-3, A-4, B-3, B-4

— Acredito que entendi que conclusões podemos tirar dessa tabela.

— Verdade, Pedro? Então explique para mim...

— Bem, veja se estou certo: no nosso Quadro de Fraquezas colocamos o valor B-3 para o Planejamento. Na tabela que temos aqui, encontramos que esse resultado corresponde ao item "Perdas Enormes". Isto quer dizer que se a empresa não melhorar seu Planejamento ela tem grande risco de não atingir o seu objetivo.

— Perfeito, Pedro! E o que mais?

— Por exemplo, no caso do indivíduo que quer realizar um desejo pessoal e tem uma fraqueza no item "Organização". Nesse item, ele atribuiu a nota B-2. Pela nossa tabela, isso significa que se não corrigir essa fraqueza, essa pessoa corre o risco de ter "Grandes Perdas" na busca da realização do seu desejo e que talvez até não chegue a realizá-lo.

— Excelente, Pedro. Você pegou muito bem a ideia. Vamos analisar mais alguns exemplos, para deixar ainda mais claro sobre o que estamos falando:

- Se você tiver um resultado D-1 e D-2, isso significa dizer que aqueles itens de fraqueza são nulos, isto é, eles não vão gerar impacto no seu planejamento, porque é muito pequena a importância que eles têm no seu projeto como um todo. Assim, mesmo com a sua performance sendo baixa, você não teria muito com que se preocupar neste caso.

- Uma situação um pouco diferente é o caso em que sua resposta dada seja C-1 ou C-2. Embora a performance nesses casos não seja tão ruim, o fato é que esse tópico é de média importância. Logo, esse tipo de fraqueza já representa algum perigo que pode comprometer o sucesso na busca do seu objetivo.
- Para os resultados C-3 e C-4 você precisa considerar que vai precisar ter muito cuidado com essa fraqueza, pois sua performance nesses casos deixa muito a desejar e isso começa a se configurar como um caso de perigo crescente, que põe em risco seus planos.
- Resultados D-3 e D-4 já acendem uma luz de alerta e você precisa ficar em estado de atenção, pois essa é uma situação em que a sua fraqueza pode começar a comprometer seriamente seus resultados.
- E aqui o alerta é elevado a um nível bem mais alto: ao lidar com suas fraquezas a que tiverem sido atribuídas notas A-1, A-2, B-1, B-2 é preciso ter em conta que o perigo é de você ter grandes perdas se não cuidar devidamente dessa situação. O risco está começando a chegar a níveis bastante preocupantes e exige muita atenção no trato com fraquezas desse tipo.
- Finalmente, é preciso um cuidado extremo, um estado de alerta máximo, com tudo que for classificado como fraquezas do tipo A-3, A-4, B-3, B-4. É preciso colocar energia máxima no cuidado dessas situações. O descuido com situações de fraquezas desse nível pode significar perdas enormes para o seu plano e para o alcance de seus objetivos, seja no segmento empresarial, seja na sua vida pessoal.

— Nesse caso, eu tenho que trabalhar em todas as minhas fraquezas e ao mesmo tempo?

— Não necessariamente, Pedro. Da mesma forma como podemos fazer com nossas fortalezas, também com nossas fraquezas precisamos avaliar a importância de cada uma delas, o quanto vai nos exigir de empenho e energia trabalhar nelas e quais são efetivamente os efeitos que esse trabalho nessas fraquezas vão gerar no final do processo. É tudo uma questão de bom senso, para você colocar suas energias nos lugares certos, nos melhores momentos.

— Explique melhor, por favor.

— É que muitas vezes o trabalho em uma determinada fraqueza vai consumir muito do seu esforço, tempo e energia, e dará pouco ou nenhum resultado em retorno. Por isso é necessário avaliar com cuidado cada caso. E é por isso que temos este método avaliando todos esses aspectos de cada fraqueza. Assim, você pode tomar suas decisões de onde trabalhar a cada etapa da sua jornada rumo à realização dos seus objetivos.

— Em resumo, este método de análise me ajuda a perceber onde é melhor colocar meus esforços a cada momento?

— Isso mesmo. Esse é um dos grandes ganhos de trabalhar com este método de planejamento. É importante perceber que da mesma forma que, de repente, talvez seja até mais interessante deixar determinada fraqueza de lado temporariamente, do que ficar desperdiçando energia com ela. Não podemos relaxar nossa atenção e descuidar de outras fraquezas que poderiam pôr a perder tudo que estamos construindo, caso não cuidemos devidamente delas.

— Então quer dizer que devemos lidar com responsabilidade com as nossas fraquezas?

— Exatamente. Esse é o ponto. E é para que você tenha certeza de quais passos é melhor dar a cada momento que este método deixa claro quais são os ganhos e as perdas de seus atos em cada situação. Em resumo, para cada objetivo que você tem é preciso definir como andam as suas fraquezas relativas a essa atividade, o quanto elas são importantes e como elas estão classificadas na sua realidade atual, para então construir um plano que lhe diga onde é que você vai precisar colocar mais energia para chegar naquele objetivo que está buscando.

— Beleza! Fechou! Agora ficou claro para mim.

— Ótimo, Pedro. Então podemos começar a falar de outro assunto: quais são os riscos e ameaças que você terá de enfrentar na busca dos seus objetivos. Mas vamos deixar isso para conversar em nosso próximo encontro.

QUAIS SÃO OS SEUS RISCOS E AMEAÇAS?

— Indo na sequência do Passo 1 do nosso método de planejamento, precisamos agora falar dos riscos e ameaças pelos quais poderemos passar, graças a fatores externos.

— Como assim, fatores externos? – Pedro questionou.

— Nas nossas conversas anteriores, quando falamos de nossas fraquezas e fortalezas e quais eram os pontos de melhoria em que deveríamos investir, estávamos olhando internamente à nossa empresa, nosso negócio, ou, no caso de objetivos individuais, avaliando internamente como estávamos como pessoas. Na nossa jornada, seja pessoal ou empresarial, sempre teremos surpresas externas, algumas positivas e outras nem tanto. Toda vez que quisermos chegar a um objetivo, teremos que levar em consideração que vão surgir percalços externos que teremos de enfrentar e superar.

"É muito importante analisar e mapear essas surpresas, para que possamos lidar melhor com os riscos e ameaças que elas representam. É necessário compreender que todas as vezes que mapear os seus riscos, seja em uma empresa ou negócio, ou ainda na sua vida como uma pessoa física, você vai tornar-se ciente da possibilidade daquele risco acontecer

TODA VEZ QUE QUISERMOS CHEGAR A UM OBJETIVO, TEREMOS QUE LEVAR EM CONSIDERAÇÃO QUE VÃO SURGIR PERCALÇOS EXTERNOS QUE TEREMOS DE ENFRENTAR E SUPERAR.

e poderá avaliar qual é a sua probabilidade. E também vai poder definir quais ações é conveniente tomar, se aquele risco acontecer."

— E nesse caso de analisar os riscos também temos um quadro auxiliar, como nos casos das fraquezas e das fortalezas?

— Temos sim, Pedro. Vejo que você já pegou a ideia do nosso método de planejamento. Isso é muito bom! Veja aqui a tabela de análise dos riscos. Observe que nestes casos nós trabalhamos analisando "os riscos" e "suas possibilidades de ocorrência".

RISCOS		ANÁLISE INTERNA	
		OCORRÊNCIA	CONSEQUÊNCIA
1	MÃO DE OBRA QUALIFICADA – EMPRESARIAL	C	-2
2	CONCORRÊNCIA – EMPRESARIAL	C	-2
3	INFLUENCIADORES NEGATIVOS – PESSOAL	D	-1
4	PERDER O EMPREGO – PESSOAL	B	-3
	NULIDADE – **RESULTADO: C-1 E D-1**		**PERFORMANCE**
	PROBLEMAS POUCO IMPACTANTES – **RESULTADO: A-1 E B-1**	-1	TRARIA PEQUENOS PROBLEMAS
	PROBLEMAS DE POUCA OCORRÊNCIA – **RESULTADO: C-2 E D-2**	-2	PROBLEMAS
	ALERTA – **RESULTADO: A-2, B-2, C-3, C-4, D-3 E D-4**	-3	MUITOS PROBLEMAS
	PERIGO – **RESULTADO: A-3, B-3, E B-4**	-4	DESASTROSA
	PERIGO ELEVADO – **RESULTADO: A-4**		**POSSIBILIDADE DE OCORRÊNCIA**
		D	PEQUENA
		C	MÉDIA
		B	GRANDE
		A	QUASE 100%

— Como exemplo, vamos analisar quatro tipos de riscos frequentes: dois deles na área empresarial (a mão de obra qualificada e a concorrência) e outros dois na área pessoal do indivíduo (os influenciadores negativos e o fato de perder o emprego). Confira e acompanhe pelo quadro de exemplos.

Para uma empresa, a falta de mão de obra qualificada no mercado pode ser um risco e tanto a considerar, quando se planeja uma expansão, por exemplo. Portanto, analisando esse quesito, suponhamos que chegamos ao resultado anotado na tabela: esse risco é de média possibilidade de ocorrência (Letra C) e as consequências, caso ele ocorra, é que teremos alguns problemas (Nota -2).

Quando analisamos o item Concorrência, levamos em conta outras empresas que atuam no mesmo segmento que a nossa, verificamos o quanto elas estão crescendo, pesquisamos qual é o número de concorrentes no mercado, e até mesmo avaliamos alguns aspectos de possíveis concorrências desleais, que poderiam estar distorcendo o mercado. Enfim, observamos questões que podem trazer riscos externos para aquilo que pensamos construir como empresa, como negócio. Neste nosso exemplo, também chegamos à conclusão que a classificação desse risco seria "C-2". Ou seja, um risco de média possibilidade de ocorrência (Letra C) e com consequências, caso ele ocorra, que nos representarão alguns problemas (Nota -2).

Um fator que é preciso levar em conta é que essas condições, assim como muitas outras no mercado e nos negócios – e também na nossa vida como um todo –, mudam com o tempo, e a cada momento teremos uma situação de risco diferente para nossa empresa. Logo, a nossa análise tem que ser vista dentro de um período de tempo específico, para ser o mais realista possível. Precisamos analisar a probabilidade desse fato acontecer durante o tempo em que pretendemos implementar e atingir os nossos objetivos.

— Agora complicou! Acho que não entendi bem essa parte – Pedro reclamou.

— É bem simples, Pedro. Imagine que o seu objetivo como empresário precise ser atingido nos próximos dois anos. Então é necessário avaliar qual é a possibilidade desse fator de risco que estamos analisando se manifestar dentro desse período. Se a previsão de escassez de mão de obra especializada, por exemplo, estiver sendo estimada e prevista para depois desses dois anos, é bem provável que isso não afete tanto a sua empresa, porque nessa época sua equipe já estará formada. Por isso essa análise de riscos precisa ser tão cuidadosa e bem situada dentro do prazo que você estabelecer para atingir suas metas, objetivos e realizar seus sonhos.

— Quando falamos de projetos pessoais, como fica essa conversa?

— Bem, Pedro, quando entramos no campo de análise de um objetivo pessoal do indivíduo, podemos ter itens como os exemplos dados no quadro: "influenciadores negativos" e também "o fato de perder o emprego", que podem representar diversos riscos aos objetivos que a pessoa está buscando.

Influenciadores negativos são ameaças externas que podemos chamar de invisíveis, mas que realmente podem afetar os seus resultados. Por exemplo, quando você vai falar para uma pessoa de um projeto seu, de um objetivo que quer alcançar, e essa pessoa, em vez de incentivá-lo, coloca dúvidas em sua mente, apontando dificuldades e impossibilidades que, segundo ela mesma, irão impedir que você chegue aonde quer. Essa pessoa coloca sobre você uma influência negativa, seja de caráter emocional ou até mesmo racional.

É incrível, mas tem gente que até mesmo lhe traz "dados confiáveis" para convencê-lo de que você não vai conseguir. Coloco "dados confiáveis" entre aspas, porque normalmente essas pessoas vêm com afirmações do tipo "acabei de ver que o mercado não está bom para isso", ou "não vai dar para você conseguir isso porque a política está mudando no Brasil" e tantas outras afirmações desse tipo. Ou seja, dados confiáveis coisa nenhuma, mas que acabam influenciando negativamente os seus pensamentos.

— Essa é a turma do "torce contra"?

— Sim, Pedro, é isso mesmo. E em boa parte das vezes elas nem fazem isso por maldade, mas essa é a forma como elas mesmas veem a própria vida. Por isso somos nós mesmos que temos de cuidar do quanto nos deixamos influenciar por essas pessoas.

INFLUENCIADORES NEGATIVOS SÃO AMEAÇAS EXTERNAS QUE PODEMOS CHAMAR DE INVISÍVEIS, MAS QUE REALMENTE PODEM AFETAR OS SEUS RESULTADOS.

Voltando ao exemplo que colocamos no nosso quadro, a nota final para este tópico ficou em D-1. Isso é bom, porque estamos considerando, neste caso, que a possibilidade de ocorrência desse risco é pequena e que a consequência seria o aparecimento de pequenos problemas. Em outras palavras, estamos nos sentindo um tanto quanto "blindados" contra esse tipo de risco.

Já quando analisamos o item seguinte, que fala do risco de falhar em seus objetivos devido ao fato de perder o emprego, estamos prevendo grandes complicações, caso isso ocorra. Confira no quadro que demos para esse item a nota B-3. Ou seja, a possibilidade de que isso ocorra é grande e a consequência nesse caso seria termos de enfrentar muitos problemas.

Nessa análise de riscos, enfim, vamos relacionando e avaliando todas as coisas externas que entendemos que podem ameaçar o nosso objetivo, o nosso negócio, a nossa empresa, o nosso empreendimento e até mesmo nossos projetos pessoais. E depois classificamos cada resultado da nossa análise, de modo que fique mais fácil para tomarmos decisões sobre as ações necessárias em cada caso.

Podemos agora pensar juntos em mais alguns exemplos de análise e classificação de riscos. Vamos falar de um modo bem genérico, que sirva tanto para uma empresa que esteja planejando crescimento e expansão, como também para uma pessoa que tenha objetivos simples em sua vida, mas que também pode se beneficiar muito de um bom planejamento. O importante que vamos trabalhar aqui é a essência das ideias por trás de uma boa análise de risco.

Como já vimos anteriormente, convém que a análise de risco sempre seja feita dentro de um prazo preestabelecido. Por exemplo, podemos imaginar que o nosso objetivo deverá ser atingido dentro de dois anos. Desse modo, podemos pensar em termos de possibilidades de ocorrência de uma forma mais objetiva.

Para facilitar essa análise, observe os detalhes desta Tabela de Classificação de Riscos:

ANÁLISE DE RISCOS	
INTENSIDADE DO RISCO E CONSEQUÊNCIAS	**POSSÍVEIS RESULTADOS A SEREM OBTIDOS EM SUA ANÁLISE**
NULIDADE	C-1, D-1
PROBLEMAS POUCO IMPACTANTES	A-1, B-1
PROBLEMAS DE POUCA OCORRÊNCIA	C-2, D-2
ALERTA	A-2, B-2, C-3, C-4, D-3, D-4
PERIGO	A-3, B-3, B-4
PERIGO ELEVADO	A-4

— Parece muito com as tabelas anteriores! – disse Pedro.

— É verdade. Mas isso era algo de se esperar, pois todas essas tabelas fazem parte de um mesmo método de planejamento, embora cada uma delas foque em um ponto específico.

Vamos então seguir com o exemplo e proceder à análise das possibilidades de riscos. Imagine que o plano na sua empresa é triplicar o faturamento em dois anos e que vamos avaliar os riscos prováveis nos principais setores que podem afetá-la. Ou então pense que você, como pessoa física, pretende comprar um imóvel nesse mesmo prazo de dois anos. Liste os riscos envolvidos nesse seu objetivo e faça uma análise de cada um deles. Olhando para a tabela que temos em mãos, podemos tirar algumas conclusões sobre a intensidade do risco que você vai correr e suas prováveis consequências.

- **Se você tiver resultados C-1, D-1** – Temos a "Nulidade", o que significa que o quesito analisado não vai gerar impacto significativo na busca do seu objetivo. A possibilidade de ele ocorrer vai de pequena a média e ele praticamente não trará maiores consequências na sua jornada. Não há por que se preocupar com ele.

- **Se você tiver resultados A-1, B-1** – Entramos na categoria dos "Problemas Pouco Impactantes". Embora a possibilidade de ocorrência exista de uma forma bastante provável de acontecer, as consequências desse tipo de riscos costumam ser pequenas. Embora já represente um certo nível de risco, esse quesito ainda não chega a comprometer o sucesso na busca do seu objetivo.
- **Para os resultados C-2, D-2** – Estamos tratando de "Problemas de Pouca Ocorrência". A probabilidade de ocorrência ainda fica em pequena ou média, de modo que neste item você pode vir a ter alguns problemas, uma vez ou outra. Esses problemas não se configuram como elementos de alto prejuízo para os seus planos, exatamente porque sua ocorrência costuma não ser tão frequente.
- **Resultados A-2, B-2, C-3, C-4, D-3, D-4** – Aqui já entramos em estados de "Alerta". Acendeu a luz amarela e você precisa ficar em estado de atenção e levar em conta que esse risco, caso se manifeste, pode pôr a perder toda a sua busca e o seu empenho, ou no mínimo exigir de você uma porção de trabalho extra e retrabalho. É preciso cuidar com carinho do quesito que venha a cair nesta classificação.
- **Para os resultados A-3, B-3, B-4** – Sinal de "Perigo". E aqui o alerta é elevado a um nível bem mais alto. Quando as atividades ou outros recursos que estejam envolvidos em seu plano para atingir um objetivo caem nesta classificação, isso significa que o risco de que algo dê errado é muito grande, e você precisa cuidar muito bem dessa situação.
- **O resultado A-4** – Significa "Perigo Elevado". É preciso ter um cuidado extremo, com tudo que for classificado desta maneira. Tudo o que cair nessa classificação está nos dizendo que é um problema realmente grave. O risco de ocorrência é elevado, e as consequências podem ser desastrosas.

— Pelo que estou entendendo, dentro desse estudo dos riscos que corremos existe um número bastante grande de possibilidades e é por isso que precisamos dessa análise... Para poder identificar e definir onde colocamos nossos cuidados, certo?

— Isso mesmo, Pedro. E veja que em geral os critérios para atribuir uma nota de classificação para cada item que pode vir a representar riscos nos seus planos estão ligados ao seu conhecimento do mercado e também ao seu próprio modo de sentir as possibilidades que estão à sua volta.

Por exemplo, se você está preocupado com um risco possível dentro daqueles dois anos que o seu planejamento abrange, então dê uma olhada à sua volta e procure perceber se essa situação já vem ocorrendo e se não há perspectiva para que pare de acontecer. Caso isso se confirme, a probabilidade desse risco se manifestar nesse período de seu planejamento é altíssima, podemos até dizer que é próxima dos 100%. Neste caso, a nota "A" é a que você deve dar para esse tópico.

No mesmo exemplo, caso você perceba que a situação de risco pode se manifestar, tem até uma boa chance de acontecer, mas não é uma certeza, uma nota "B" estaria de bom tamanho.

Desse modo, você vai avaliar cada caso, cada atividade existente em seu planejamento, e vai levantar quais são os riscos e qual é sua dimensão, que podem interferir negativamente para você atingir seu objetivo.

— Assim vamos manter os riscos sob controle?

— Eu não diria exatamente manter sob controle, porque há muitos fatores envolvidos que não dependem de nossa vontade ou ação. Mas, sim, podemos desviar daqueles riscos que nos forem possíveis evitar e nos prepararmos para lidar com aqueles que forem inevitáveis.

Além disso, sabendo quais são os problemas que pode desprezar, pois detectou que eles são de pouca influência negativa nos seus resultados, você pode concentrar seus esforços em tratar daqueles riscos que realmente poderiam lhe causar grandes perdas. Poderemos dar importância ao que realmente tem importância e colocar foco e esforço naquilo que pode representar perigos de grande vulto para os nossos planos.

Lembre-se que para chegar ao seu objetivo, seja como empresa, seja como pessoa física, você precisa colocar uma energia maior todas as vezes que classificar os riscos nas categorias de "alerta", "perigo" ou "perigo elevado". Assim você vai reduzir o risco de ficar pelo caminho devido a um risco externo que não tenha mapeado ou que não tenha controlado.

Um dos grandes ganhos de usar este método de planejamento é que ele deixa claro quais são os riscos que poderemos enfrentar em cada situação e como poderemos lidar com eles. Assim é possível ter mais convicção a cada passo que damos na direção dos nossos objetivos.

— Como seria a maneira correta de lidar com esses riscos, já que temos que encará-los pelo caminho?

— Essa é uma excelente pergunta, Pedro. Você tem toda razão. Uma vez que identificamos os riscos que corremos na busca pelos nossos objetivos, resta ainda responder a pergunta-chave: Como lidar com os riscos e ameaças que encontramos pelo caminho?

Existem várias maneiras de lidar com eles e ao longo deste livro vamos analisar diversas situações que nos ilustram as possíveis soluções. Porém, basicamente, quando falamos em riscos e como minimizá-los, ou até mesmo eliminá-los, precisamos ter em mente algumas atitudes essenciais de uma estratégia que devemos pôr em prática:

Identificação: o primeiro passo para lidar com um risco ou ameaça é identificá-lo com clareza para que possamos saber o que vamos enfrentar. Sem dúvida, isso pode ser feito durante a análise de riscos que estamos estudando aqui neste capítulo, mas também podem ser usadas outras ferramentas para esse fim como, por exemplo, exercícios de *brainstorming* com sua equipe ou com pessoas de sua confiança, caso você esteja tratando de um assunto pessoal.

Avaliação: depois de identificar os riscos e ameaças, é importante avaliá-los para entender o nível de impacto que eles podem ter e a probabilidade de ocorrência. Isso é exatamente o cerne das ideias que estamos desenvolvendo neste capítulo.

Prevenção: depois de avaliar os riscos e ameaças, devemos procurar implementar medidas preventivas para minimizar ou evitar completamente esses riscos.

UM DOS GRANDES GANHOS DE USAR ESTE MÉTODO DE PLANEJAMENTO É QUE ELE DEIXA CLARO QUAIS SÃO OS RISCOS QUE PODEREMOS ENFRENTAR EM CADA SITUAÇÃO E COMO PODEREMOS LIDAR COM ELES.

Planejamento de contingência: é importante ter um plano de contingência em caso de um risco ou ameaça se materializar. Isso pode incluir ter um plano de ação pronto para lidar com a situação e ter recursos em reserva para usar em caso de emergência. Lembre-se de que esta análise de risco que viemos fazendo até aqui viabiliza completamente a montagem de estratégias de contingência.

Monitoramento e revisão: é fundamental monitorar os riscos e ameaças de forma contínua, para garantir que as medidas que tomamos ainda são adequadas e eficazes, e também revisar regularmente a estratégia de gerenciamento de riscos que adotamos.

— Interessante... Esse resumo nos dá uma visão de conjunto sobre como tratar os riscos.

— Sem dúvida. Enfim, Pedro, para cada objetivo que você tem é preciso definir como andam os riscos envolvidos na jornada que o levará até a realização desse objetivo e qual é a importância de cada um deles para a consecução do seu plano. E então você precisará focar e colocar energia para resolver as situações de risco que se manifestarem durante a sua trajetória.

A seguir, como última etapa do Passo 1 da Metodologia Up, vamos falar um pouco das oportunidades que você encontrará pelo caminho na busca por seus objetivos. Nossa próxima conversa será exatamente para responder a seguinte pergunta: quais oportunidades externas existem e como podemos aproveitá-las para chegar ao nosso objetivo?

QUAIS SÃO AS SUAS OPORTUNIDADES?

— Como combinamos, Pedro, vamos conversar um pouco agora sobre a última etapa do Passo 1 da Metodologia Up: vamos analisar as oportunidades que encontraremos pelo caminho na busca por nossos objetivos.

— Neste caso, as oportunidades também são fatores externos, certo? – Pedro comentou.

— Sim, sem dúvida. Como dissemos, analisar nossas fraquezas e fortalezas nos leva a um olhar interno à nossa empresa, nosso negócio, ou, no caso de objetivos individuais, a nós mesmos como pessoas. Já quando tratamos de riscos e oportunidades, estamos falando de elementos externos, que devem também ser levados em consideração em nosso planejamento, pois influem, afetam, dificultam ou facilitam a busca de nossos objetivos.

Como nos casos anteriores, temos aqui mais um quadro de referência para fazermos a nossa análise, conforme já viemos fazendo até aqui.

OPORTUNIDADES		ANÁLISE INTERNA	
		OCORRÊNCIA	CONSEQUÊNCIA
1	NOVO SEGMENTO – EMPRESARIAL	A	3
2	NOVAS VENDAS – EMPRESARIAL	B	4
3	NOVO CURSO – PESSOAL	A	3
4	NOVAS FONTES DE RENDA – PESSOAL	D	4
	NULIDADE – **RESULTADO: A1, B1, C1, E D1**		PERFORMANCE
	EXCELÊNCIA – **RESULTADO: A4, A3, B4 E B3**	1	POUCAS VANTAGENS
	POUCO AGREGAM – **RESULTADO: A2, B2, C2 E D2**	2	VANTAGENS MEDIANAS
	DEMANDAM GRANDE ESFORÇO – **RESULTADO: C4, C3, D4 E D3**	3	GRANDES VANTAGENS
		4	ENORMES VANTAGENS
			POSSIBILIDADE DE OCORRÊNCIA
		D	PEQUENA
		C	MÉDIA
		B	GRANDE
		A	QUASE 100%

— Por que é tão importante prestarmos atenção nas possíveis oportunidades que surgem na nossa jornada, Pedro?

— Para facilitar nosso trabalho!

— Também por isso. Mas não é só por essa razão. Sem dúvida que oportunidades sempre são bem-vindas e não podemos deixar de avaliá-las quando surgem. Porém, o fator mais importante de estarmos atentos às oportunidades é que não podemos deixá-las passar. Se não as tivermos em foco, se não estivermos atentos a elas, corremos o risco de perder grandes chances de acelerar, ou até mesmo de viabilizar a consecução de nossos objetivos.

O FATOR MAIS IMPORTANTE DE ESTARMOS ATENTOS ÀS OPORTUNIDADES É QUE NÃO PODEMOS DEIXÁ-LAS PASSAR.

Existe uma lenda bastante conhecida sobre Kairós, o deus do momento oportuno na mitologia grega, que nos inspira a pensar sobre isso. Ela diz que cada oportunidade é um deus que aparece apenas uma vez, tem cabelos apenas na testa e se move rapidamente. Se ele passar por perto e você não o segurar pelos cabelos, vai perdê-lo para sempre. Ou seja, se você não estiver atento para agarrar a oportunidade e aproveitá-la quando ela aparece, não terá outra chance.

— Estou aqui tentando imaginar alguém com cabelos apenas na testa... – Pedro riu descontraído.

— Deve mesmo ser uma figura estranha... – Concordei, também rindo. Mas o mais importante é perceber a mensagem que temos aqui: a lenda sugere que as oportunidades devem ser aproveitadas rapidamente e de forma decisiva, pois elas não voltam. Essa lenda é uma metáfora para o fato de que as oportunidades podem ser perdidas se não agirmos rapidamente para aproveitá-las. Dentro desse contexto, é possível pensarmos sobre a importância de analisarmos as possibilidades das oportunidades que teremos pelo caminho à frente e procurar incluí-las em nossos planejamentos.

— E voltamos então ao Passo 1 do nosso método?

— Exatamente. É fundamental analisar e mapear essas possíveis oportunidades, para que possamos estar preparados para aproveitá-las quando elas surgirem. Portanto, a pergunta a ser feita aqui é "que oportunidades externas podemos aproveitar para chegar ao nosso objetivo?".

Estando cientes das melhores oportunidades que teremos pela frente, podemos nos programar para avançar com mais assertividade e maior velocidade no momento em que elas se apresentarem. E a melhor forma de nos prepararmos para aproveitar as boas oportunidades é fazendo a análise desses fatores, ainda no Passo 1 do nosso planejamento.

SE VOCÊ NÃO ESTIVER ATENTO PARA AGARRAR A OPORTUNIDADE E APROVEITÁ-LA QUANDO ELA APARECE, NÃO TERÁ OUTRA CHANCE.

— Pode me dar algum exemplo prático?

— Claro, Pedro. Vamos analisar quatro tipos de oportunidades que poderiam eventualmente aparecer na nossa trajetória, dentro do período que estipulamos para atingir nossos objetivos: dois deles estão na área empresarial (a abertura de *um novo segmento* de trabalho e a oportunidade de *novas vendas* significativas) e os outros dois ficam mais na área pessoal do indivíduo (um *novo curso* de preparação e *novas fontes de renda*). Acompanhe o raciocínio com o quadro de exemplos em mãos.

Inicialmente, como estamos falando em possibilidades e probabilidades de que as oportunidades surjam, torna-se interessante lembrar que precisamos definir um período de tempo ao qual nosso planejamento se aplicará.

— Por que isso é importante? – Pedro questionou.

— É porque dessa forma teremos uma análise mais objetiva e focada, produzindo respostas mais úteis para ajudar a atingirmos nossos objetivos. Como já mencionei antes, é bastante usual na área empresarial, ao fazer este planejamento, considerar-se um período de 2 anos à frente. Mas o período de tempo varia para cada caso e pode e deve ser ajustado conforme a necessidade do projeto, seja no segmento empresarial, seja nos planejamentos de uma pessoa física. Também o fato de termos planos de curto, médio ou longo prazos, embora a Metodologia UP se aplique a todos eles, os elementos envolvidos e o nível de detalhes do planejamento variam de um caso para outro.

— É um bocado de coisas para se levar em conta, não é mesmo?

— Com certeza. Mas é exatamente por essa razão que um planejamento feito com a Metodologia UP funciona. Porque na maioria dos casos as pessoas deixam de considerar, em seus planejamentos, elementos importantes e definitivos para seus objetivos. Com a nossa metodologia isso não acontece, porque estamos atentos a todos esses detalhes.

Vamos ver isso funcionando na prática, analisando os nossos exemplos. De acordo com o quadro ilustrativo, temos as situações que listei a seguir.

1 – Na área empresarial, consideramos duas frentes, com seus respectivos resultados de análise. Veja no nosso quadro.

A) Para a abertura de *um novo segmento de trabalho*, decidimos pela nota “A3”, o que significa basicamente o seguinte:

A letra “A” nos diz que a *possibilidade de ocorrência* é de quase 100%. Ou seja, temos uma altíssima probabilidade de que essa oportunidade realmente surja nos próximos 2 anos. Portanto, é extremamente interessante que eu inclua esse item em meu planejamento.

Seguindo com nossa análise, a nota “3” nos diz que *a consequência* de se abrir um novo segmento a ser explorado seria de grandes vantagens. E isso nos interessa muito.

Em resumo, o resultado final da análise, que resultou nessa nota “A3”, nos diz que poderemos ter pela frente uma *oportunidade de excelência*. O que nos alerta sobre o fato de que devemos ficar atentos para não a desperdiçar quando ela surgir.

— Acendeu um sinal de alerta para essa possibilidade de oportunidade!

— Exatamente, Pedro. Em nosso plano de ação vai ter um marcador destacando que precisamos prestar atenção ao surgimento dessa provável oportunidade.

Agora vamos pensar sobre o caso seguinte:

B) Para a oportunidade de termos novas vendas significativas, decidimos, após uma análise empresarial, pela nota “B4”, o que basicamente nos dá as seguintes visões desse futuro:

A letra "B" nos diz que temos aqui uma *grande probabilidade de ocorrência* dessa oportunidade nos próximos 2 anos. Logo, convém ficarmos de olho nela, porque é algo que pode nos ser útil. A princípio, imaginamos que em nosso planejamento precisaremos manter isso em foco.

A nota "4" reforça a importância desse quesito de oportunidade, pois nos diz que *a* consequência de nos lançarmos a novas vendas será obtermos *enormes vantagens* em nosso negócio. Portanto, isso é ouro para a nossa empresa e precisamos ficar muito ligados aos sinais de que essa oportunidade esteja se formando.

Como resultado final da nossa análise, ou seja, uma nota "B4", temos pela frente mais uma *oportunidade de excelência* e não podemos nos distrair dela. Ela tem que estar bem sinalizada dentro do nosso planejamento, para que não a percamos de vista.

— Esta etapa funciona da mesma forma para a pessoa física?

— Sim, Pedro, guardadas as devidas proporções e as características distintas de cada uma das abordagens. Acompanhe o meu raciocínio.

2 – No campo dos objetivos pessoais, também coloquei dois exemplos, com seus resultados de análise. Mais uma vez, consulte o nosso quadro.

A) Para a oportunidade de surgir um novo *curso de preparação*, durante os dois anos que estamos planejando à frente, a probabilidade de ocorrência seria de quase 100% (letra "A"). E teríamos grandes vantagens como consequência de fazer esse curso (nota "3").

Em resumo, teríamos a classificação "A3", que nos diz que essa é uma situação de *oportunidade de excelência*. Portanto, para o objetivo que pretendemos atingir (poderia ser, por exemplo, conseguir um novo cargo na empresa em que trabalhamos), precisamos levar em conta essa oportunidade, ficar atentos para quando ela surgir e aproveitar a grande vantagem que ela proporciona.

Apenas para tornar mais clara essa ideia de análise, vamos supor que chegássemos à conclusão de que a consequência de fazermos esse novo curso fosse de pouca vantagem (nota 1). Neste caso, mesmo essa oportunidade tendo quase 100% de probabilidade de ocorrência, ela poderia não nos interessar. Logo, poderíamos deixar de pensar nela e concentrar a nossa atenção e foco em outras oportunidades mais vantajosas.

— Beleza! Assim mantemos em vista apenas o que nos interessa?

— É essa mesmo a nossa intenção. Esse é objetivo de definirmos tudo o que já estudamos aqui no Passo 1 da Metodologia Up. Assim podemos concentrar esforços e foco nas coisas que realmente nos trazem boas vantagens na busca de nossos objetivos. Vamos adiante, agora analisando o próximo exemplo de oportunidade no quadro.

B) Para a oportunidade de surgirem *novas fontes de renda*, também precisamos fazer essa análise de maneira consciente, para saber como aproveitá-la melhor ou, se for caso, desprezá-la, caso ela não nos convenha.

No nosso quadro de exemplos, assinalamos que a probabilidade de ocorrência dessa oportunidade seria pequena (letra "D"), muito embora se uma oportunidade dessas surgisse nos viéssemos a ter, como consequência, enormes vantagens (nota 4). Teríamos então a classificação "D4", que nos diz que essa é uma oportunidade que demanda grande esforço para nos concentrarmos nela, embora tenha pouca chance de acontecer.

Logo, para o objetivo que pretendemos atingir seria mais interessante nos concentrarmos em outras oportunidades que nos proporcionem melhores possibilidades e maiores vantagens.

— É claro! É muito melhor trabalhar naquilo que nos dá mais retorno! – Pedro concordou.

— Enfim, nessa análise de oportunidades vamos relacionando e avaliando todas as coisas externas que entendemos que podem abrir novas portas em nosso caminho, facilitar e até mesmo ampliar o acesso ao nosso objetivo.

Depois de feitas as análises iniciais, devemos classificar cada uma das possíveis oportunidades que identificamos, de modo que fique mais fácil para tomarmos decisões sobre as ações necessárias em cada caso. Mais uma vez, para facilitar essa classificação, vamos recorrer a uma Tabela de Qualificação das Oportunidades:

QUALIFICAÇÃO DAS OPORTUNIDADES	
QUALIDADE DAS OPORTUNIDADES	POSSÍVEIS RESULTADOS A SEREM OBTIDOS EM SUA ANÁLISE
NULIDADE	A1, B1, C1, D1
EXCELÊNCIA	A4, A3, B4, B3
POUCO AGREGA	A2, B2, C2, D2
DEMANDA GRANDE ESFORÇO	C4, C3, D4, D3

Independentemente de se tratar de uma empresa ou de uma pessoa física, podemos usar esses mesmos critérios de classificação para ambos os casos. Seguindo com a análise das nossas possíveis oportunidades, podemos classificá-las dentro dessa tabela, estabelecendo uma sinalização que nos ajuda a decidir se devemos colocar maior ou menor prioridade no trato de cada uma delas. Ou até mesmo se é melhor desprezarmos uma oportunidade que aparece.

— Quer dizer que nem todas as oportunidades são boas?

— Essa é uma questão com a qual temos de ter bastante cuidado. Uma oportunidade pode até ser muito boa, mas que não nos convém. Pode ser que ela não agregue potencial positivo suficiente ao nosso planejamento e, portanto, devemos deixá-la de lado. E também existem as oportunidades que parecem ser incríveis, mas que podem não ter todo o valor que parecem ter. Lembre-se daquele ditado que diz "Nem tudo o que reluz é ouro"... Não é porque uma oportunidade aparece toda cheia de promessas que lhe convenha usá-la, ou que você tenha obrigatoriamente que aproveitá-la. Você só aproveita as oportunidades que realmente lhe tragam vantagens. Mas para saber quais são essas oportunidades vantajosas, você tem que fazer previamente todas as análises previstas no passo 1 da nossa metodologia.

— Então temos que nos dedicar a estudar as possíveis oportunidades e fazer toda uma classificação, antes de seguir adiante com os nossos planos?

— Exatamente. Analisando a tabela que temos em mãos, podemos tirar algumas conclusões sobre como deveremos nos comportar quanto a cada uma das oportunidades que surgirem em nosso caminho. Veja alguns exemplos a seguir.

- **Se você tiver resultados** A1, B1, C1, D1 – Temos a "Nulidade", o que significa que a oportunidade em questão não vai contribuir significativamente para a busca do seu objetivo. Qualquer que seja a probabilidade de ela ocorrer, não vai importar porque ela sempre trará poucas vantagens para os seus planos. Então aquilo não vai ajudá-lo a chegar no objetivo que você pensa.
- **Se você tiver resultados** A4, A3, B4, B3 – Entramos na categoria dos "Excelência em Oportunidades". Temos grande possibilidade de ocorrer uma oportunidade como essa, uma probabilidade de quase 100% de que ocorra, além de esse ser o tipo de oportunidade que traz grandes vantagens, que ajudam muito a atingir o seu objetivo.
- **Para os resultados** A2, B2, C2, D2 – Estamos tratando de "Oportunidades que Pouco Agregam". Embora a probabilidade de ocorrência dessas oportunidades possa ser a melhor, em alguns casos, ainda assim, elas agregam pouco ao seu planejamento, porque as vantagens que elas trazem são apenas medianas. É interessante considerá-las como para um possível aproveitamento, porém não se deve priorizá-las, em detrimento do aproveitamento de oportunidades que nos tragam mais vantagens.
- **Resultados** C4, C3, D4, D3 – Aqui já entramos em um estado de "Oportunidades que Demandam Grande Esforço". Temos então oportunidades que, embora tenham grandes vantagens para o seu objetivo, têm pequena ou no máximo média probabilidade de acontecerem. Quando elas surgem e são aproveitadas trazem bons resultados, porém não se recomenda contar com elas e ficar em expectativas que podem cair no vazio, que podem não vir a acontecer. A verdade é que ficar nessa expectativa consome grande energia, exige um grande esforço, desvia nosso foco de outras

oportunidades mais vantajosas, sem que ao menos tenhamos certeza de que isso vai dar algum resultado.

— Mesmo diante de tudo isso que você está apresentando, ainda estou um tanto inseguro sobre como é que posso saber qual é a melhor oportunidade, aquela que devo estar pronto para aproveitar, que não posso perder de modo algum. Tem algum ponto-chave em que eu preciso prestar atenção?

— Como você está vendo, Pedro, existem muitas variáveis e muitas possibilidades quando fazemos um planejamento. É claro que não se pode prever tudo o que virá pela frente. Por isso mesmo é que a Metodologia UP tem se destacado e feito muito sucesso: ela nos ajuda a pôr foco no que realmente importa, mas sem perder de vista algumas outras possibilidades que também podem vir a se transformar em vantagens para os nossos planos.

Ainda assim, eu diria que o mais importante é que você foque inicialmente nas *oportunidades de excelência*. São elas que realmente têm maiores chances de potencializar a busca pelo que você deseja. Elas facilitam muito o seu caminho para chegar aos seus objetivos. Dentro deste nosso conceito de metodologia, recomendo que a princípio você utilize tudo o que se encaixa nos quadrantes A4, A3, B4 e B3 e coloque seu foco principal nessas oportunidades.

Existem ainda outros pontos que considero muito importantes para você se preparar para aproveitar as oportunidades que podem surgir e que lhe ofereçam vantagens reais de chegar ao sucesso em seus objetivos mais rapidamente. Vou relacionar alguns deles, para que você esteja pronto para agir rapidamente quando essas oportunidades aparecerem e também para que possa identificá-las ou mesmo tomar conhecimento da existência delas:

Mantenha-se atualizado: esteja sempre atento às notícias e tendências relevantes para os seus objetivos. Isso ajudará a identificar novas oportunidades vantajosas assim que elas surgirem.

Mantenha bons relacionamentos: tenha uma boa rede de contatos e mantenha comunicação regular com pessoas importantes nos setores que afetam seus objetivos. Isso pode ajudar você a conhecer boas oportunidades que podem não estar disponíveis publicamente.

Seja proativo: não espere que as oportunidades venham até você. Tome a iniciativa e busque ativamente por novas oportunidades, em especial aquelas que em sua análise você classificou como *oportunidades de excelência.*

Mantenha uma boa preparação: esteja preparado para aproveitar as boas oportunidades que surgirem. Isso pode incluir desenvolver habilidades específicas ou fazer networking com as pessoas certas.

Seja flexível: esteja aberto a novas ideias e esteja disposto a mudar sua abordagem se as coisas não estiverem funcionando. Lembre-se que mudar um pouco seu modo de pensar pode abrir sua visão para a existência de algumas novas *oportunidades de excelência.*

Aceite correr riscos: algumas oportunidades, em especial as *oportunidades de excelência*, muitas vezes exigem que você corra alguns riscos calculados. Esteja preparado para isso e avalie cuidadosamente a situação antes de agir, mas não deixe de aceitar certos desafios que, com base na análise de riscos que você já fez com a Metodologia Up, lhe pareçam apresentar boas promessas de vantagens.

— E com isso completamos o Passo 1 do seu método de planejamento?

— Sim, Pedro. Como você pode ver, para cada objetivo que temos é preciso tornar claros quais são nossas fraquezas, nossas fortalezas, como andam os riscos envolvidos na jornada que nos levará até a realização desse objetivo e quais são as possíveis oportunidades que encontraremos pelo caminho. Somente assim poderemos tomar as decisões mais adequadas e caminhar com um maior nível de aproveitamento dos nossos esforços e investimentos que fizermos para realizar o que pretendemos.

Antes de concluirmos o estudo sobre o Passo 1, quero lhe contar uma história real, que aconteceu comigo e me ensinou muito sobre planejamento. Nessa história, falo de um episódio que envolveu a compra de jogadores de futebol. Quando trazemos à luz do Passo 1 da Metodologia UP a situação que vivi naquela época, fica muito claro que precisamos ter um mapeamento do cenário inicial de qualquer projeto, se quisermos ter melhores chances de que ele dê certo. Nessa minha vivência prática, ficou evidente como o não entendimento dessas questões podem levar a perder tudo aquilo em que você acreditou que poderia ter sucesso e em que investiu muito tempo, energia, recursos e dinheiro.

A COMPRA DOS JOGADORES DE FUTEBOL

Certa vez fui convidado a investir em alguns jogadores de futebol. Naquela época em que o caso ocorreu, eu era executivo de uma grande empresa de tecnologia e tinha o meu tempo totalmente focado nessa empresa.

Porém, quando surgiu a oportunidade de fazer aquele investimento, senti que eu tinha todas as razões para participar daquele negócio. Afinal, falar de futebol no Brasil é falar de sucesso, de dinheiro, de projeção e, para mim, era falar de paixão e de uma sensação gostosa de engajamento, de poder participar de tudo aquilo. O futebol é um segmento que, além de muito atrativo, pode ser muito lucrativo e, para mim, é algo apaixonante.

Sou um amante do futebol e sou muito ativo nesse esporte. Tanto que uma das coisas que mais me conectou com meus filhos foi o estádio de futebol. Tive a oportunidade de viajar para o Japão com eles, para ver nosso time do coração ser campeão, e juntos vivenciamos naquele estádio as nossas melhores emoções do futebol.

Outro ponto que também levei em conta foi que meu pai sempre sonhou que eu fosse um jogador de futebol. Acho que, assim como a maioria dos meninos do Brasil, eu também fui um desses grandes sonhadores. Quando criança, tive a oportunidade de jogar no Portuário, na Portuguesa Santista e nas categorias de base do Santos. Porém, acabei não seguindo carreira no futebol por questões alheias à minha vontade, o que acabou virando uma grande frustração para mim e para meu pai.

Então, o futebol é algo que sempre me motivou muito. E quando aquele projeto chegou, com a possibilidade de eu investir em jogadores, isso me transportou para aquela época de infância e, novamente, vi que era uma oportunidade de poder entrar nesse esporte e de alguma maneira confortar um pouco o coração do meu pai, além do meu e dos meus filhos.

O negócio era uma oportunidade para eu investir em alguns jogadores, e eu entrei nele sem analisar muito. Nós selecionamos 12 jogadores, de vários times do interior de São Paulo, e o objetivo era colocarmos esses jogadores em times grandes e ajudá-los a decolar em suas carreiras. E com isso faríamos muito dinheiro.

Cuidaríamos da carreira desses jogadores, investindo para mantê-los jogando nesses clubes, bancando todos os custos, enquanto eles se aprimoravam no futebol. Para mim, era um investimento em um negócio pelo qual eu sou apaixonado, e isso me parecia a combinação perfeita.

E aqui vou introduzir um pouco dos conceitos que aprendemos no Passo 1 da Metodologia UP, para explicar onde foi que eu errei.

O que foi que eu deixei de fazer? Ou o que foi que eu fiz de modo errado?

Para começar, eu *não identifiquei meu cenário*, não levei em conta, por exemplo, que eu não tinha tempo para me dedicar ao negócio. E isso era uma *fraqueza* minha, que eu não considerei.

Também não identifiquei meus *pontos fortes*, como por exemplo que eu tinha dinheiro, que era perseverante, que poderia usar minhas habilidades de entender um pouco de futebol para poder participar mais daquele projeto. E me deixei ficar meio que à margem das atividades necessárias para fazer o negócio funcionar.

Não percebi *as ameaças* ou *os riscos* que haviam no mercado de futebol naquela época, em função, por exemplo, da resistência que empresários mal-intencionados representavam, não permitindo que o negócio fosse tratado de maneira mais profissional, a não ser que atendesse aos seus próprios interesses.

Também não percebi as *oportunidades* que eu tinha para ajudar o negócio a dar certo, como a possibilidade de usar as estruturas que tinha desenvolvido em outros projetos dos quais eu havia participado. Eu poderia ter usado a minha experiência com o uso planilhas e de uma série de outros atributos, que fizeram com que eu obtivesse sucesso em projetos anteriores, para estruturar e planejar o meu novo negócio.

Enfim, não fiz uma análise inicial, não entendi qual era o cenário inicial, não vi a importância de embasar tecnicamente o meu novo negócio, não entendi quais eram os meus pontos mais fracos, quais eram os meus pontos mais fortes, não entendi quais eram os maiores riscos e não entendi quais eram as nossas melhores oportunidades. Não olhei nada disso e me atirei, sem um bom planejamento, sem fazer o Passo 1. Afinal, naquela época eu ainda não tinha criado a Metodologia UP e por isso mesmo meus negócios nem sempre saíam como eu esperava.

O resultado foi que depois de um ano, muito esforço e muitos custos, conseguimos colocar um jogador no time CSKA, de Moscou. O atleta viajou para lá e nós comemoramos muito, porque com esse negócio iríamos recuperar um ano de investimentos. Estávamos em um restaurante em São Paulo, comemorando, eu e meus dois sócios, quando recebemos um telefonema dizendo que nosso atleta não tinha passado no teste físico e tinha sido recusado. E tudo foi por água abaixo.

Pergunta: como é que ele não tinha passado no teste físico, se jogava no clube São Paulo, disputava as categorias de base desse clube e os campeonatos aqui no Brasil? A resposta foi que nós não tínhamos acompanhado as negociações de perto com os empresários e, principalmente, não acompanhamos o jogador, não o avaliamos e não utilizamos nenhuma atividade que pudesse prepará-lo melhor para ações que pudessem garantir o sucesso de sua contratação.

Descobrimos que a nossa maior falha nesse projeto estava em não termos percebido que precisávamos tornar esses jogadores profissionais em seus clubes, acompanhá-los de fato, verificar as questões de contrato e uma série de outros fatores que teriam sido levantados se tivéssemos feito um bom planejamento do nosso negócio. E um grande negócio que poderia ter dado muito certo ruiu mais rapidamente do que poderíamos imaginar.

Sim... Faltou planejar e por isso fomos derrotados.

— Caramba! Agora estou entendendo a importância de um bom planejamento.

— Sim, Pedro. O melhor negócio do mundo tem grande chance de não dar certo, se não for bem-planejado. Costumo dizer, nesse caso dos jogadores, que nos faltou escolher vencer. A gente queria muito vencer, mas não escolheu isso. Quando escolhemos vencer de verdade, a gente planeja com cuidado e responsabilidade, não fica só nos sonhos, só na ilusão. A gente estrutura o nosso sonho em cima de um planejamento eficiente e eficaz.

Hoje, com a Metodologia UP consolidada, eu faria diferente. Eu faria o Passo 1 com todo o critério e cuidado, antes de avançar para os próximos passos. Porque como meu objetivo é vencer, então eu devo escolher vencer e devo planejar para vencer.

ESCOLHA VENCER, PLANEJE PARA VENCER

— Pois bem, Pedro, aqui me sinto na responsabilidade de lhe falar um pouco mais sobre a necessidade de escolhermos vencer.

Então, seja qual for o negócio ou objetivo pessoal que você tenha, escolha vencer e então planeje para vencer. Porque a escolha de vencer é uma abordagem poderosa e positiva para alcançar metas e objetivos. É uma mentalidade que sugere que as pessoas têm o poder de escolher o seu sucesso ou o fracasso através de suas ações e atitudes. Isso significa que, em vez de se sentar e esperar pelo sucesso ou vitória, é preciso tomar medidas ativas para alcançá-los.

O MELHOR NEGÓCIO DO MUNDO TEM GRANDE CHANCE DE NÃO DAR CERTO, SE NÃO FOR BEM-PLANEJADO.

QUANDO ESCOLHEMOS VENCER DE VERDADE, A GENTE PLANEJA COM CUIDADO E RESPONSABILIDADE, NÃO FICA SÓ NOS SONHOS, SÓ NA ILUSÃO. A GENTE ESTRUTURA O NOSSO SONHO EM CIMA DE UM PLANEJAMENTO EFICIENTE E EFICAZ.

Isso pode incluir coisas como estabelecer metas claras, trabalhar duro, se preparar adequadamente, manter uma atitude positiva e persistir, mesmo quando as coisas ficam difíceis. Mas, principalmente, inclui fazer um bom planejamento de como você vai agir para atingir os seus objetivos e realizar os seus sonhos.

A ESCOLHA DE VENCER É UMA ABORDAGEM PODEROSA E POSITIVA PARA ALCANÇAR METAS E OBJETIVOS.

A ideia é que para vencer é necessário primeiro escolher deliberadamente suas metas e ter a mentalidade de sucesso. Em seguida, é preciso planejar e se preparar adequadamente para alcançar cada meta. E aqui entra a necessidade de estabelecer metas claras, fazer um plano de ação, se preparar mental e fisicamente e se rodear de pessoas e recursos que possam ajudá-lo a alcançar seus objetivos. Mas inclui, em especial, ter um método eficaz de planejamento. É aqui que entra a Metodologia UP.

— Deixe-me ver se entendi direito. Resumindo, os passos que devo seguir logo de início, quando quero alcançar algum objetivo, são os seguintes:

- Escolher vencer e então recorrer à Metodologia UP, Passo 1;
- Entender exatamente o cenário em que estou;
- Avaliar a importância de cada item que faz parte da minha realidade;
- Avaliar meus pontos fortes;
- Avaliar minhas fraquezas e perceber onde preciso melhorar;
- Identificar os possíveis riscos que podem vir a ocorrer durante a jornada para atingir meu objetivo;
- Procurar enxergar as possíveis oportunidades que poderei utilizar para potencializar ainda mais minha caminhada rumo ao meu objetivo.

Acertei, ou ainda faltou algo?

— Acertou em cheio, Pedro. Meus parabéns! A chave para a abordagem usada na Metodologia UP é entender que cada etapa é importante e contribui para o sucesso final. Assim, a escolha de vencer é o primeiro passo, o planejamento é o mapa do caminho a ser percorrido e as instruções sobre como vamos percorrê-lo, e a vitória é o nosso resultado final.

— E, com isso, encerramos o Passo 1?

— Sem dúvida. Quero apenas chamar sua situação para um fator da maior importância: na Metodologia UP, tudo está conectado. Vou lhe explicar melhor.

A CHAVE PARA A ABORDAGEM USADA NA METODOLOGIA UP É ENTENDER QUE CADA ETAPA É IMPORTANTE E CONTRIBUI PARA O SUCESSO FINAL.

TUDO ESTÁ CONECTADO

Na Metodologia UP, tudo está conectado. Aliás, não poderia ser diferente disso, porque tudo na vida real está conectado. Nada existe isoladamente e tudo o que fazemos acaba por afetar o que está ao nosso redor. O que precisamos é estar conscientes disso e aprender como usar isso a nosso favor, quando planejamos novos projetos para buscar nossos objetivos e realizar nossos sonhos.

Portanto, na Metodologia UP, tudo o que for desenvolvido neste Passo 1 (e também nos demais passos do método) alimentará o nosso sistema de planejamento, de modo que construiremos um histórico de casos (observe no diagrama da Metodologia UP a seguir, onde todos os passos alimentam e são alimentados pelo Passo 10).

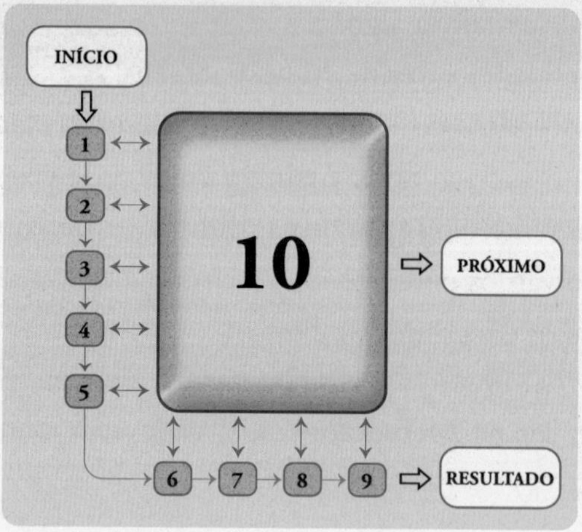

Veremos isso com detalhes em um próximo capítulo, mas por enquanto nos basta entender que dessa maneira muito do que foi aprendido, desenvolvido e consolidado neste Passo 1 passa a fazer parte do sistema como um todo e pode servir como base para ser usado no futuro, em planejamentos semelhantes ou que tenham pontos em comum com o planejamento que estamos desenvolvendo a cada momento. Isso nos dá mais segurança em nossas decisões, acelera todo o processo e nos dá grandes ganhos de tempo e de resultados.

Da mesma forma, enquanto desenvolvemos um novo planejamento, sempre podemos – e nos convém muito – lançar mão do banco de dados acumulados no nosso sistema de planejamento ao longo da nossa história. Saiba como usar isso a seu favor, quando planejar novos projetos.

— Muito bom… Assim não precisamos sair do zero todas as vezes que vamos fazer um novo planejamento, certo?

— É isso mesmo. Não faz sentido querer "reinventar a roda a cada vez que vamos fazer um carro". O mais inteligente sempre é usar o que já aprendemos e sabemos que dá certo para construir novos planejamentos com muito mais rapidez, segurança e eficiência.

E com isso finalizamos nossa conversa sobre o Passo 1 e estamos prontos para começar a falar sobre o Passo 2: Avalie seus potenciais.

O MAIS INTELIGENTE SEMPRE É USAR O QUE JÁ APRENDEMOS E SABEMOS QUE DÁ CERTO PARA CONSTRUIR NOVOS PLANEJAMENTOS COM MUITO MAIS RAPIDEZ, SEGURANÇA E EFICIÊNCIA.

Mas isso é um assunto para a nossa próxima conversa, em que vamos trabalhar para conhecer nossa natureza, saber quem somos e quais são as perspectivas que nos movem, quais são nossos comportamentos habituais, voltar a analisar quais são nossos pontos fortes e fracos e voltar a discutir sobre quais são os fatores que nos motivam. Iremos trabalhar para ter clareza sobre quais são nossas habilidades, nossos conhecimentos, nossas atitudes mais comuns. Principalmente, vamos buscar responder à pergunta: "Como eu estou neste momento?", para avaliar como anda o nosso potencial produtivo para investir na busca por nossos objetivos.

PASSO 2: AVALIE SEUS POTENCIAIS

8

— Pois então, Pedro. O que é fundamental entender é que diante de um novo projeto ou de um problema, surge de imediato a necessidade de avaliarmos nossos próprios potenciais que tenham a ver com a solução daquela situação. Precisamos estar conscientes sobre a nossa natureza, quem somos, quais são as perspectivas que nos movem, qual é a nossa forma de nos comportarmos, quais são os nossos pontos fortes e os fracos e quais fatores nos motivam a acordar cedo pela manhã, cheios de energia para recomeçar a trabalhar em nossos objetivos.

— No que este Passo 2 é diferente do Passo 1? Lá também avaliamos os nossos pontos fracos e fortes.

— Na verdade, o Passo 2 é um aprofundamento de algumas características do Passo 1, focando principalmente nos potenciais que temos já à nossa mão, e estimulando aqueles que ainda temos a desenvolver. No passo anterior, levantamos a questão dos pontos fortes e fracos de um modo geral. Agora estamos avaliando o nosso potencial para trabalharmos cada um desses pontos, de modo a transformar a nossa realidade para que possamos atingir nossos objetivos. Lá demos o pontapé inicial na nossa conscientização. Aqui estamos pondo em prática os meios de transformar a realidade de que tomamos consciência de que é necessário mudar.

Podemos dizer que no Passo 1 ligamos o motor do carro e engatamos a primeira marcha, para sair da inércia. Agora vamos colocar outras marchas, de modo a acelerar o nosso avanço rumo aos objetivos.

— Interessante! Então, por onde começamos?

— Precisamos inicialmente pensar em termos de nossas habilidades, nossos conhecimentos e nossas atitudes. A cada novo dia, precisamos nos perguntar como é que estamos naquele momento, com relação ao objetivo que temos em mente. Nesse contexto, é fundamental ter muito claro as respostas a duas questões básicas:

- Quais são as habilidades ***que tenho*** e que me levarão ao meu objetivo?
- Quais são as habilidades ***que preciso adquirir*** para chegar ao meu objetivo?

Avaliar seus próprios potenciais ajuda a ter uma visão mais clara de si mesmo e a se preparar melhor para alcançar seus objetivos. Além disso, aumenta a autoconfiança e fornece uma base sólida para o planejamento e as tomadas de decisões eficazes. Com uma avaliação consciente de seus próprios potenciais, você obtém ganhos significativos em diversos aspectos que são essenciais para toda e qualquer jornada de sucesso.

– E quais seriam esses aspectos?

– Basicamente, podemos relacionar o seguinte:

Autoconscientização: ao avaliar suas próprias habilidades, conhecimentos e atitudes, você pode ter uma compreensão mais clara de suas forças e fraquezas – assim como já exploramos no Passo 1 da Metodologia UP –, o que o ajuda a focar e decidir melhor sobre suas estratégias de avanço para alcançar seu objetivo.

Melhor planejamento: ao conhecer suas habilidades e limitações, você pode planejar melhor como abordar um projeto ou problema, evitando ou minimizando erros e maximizando sua eficiência.

Autoconfiança: quando você sabe o que pode e o que não pode fazer, desenvolve mais confiança a cada passo que dá e aumenta a segurança ao encarar um projeto ou enfrentar um desafio.

Identificação de áreas para melhoria: ao avaliar as necessidades demandadas por um projeto ou pela solução de um problema, e em seguida observar quais são suas habilidades atuais, você pode também identificar áreas em que precisa melhorar e, assim, buscar oportunidades para investir no aprendizado e no desenvolvimento desses pontos específicos.

UMA AVALIAÇÃO CONSCIENTE DE SEUS PRÓPRIOS POTENCIAIS

— Ainda não consegui pegar a ideia. Me parece interessante saber um pouco mais sobre nossos potenciais, mas ainda não imagino como isso pode ser feito.

— Calma, Pedro. Existe toda uma gama de conceitos e práticas que ainda vamos discutir nesse sentido. Aliás, é esse o objetivo da nossa Metodologia UP: deixar as coisas claras e fáceis para que qualquer pessoa possa aplicar em sua vida e alcançar os seus objetivos.

Uma avaliação consciente de seus próprios potenciais pode ser realizada de diversas formas. Como já fizemos um estudo bastante profundo no Passo 1 da nossa metodologia, fica bem mais simples compreender e levantar os demais dados necessários para avaliar seus potenciais de uma forma mais específica. Dentro desse propósito, existem alguns pontos gerais que devem sempre ser levados em consideração. Acompanhe comigo:

Defina seus objetivos claramente: para avaliar seus potenciais que serão úteis na busca de seu objetivo, é importante antes de tudo ter pelo menos uma noção clara do que você quer alcançar. Como diz uma frase hoje muito popular, de autoria do escritor inglês Lewis Carroll[2], "se você não sabe para onde vai, qualquer caminho serve". Ou seja, se você não souber qual é o seu objetivo, não vai conseguir avaliar direito quais são os seus potenciais úteis para a sua busca.

Conheça seus pontos fortes e fracos: mais uma vez, voltamos a nossa lembrança para o Passo 1. Foi lá que levantamos as bases para avaliarmos as habilidades, os conhecimentos e as atitudes para identificar onde você é mais forte e onde precisa melhorar.

Obtenha a opinião de outras pessoas: pergunte a amigos, colegas de trabalho, mentores, e outras pessoas de sua confiança, de quem você respeita a opinião, sobre quais são os potenciais que eles observam em você. Em geral, quem está do lado de fora costuma ter uma visão a seu respeito que muitas vezes você mesmo não tem. Como diz em uma expressão popular que tem sido usada em diversos contextos e culturas, "para enxergar a ilha, você tem que sair dela". O que significa que é preciso mudar de perspectiva para ter uma compreensão mais clara de si mesmo. E vem daí o valor de ouvir a opinião de outras pessoas.

Analise sua trajetória: analise sua carreira pregressa e reflita sobre sua história profissional e pessoal, sobre as habilidades que você desenvolveu ao longo do tempo. Pense em seus sucessos e fracassos e em

SE VOCÊ NÃO SOUBER QUAL É O SEU OBJETIVO, NÃO VAI CONSEGUIR AVALIAR DIREITO QUAIS SÃO OS SEUS POTENCIAIS ÚTEIS PARA A SUA BUSCA.

É PRECISO MUDAR DE PERSPECTIVA PARA TER UMA COMPREENSÃO MAIS CLARA DE SI MESMO. E VEM DAÍ O VALOR DE OUVIR A OPINIÃO DE OUTRAS PESSOAS.

como eles afetaram suas habilidades. Desse modo, ficará mais fácil identificar seus potenciais e também as áreas onde precisa melhorar. Avaliar o seu passado costuma ser um bom jeito de entender o seu presente e ajuda a planejar o seu futuro.

Estude e aprenda: uma vez que você identificou pontos em seu potencial de desempenho que precisam ser melhorados, então invista tempo e esforço em desenvolver as habilidades que considera necessárias para alcançar seus objetivos.

Reflita sobre seus interesses e valores: pense em quais atividades você sente maior prazer em realizar e em quais questões é mais apaixonado. Isso ajudará a identificar habilidades que são relevantes para seus objetivos. Existem diversas avaliações de habilidades disponíveis, tanto on-line quanto presenciais, que podem ajudar a identificar suas habilidades e áreas de interesse.

Avalie-se sempre: lembre-se de que a avaliação consciente é um processo contínuo e você deve buscar sempre o autoconhecimento e o aprimoramento de suas habilidades para alcançar seus objetivos. A vida é dinâmica e as condições mudam a cada momento, de modo que você precisa estar atento e ativo para ampliar seus potenciais a cada nova situação, para que possa efetivamente ter maiores chances de chegar aos seus objetivos.

— Nossa, me parece muita coisa para levar em conta. Não sei se vou lembrar de tudo isso.

— Calma, Pedro. Em um primeiro instante, pode parecer muita coisa. Mas à medida que você aplica a Metodologia UP tudo vai se tornando mais simples e passa a ser algo quase natural de se fazer. O que é preciso é procurar aprender direitinho os conceitos e aplicar cada um deles em seus planejamentos. Aos poucos, você vai incorporar esses procedimentos e tudo vai fluir com mais facilidade.

Sendo assim, considero muito importante, quando vamos avaliar e desenvolver nossos potenciais, que procuremos pensar em termos de duas frentes principais, conforme explicado a seguir:

1 – Como perceber as habilidades que tenho e que me levam ao meu objetivo

O primeiro ponto a considerar é perceber quais são as habilidades exigidas pelo objetivo em questão. Para isso é preciso ter em mente que as habilidades que levam ao seu objetivo dependem de cada objetivo específico. É isso que vai definir o que você vai precisar ter no seu arsenal de recursos, para chegar ao objetivo que traçou.

— Entendo... Para cada objetivo, existem necessidades diferentes.

— Exatamente. Porém, existem algumas habilidades bastante comuns e que são importantes para muitos objetivos e que, portanto, devem sempre ser consideradas. Elas incluem a comunicação eficaz, a resolução de problemas, o pensamento crítico, a colaboração, a adaptabilidade e a liderança. Por isso, escolhi essas habilidades como bases para desenvolvermos um exemplo prático. Então, que tal fazer um pequeno exercício de autoanálise? Olhe para a tabela a seguir e dê notas para as diferentes habilidades apresentadas, de acordo com como você se sente quanto a cada uma delas.

"Repare que as notas que adotei para usar neste exercício, para cada habilidade, pode variar de 3 a 9. Considero que uma nota menor que 3 beiraria a um certo pessimismo de sua parte, pois todo mundo tem uma quantidade razoável de cada uma dessas habilidades. Já a nota 10 significaria admitir que você não tem mais nada a desenvolver nessa habilidade. E pensar dessa maneira seria um erro irreparável, pois você iria estagnar no seu desenvolvimento."

— Concordo com essa ideia. Me parece justo!

— Agora, faça um "X" na coluna correspondente à nota que você daria para si mesmo em cada quesito a seguir:

HABILIDADE	MINHAS NOTAS						
	3	4	5	6	7	8	9
Comunicação eficaz							
Resolução de problemas							
Pensamento crítico							
Colaboração							
Adaptabilidade							
Liderança							

Desenhe agora as suas notas em um gráfico, como se fossem réguas verticais. Isso irá permitir que você tenha uma representação visual de como se encontra com relação a cada uma dessas habilidades e o ajudará a decidir onde precisa investir mais tempo e esforço para desenvolver seus potenciais.

Veja um exemplo:

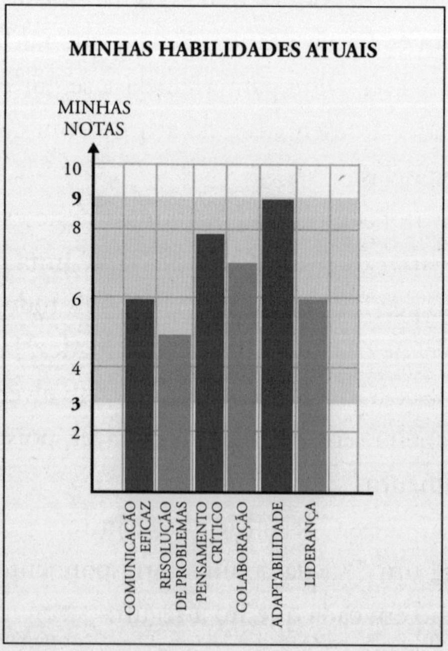

Agora desenhe aqui as suas próprias notas:

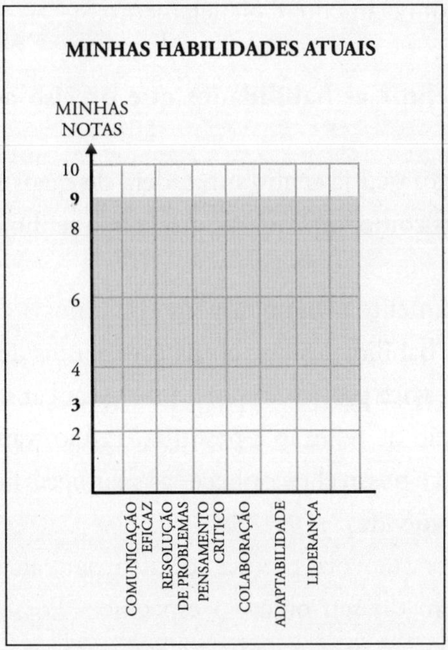

É importante, neste exercício, ser bem objetivo, verdadeiro e sincero, quando vai atribuir as notas para cada uma de suas habilidades. Afinal, é a partir daí que você vai ter uma ideia de que caminho vai precisar trilhar e em que precisará se desenvolver.

— Nessas coisas, não adianta mentir para si mesmo, né?

— Verdade, Pedro. A honestidade consigo mesmo é fundamental para que você possa fazer uma análise mais verdadeira. Muitas pessoas não gostam de colocar as suas verdades escritas em um papel, onde outras pessoas poderiam vir a vê-las. Por isso, muitas vezes tentam se mostrar melhores, mais resolvidas, mais do jeito que gostariam de ser e acabam por não serem verdadeiras ao fazer testes deste tipo.

— Bom, eu mesmo não gosto de me expor…

— Para ficar mais tranquilo, Pedro, pense que ninguém vai ver essa autoavaliação que fizer, a não ser que você permita. Então, não se acanhe. Esta é uma conversa sua consigo mesmo, no particular. Lembre-se sempre que avaliar suas habilidades com sinceridade é uma parte importante do processo de autoconhecimento e planejamento.

2 – Como definir as habilidades que preciso adquirir, para me levar ao objetivo

— Ótimo! Agora eu já tenho uma ideia de quais são as habilidades que eu tenho. Mas como saber as que ainda não tenho e que vou precisar desenvolver?

— Essa é justamente a segunda parte desta nossa conversa: fazer um levantamento das habilidades que ainda precisamos desenvolver. Avaliar as habilidades que você precisa adquirir para alcançar seu objetivo envolve uma combinação de reflexão e pesquisa. Então, vamos conversar um pouco sobre como é possível reconhecer as suas necessidades de habilidades a serem desenvolvidas.

"As habilidades que você precisa adquirir para alcançar seu objetivo também dependem do seu objetivo específico. Por exemplo, se o seu objetivo é tornar-se um programador de computadores, serão necessárias habilidades como a de criar programas em várias linguagens de programação, manuseio de banco de dados, desenvolvimento de designs de interface de usuário e capacidade de resolução de problemas. Se o seu objetivo é se tornar um líder em uma empresa, você precisará de habilidades como liderança, gestão de equipes, resolução de conflitos e negociação."

"O ponto aqui é: uma vez que você tenha uma compreensão clara do objetivo que deseja alcançar, torna-se possível avaliar as habilidades que precisa para conquistar aquele objetivo. Procure levantar informações sobre as habilidades e conhecimentos necessários para alcançar seu objetivo. Isso pode incluir conversar com pessoas que trabalham na área, ler livros e artigos relevantes, fazer pesquisas na internet, etc. Uma vez que você tenha essas habilidades listadas, verifique quais você já possui e ficará sabendo quais outras vai precisar desenvolver. É um processo de pura dedução matemática: liste e separe o que você já tem e ficará evidente aquilo que precisa adquirir."

LEMBRE-SE SEMPRE QUE AVALIAR SUAS HABILIDADES COM SINCERIDADE É UMA PARTE IMPORTANTE DO PROCESSO DE AUTOCONHECIMENTO E PLANEJAMENTO.

AVALIANDO SEUS POTENCIAIS

— O segredo então está em a gente conhecer a nós mesmos?

— Muito própria essa sua observação, meu amigo. Desde os tempos antigos já se pregava que conhecer antes a si mesmo é a chave para os demais conhecimentos. Uma das frases mais conhecidas de todos os tempos diz "Conhece-te a ti mesmo". Ela estava escrita na entrada do templo do deus Apolo, na Grécia, no século 4 antes de Cristo. É possível que tenha se originado de algum dito popular grego, sem uma autoria claramente definida. Ela faz alusão a uma provável grande tarefa do ser humano, que seria buscar o autoconhecimento, para então conhecer a verdade sobre o mundo. O primeiro passo para qualquer ação é antes a gente saber onde se encontra e quais são os nossos potenciais.

"Analisando ao longo da nossa história, em todos os aprendizados da vida, podemos perceber que tudo o que temos aplicado, seja como empreendedores ou como pessoas comuns que queiram atingir um objetivo, nós sempre precisamos partir da necessidade de nos entendermos, de percebermos de fato quais são os potenciais que temos para alcançar aquele objetivo que traçamos. Escolhemos vencer, mas então temos que descobrir quais são os recursos que temos, ou precisamos ter, que nos levarão à vitória."

"Se você tem o objetivo de arrumar um emprego de liderança, por exemplo, precisa se autoavaliar para ver quais são as habilidades que você tem que o ajudem a liderar uma equipe. É necessário levantar quais são os conhecimentos e práticas e quais são as atitudes que são necessárias para ser um líder. E assim é com todos os objetivos que você traçar: é preciso antes avaliar os seus potenciais para que possa traçar estratégias que realmente funcionem."

— E é aqui que entra o nosso método?

— Exatamente.

O Passo 2 da Metodologia UP está estreitamente ligado a uma prática conhecida como "Análise CHA", uma sigla que representa as três áreas onde devemos investir nossos esforços, ao buscar um objetivo: o Conhecimento, a Habilidade e a Atitude.

A Metodologia CHA é frequentemente usada como uma ferramenta para avaliar e desenvolver as competências de indivíduos em vários contextos, incluindo empresas, escolas e organizações sem fins lucrativos. O objetivo é ajudar as pessoas a adquirir conhecimento, desenvolver habilidades e cultivar atitudes positivas que as ajudem a alcançar seus sonhos pessoais e profissionais.

— Em outras palavras, para conseguir algo na vida, seja lá o que for, você precisa antes pensar em como está o seu CHA! – Pedro disse isso com certo ar divertido, mas entendendo a seriedade do que estávamos falando.

— Sim... Você tem razão. Então, convém agora a gente entender um pouco mais sobre esse assunto.

A ANÁLISE CHA: CONHECIMENTO, HABILIDADE, ATITUDE

Quando dizemos que precisamos avaliar como estão nossos potenciais para alcançar um determinado objetivo, estamos falando basicamente de estudar como estamos em três diferentes aspectos importantes para o sucesso pessoal e profissional: conhecimento, habilidade e atitude.

Conhecimento: refere-se à *base de informações e conhecimentos* adquiridos ao longo da nossa vida. É o conjunto de informações, princípios e teorias sobre um assunto específico, adquiridos através da experiência, do estudo ou instrução, da educação formal, da vivência no trabalho ou por autoaprendizado.

Habilidade: é a *capacidade de aplicar o conhecimento* de forma eficiente e efetiva para realizar tarefas ou resolver problemas. Refere-se às capacidades práticas e técnicas que uma pessoa possui, como trabalho em equipe, comunicação eficaz, entre outras. As habilidades podem ser desenvolvidas por meio da prática e do treinamento.

Atitude: refere-se à *postura e mentalidade que uma pessoa* tem em relação a si mesma e ao mundo ao seu redor. Isso inclui sua motivação, determinação, confiança e disposição para enfrentar desafios e superar obstáculos. É a disposição mental e emocional que a pessoa tem em relação a algo ou alguém. As atitudes podem influenciar a forma como as pessoas reagem e se comportam em situações específicas.

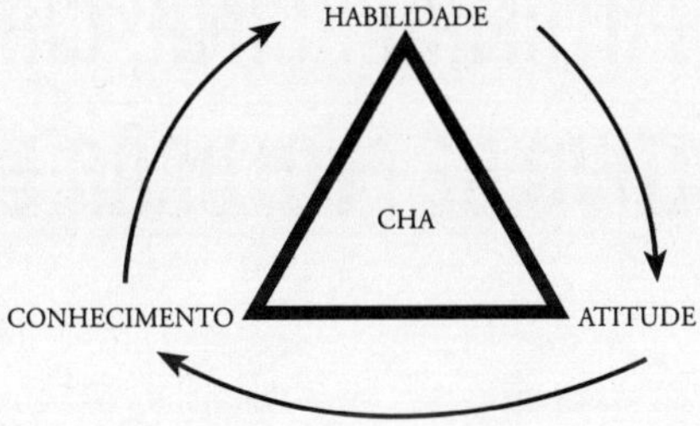

Juntos, conhecimento, habilidade e atitude formam uma base sólida para o sucesso pessoal e profissional. A relação entre esses três elementos é de complementaridade. O conhecimento fornece a base para a aquisição de habilidades, e as habilidades influenciam a forma como as atitudes são aplicadas. As atitudes fomentam o conhecimento e todo o processo evolui. Por essa razão, é primordial desenvolver e manter esses três aspectos em equilíbrio, para alcançar o sucesso em qualquer área.

Quando um dos aspectos do CHA é fortalecido, ele puxa os outros dois para um patamar acima, criando um ciclo positivo de evolução e sucesso.

QUANDO UM DOS ASPECTOS DO CHA É FORTALECIDO, ELE PUXA OS OUTROS DOIS PARA UM PATAMAR ACIMA, CRIANDO UM CICLO POSITIVO DE EVOLUÇÃO E SUCESSO.

— De novo: que tal dar um exemplo prático para eu poder entender melhor?

— Sem dúvida, Pedro. Sou partidário da ideia de que um exemplo prático diz mais do que mil explicações teóricas.

ANALISANDO DE FORMA PRÁTICA

Vamos então pensar em um caso bastante comum: imagine que o seu objetivo principal seja comprar um apartamento financiado. Para que isso seja possível, o primeiro passo é avaliar qual é o seu potencial para fazer essa compra.

Suponha então que a sua renda mensal ainda não permita que você encare um financiamento dessa natureza e que para conseguir um aumento de salário você terá que ser promovido para um novo cargo.

O seu objetivo secundário, que irá melhorar o seu potencial de comprar o apartamento, deve então ser conseguir uma promoção, com um bom aumento de salário, na empresa onde trabalha. Então, quais são as habilidades que você precisa para conseguir realizar esse objetivo?

Imagine que você trabalha em um grupo educacional, na área técnica, e sua formação é apenas de nível médio, de modo que não está qualificado para ser professor titular da matéria que ensina, que lhe daria o salário que você precisa conquistar.

Nessa situação, quais são as habilidades, conhecimentos e atitudes em que você precisa investir, para se qualificar para esse novo cargo? Pode ser que você precise da habilidade de se comunicar melhor, ou da facilidade de liderar, ou precise ser mais criativo. Ao definir suas necessidades, será possível mapear os seus conhecimentos e entender quais são aqueles que você precisa adquirir. A partir desse ponto, você vai poder definir quais são as atitudes que tem que tomar.

Quanto a melhorar seus conhecimentos, a solução poderia ser fazer uma faculdade ou mesmo uma especialização a mais em alguma área em que você leciona. Já quanto às suas atitudes, talvez você tenha que se tornar mais resiliente, porque realizar esse seu sonho vai demorar um pouco mais do que você poderia imaginar e também porque o caminho vai ser árduo e cheio de desafios. Também vai ser necessário ter uma postura proativa, porque vai precisar construir cada passo que o levará a conquistar seu objetivo. Uma vez que você pleiteia um cargo de professor titular, com certeza vai ter sob seu comando outros professores, estagiários e funcionários. Logo, o mais provável é que precisará desenvolver suas habilidades de liderança.

— Acredito que já deu para você ter uma ideia do que estamos falando quando nos referimos a avaliar e desenvolver seus potenciais. O que lhe parece, Pedro?

— Eu ainda sinto que falta algo para me ajudar a compreender de verdade como isso tudo funciona? Ainda está um tanto confuso para mim.

— OK, Pedro. Penso que agora você vai compreender um pouco melhor. Proponho que você faça um pequeno exercício de aplicação desses conceitos todos de que estamos falando.

Pense em um objetivo que você queira realizar. Escreva-o de forma clara como, por exemplo, vou comprar uma casa, ou comprar um carro, ou conseguir um emprego novo, vou explorar um novo mercado para minha empresa, e assim por diante. Seja bastante específico ao descrever o seu objetivo.

Depois estabeleça um prazo para fazer isso acontecer. Por exemplo, imagine realizar o seu objetivo dentro de 2 anos. Nesse tempo você vai precisar adquirir os conhecimentos, desenvolver as habilidades e adotar as atitudes necessárias para chegar a esse objetivo.

De início, faça uma lista de todos os conhecimentos, habilidades e atitudes que são fundamentais você ter, para atingir seu objetivo. Depois dê uma nota de 1 a 10 para cada um desses itens que listou, de acordo com como está o seu nível atual em cada um deles. Acompanhe a seguir a um exemplo neste quadro, para facilitar sua análise inicial.

MEU OBJETIVO: Comprar um apartamento financiado. Para isso, um objetivo complementar é conseguir uma promoção na empresa, com um bom aumento de salário. Como trabalho em um grupo educacional, devo me preparar para ter um cargo de professor titular.					PRAZO: 2 anos
CONHECIMENTOS NECESSÁRIOS		**HABILIDADES NECESSÁRIAS**		**ATITUDES E POSTURAS NECESSÁRIAS**	
DESCRIÇÃO	**MINHA NOTA ATUAL**	**DESCRIÇÃO**	**MINHA NOTA ATUAL**	**DESCRIÇÃO**	**MINHA NOTA ATUAL**
Especialização em Administração	7	Habilidade de Comunicação: facilidade em se comunicar e lidar com pessoas, e as envolver em uma ideia	7	Resiliência	7
Especialização em Liderança	5	Habilidade de Coordenar Pessoas: unir e conduzir pessoas em projetos	6	Proatividade	4
Técnicas para estimular a Criatividade própria e de outras pessoas	7	Habilidade de Criar: ser criativo, inovador e inspirador	8	Pensamento Flexível	8
Bons e sólidos conhecimentos na área em que ensina	9	Habilidade de Desenvolver as Competências Necessárias: domínio dos assuntos relativos à profissão, em um nível superior ao do grupo que vai liderar	6	Aprendizado Contínuo	6
Conhecer os processos que levam a uma promoção de cargo consistente	7	Habilidade de Pesquisa e Levantamento de Dados: facilidade em buscar as informações necessárias para atuar no cargo que deseja	8	Pensamento Organizado e Bem-direcionado	8

Esta poderia, por exemplo, ser a sua tabela de avaliação de seu potencial atual e do que será preciso para conseguir atingir o seu objetivo. Você pode usar o mesmo modelo para adequar a análise à sua realidade.

Você precisa construir o seu caminho até o seu objetivo. Com a clareza que essa análise fornece sobre os passos que precisa dar, fica muito mais simples e objetivo montar o seu planejamento e traçar suas estratégias. Com isso mapeado, você tem a facilidade de enxergar de forma consciente se tem ou não tem os requisitos que precisa para a sua jornada e para decidir onde investir maior esforço e energia.

— Agora estou começando a entender. Comecei a ter uma visão de conjunto sobre como está o meu potencial para alcançar meus objetivos.

— Isso é muito bom, Pedro. É preciso ter clareza sobre os resultados que vamos obter neste Passo 2, para entender como estão verdadeiramente os seus potenciais. Esse sistema de atribuição de notas eu costumo chamar de "Régua Virtual de 1 a 10". Costumo dizer que um bom número para se usar como referência, como padrão de qualidade, é a nota 7. Então, todas aquelas notas que estiverem abaixo de 7 se tornam itens que requerem mais atenção, que deverão ser trabalhados por você de forma mais consciente e dedicada. Por exemplo, veja que no exemplo da tabela colocamos na habilidade "Facilidade em se comunicar e lidar com pessoas" a nota 6. Portanto, fique de olho nela, porque esse é um dos pontos em que você vai precisar trabalhar mais.

"Uma linha com a nota 7 é um bom referencial para se trabalhar, mas sempre é necessário lembrar que isso precisa ser ajustado para cada caso, pois o seu potencial vai variar em função de cada novo objetivo que você buscar. A grande vantagem é que tudo o que você conseguir de ganho na busca de um objetivo sempre vai ajudar quando você for atrás de novos objetivos. Todas essas qualidades que você desenvolve no seu CHA seguem com você ao longo da sua vida."

VOCÊ PRECISA CONSTRUIR O SEU CAMINHO ATÉ O SEU OBJETIVO.

UM CASO REAL

— Você tem algum caso na sua história, em que você aplicou este Passo 2 para resolver algum problema?

— Sim, sem dúvida. Aliás, Pedro, foram tantos os casos que penso que somente eles dariam para escrever um livro completo. Mas existe um bastante especial que gosto de usar a título de exemplo de como avaliar seus potenciais e então ajustá-los para que possa conquistar seus objetivos. Vou lhe falar de uma situação que vivi em uma das empresas em que tive a oportunidade de trabalhar e que surpreendeu a todos os envolvidos.

Foi a negociação de um contrato com uma montadora de veículos muito grande, que ficava em Minas Gerais e tinha um fornecedor gigantesco de tecnologia mundial. Nós éramos uma média empresa, e conseguir aquele contrato era algo muito desejado, e a nossa expectativa era grande.

Contudo, havia um fator que dificultava as negociações. Todos os processos eram feitos em inglês e nós não tínhamos ninguém na equipe que fosse fluente nesse idioma.

— Como diria um amigo meu, "Aí deu ruim!" – Pedro comentou rindo.

— Pois é! Quase perdemos tudo *mesmo*. Então, veja, nosso objetivo empresarial nesse caso era conseguir esse contrato. Isso estava muito claro e começamos a trabalhar para ter sucesso nisso. Fiquei como principal responsável nesse projeto e sabia que precisava de alguma forma de me virar com a língua inglesa. Analisando o meu potencial na época, no quesito conhecimento, eu sabia que precisaria estudar melhor o inglês. Quanto à habilidade, precisava aprender a me comunicar melhor naquele idioma. Já no que diz respeito à atitude, o meu forte era a superação, que foi o que me ajudou muito a vencer essa barreira.

"Foi um processo muito interessante porque, logo no começo, vários documentos foram trocados entre as empresas que estavam participando e, portanto, nós recebemos todas as documentações em inglês. Diante dessa situação, ao receber aquele material todo naquele idioma, minha estratégia foi traduzi-lo, usando tradutores automáticos a princípio, e depois entender e reescrever os textos de modo que ficassem claros para nós. E assim ficava possível eu escrever adequadamente as comunicações com os demais participantes da negociação. O que passou para aquela empresa multinacional uma percepção de que eu tinha uma escrita fluente na língua inglesa."

"Em resumo, o que fiz foi avaliar meus conhecimentos e potencialidades, montar uma estratégia de como aplicá-los, usando os recursos e as tecnologias disponíveis, e usar minhas habilidades de coordenação de ações e de planejamento para interpretar aqueles textos, corrigir e melhorar algumas questões, garantindo que a empresa interessada não percebesse a princípio que tínhamos dificuldades com relação à língua. Tudo isso nasceu da atitude que tomei e que me levou à decisão de encontrar caminhos para superar aqueles obstáculos. Assim, tudo estava caminhando muito bem, quando a montadora de veículos pediu para que fosse feita uma reunião com os principais executivos das empresas, inclusive com a participação dos diretores e do vice-presidente, que nem mesmo ficavam no Brasil. E nos chamaram para fazer a apresentação da nossa proposta."

"Comecei então a pensar no que eu poderia fazer, já que a apresentação estava sob minha responsabilidade e teria de ser toda em inglês. Decidi estudar cada um dos slides da apresentação, imaginando quais seriam as possíveis perguntas que os executivos poderiam fazer sobre eles. E então treinei as respostas sobre cada pergunta que poderia ser feita. Assim, me preparei para fazer a apresentação toda em inglês, com as questões que simulei anteriormente, e fui para essa reunião. O resultado final da apresentação foi um sucesso e nós conseguimos o contrato com aquela empresa."

"Depois da apresentação, um alto executivo da empresa multinacional veio me parabenizar pela reunião e pela forma como conduzi a apresentação. Foi quando confessei a ele que eu não era fluente em inglês, com o que ele realmente ficou surpreso. Então expliquei tudo o que eu tinha feito desde os nossos primeiros contatos para me preparar para aquela negociação. Como resultado, subimos ainda mais no conceito da empresa e fechamos um negócio que era extremamente interessante para nós. Agora, deixo aqui uma pequena pergunta, para que você exercite a sua imaginação: o que você imagina que teria acontecido se eu tivesse me intimidado diante do problema?"

A IMPORTÂNCIA DE AVALIAR SEUS POTENCIAIS

Diante das dificuldades que se mostravam nesse caso, eu parei para pensar e avaliar o meu potencial de resolver aquela situação. Então encontrei os meios para pegar uma negociação que tínhamos pouquíssimas chances de ganhar e a transformei em um vantajoso sucesso para a empresa em que eu trabalhava.

Trabalhando com o foco em meus conhecimentos e minhas habilidades, decidi por tomar atitudes que me levaram para a direção certa e me deram uma estratégia para vencer. A habilidade de planejar e criar estratégias, que eu tinha desenvolvida já naquela época, compensou a minha falta de habilidade e conhecimento da língua inglesa.

E agora voltando à pergunta que deixei para você ainda há pouco: "o que teria acontecido se eu tivesse me intimidado diante do problema?". Com certeza teríamos jogado fora uma das nossas maiores oportunidades de crescimento, tanto nos negócios quanto profissional e pessoalmente falando.

AGORA DEIXO AQUI UMA PEQUENA PERGUNTA, PARA QUE VOCÊ EXERCITE A SUA IMAGINAÇÃO: O QUE VOCÊ IMAGINA QUE TERIA ACONTECIDO SE EU TIVESSE ME INTIMIDADO DIANTE DO PROBLEMA?

Mas a grande diferença foi o fato de que eu escolhi vencer. E a partir daí, fiz tudo o que era necessário, a partir das minhas potencialidades, para conquistar aquele contrato tão desejado.

TUDO ESTÁ CONECTADO

Novamente, como já mencionei no Passo 1, na Metodologia UP tudo está conectado. Portanto, tudo o que for desenvolvido por você neste Passo 2 (e também nos demais passos do método) alimentará o seu sistema de planejamento, de modo que, ao construir seu histórico de casos, você estará cada vez mais elevando os seus potenciais.

Dessa maneira, muito do que foi aprendido, desenvolvido e consolidado neste Passo 2 passa a fazer parte do sistema como um todo e pode servir como base para ser usado no futuro, em planejamentos semelhantes. Isso nos dará mais segurança em nossas decisões, irá acelerar todo o processo e nos dará grandes ganhos de tempo e de resultados.

Da mesma forma, enquanto desenvolvemos um novo planejamento, sempre podemos – e nos convém muito – consultar o banco de dados acumulados no nosso sistema de planejamento ao longo da nossa história.

— E por hoje chega? – disse Pedro, sorrindo.

Também ri e completei:

— Sim. Com isso, finalizamos nossa conversa sobre o Passo 2 e estamos prontos para começar a falar sobre o *Passo 3: Defina seu objetivo.*

Nessa próxima etapa, vamos aprender a estruturar com clareza o nosso ponto de destino. Definir o lugar onde queremos chegar, o objetivo que queremos conquistar, a meta que desejamos atingir, o sonho que insiste em se manter ativo nas nossas mentes quando dormimos e que ativa os nossos sentimentos mais internos.

— "Mas isso é assunto para nosso próximo encontro!" – falamos juntos, eu e Pedro, como se tivéssemos combinado previamente. Rimos muito e encerramos o dia.

NA METODOLOGIA UP TUDO ESTÁ CONECTADO.

TUDO O QUE FOR DESENVOLVIDO POR VOCÊ.

ALIMENTARÁ O SEU SISTEMA DE PLANEJAMENTO, DE MODO QUE, AO CONSTRUIR SEU HISTÓRICO DE CASOS, VOCÊ ESTARÁ CADA VEZ MAIS ELEVANDO OS SEUS POTENCIAIS.

PASSO 3: DEFINA SEU OBJETIVO

9

— Bom dia, Pedro. Está animado para mais uma conversa sobre planejamento?

— Superanimado! Afinal, hoje é sexta-feira, e o fim de semana está chegando. E isso sempre me deixa animado.

— Você sabe muito bem que não é desse tipo de animação que estou falando. Mas, tudo bem. Vou aproveitar a sua deixa para começarmos a nossa conversa. O que você vai fazer no final de semana?

— Ainda não sei... Acho que vou deixar acontecer e ver o que vai rolar.

— E se não "rolar" coisa alguma? Você vai perder o seu fim de semana.

— É... Eu não tinha pensado nisso!

— Não seria melhor você parar por algum tempo e fazer alguns planos para o sábado e o domingo? Traçar alguns objetivos para esses dois dias de descanso, como ir ao cinema, visitar uma exposição interessante, ou mesmo uma chegadinha à praia... Você não acha que aproveitaria melhor o final de semana?

— É, você tem razão. Assim eu não corro o risco de deixar a vida me levar... E depois chegar aqui frustrado na segunda-feira e descobrir que desperdicei meu final de semana porque nada de legal aconteceu.

— É isso mesmo, Pedro. Em tudo o que você vai fazer, inclusive para aproveitar melhor as suas horas de lazer, você precisa ter claro quais são os seus objetivos. Somente assim você poderá desfrutar melhor do seu tempo e conseguir resultados que o deixem mais satisfeitos.

EM TUDO O QUE VOCÊ VAI FAZER, INCLUSIVE PARA APROVEITAR MELHOR AS SUAS HORAS DE LAZER, VOCÊ PRECISA TER CLARO QUAIS SÃO OS SEUS OBJETIVOS.

— Entendi. É bem verdade isso... Já teve finais de semana que eu não tinha planejado nada para fazer e fiquei em casa o tempo todo, esperando que algum amigo me ligasse com algum programa, mas ninguém ligou e eu perdi o final de semana no sofá de casa.

— Esse é o ponto, Pedro. Se deixarmos as coisas ao acaso, é pouco provável que cheguemos a algum lugar que nos satisfaça. E é exatamente sobre isso que vamos falar no Passo 3 da nossa metodologia: definir o seu objetivo de forma clara. Se você concorda que isso é importante para programar um final de semana de lazer, imagine então quando você tem algum sonho maior na sua vida, ou quando um empresário tem planos de crescimento para seus negócios. Nesses casos, a definição de objetivos claros é imprescindível. O passo 3 da Metodologia UP é onde tratamos da verdadeira razão de escolhermos vencer, de trabalharmos para chegar ao nosso destino. É nesta etapa que adquirimos uma visão clara do que desejamos atingir e do porquê queremos realizar nossa empreitada. É neste momento que definimos o nosso objetivo, tornamos clara a razão pela qual faremos o que for preciso fazer.

"Seja qual for o seu objetivo, desde algo bem pessoal, como, por exemplo, fazer uma poupança para dar entrada em um primeiro carro, até fechar contratos milionários com multinacionais, se estivermos falando da área empresarial, o sucesso nessa conquista só virá se o seu objetivo estiver definido claramente. Os caminhos para a realização de seus sonhos só se mostrarão a partir do momento em que tiver muito claro o que você realmente deseja."

— Caramba! Nunca pensei sobre isso... Acho que é por isso que já tentei fazer tanta coisa na vida e não deu certo: eu nunca escrevi qual era o meu objetivo e nem aonde eu queria chegar de verdade...

SE DEIXARMOS AS COISAS AO ACASO, É POUCO PROVÁVEL QUE CHEGUEMOS A ALGUM LUGAR QUE NOS SATISFAÇA.

OS CAMINHOS PARA A REALIZAÇÃO DE SEUS SONHOS SÓ SE MOSTRARÃO A PARTIR DO MOMENTO EM QUE TIVER MUITO CLARO O QUE VOCÊ REALMENTE DESEJA.

— Exatamente, Pedro. Que bom que você já sentiu isso na pele. Assim fica mais fácil compreender o que vamos conversar hoje. Na verdade, a ideia da necessidade de se saber para onde se vai não é nenhuma novidade. É só lembrar do que disse o Gato de Cheshire, no livro "Alice no País das Maravilhas", escrito por Lewis Carroll: "Se você não sabe para onde vai, qualquer caminho serve". Da mesma forma, Sêneca, filósofo romano que viveu no século 1 depois de Cristo, em sua obra chamada "Cartas a Lucílio"[3], escreveu: "Não há vento favorável para quem não sabe para onde está indo".

Em resumo, essas ideias sugerem que sem um objetivo claro em mente é difícil aproveitar as oportunidades que surgem em nossa vida e que, por essa razão, devemos ter uma visão clara de onde queremos chegar para alcançar o sucesso e a realização pessoal. Sem um objetivo claro e bem-definido, não existe um caminho que possa ser adotado com segurança, não é possível tomar decisões eficazes sobre o rumo a ser seguido. É devido a essa necessidade que devemos aproveitar toda oportunidade para fazer uma reflexão sobre quais são os nossos reais objetivos em tudo o que fazemos.

— Sem ter objetivos, a gente não vai a lugar nenhum!

— Até vai a algum lugar, Pedro, mas ninguém garante que seja ao lugar em que desejamos estar. Quando não temos clareza de onde queremos chegar, acabamos seguindo pela vida a esmo e, portanto, vamos chegar em lugares que na maioria das vezes nada têm a ver com nossos sonhos e desejos mais profundos. Sem saber exatamente aonde se quer chegar, qualquer caminho pode parecer suficiente, mas, na verdade, pode levar a lugares que não são desejados ou não são satisfatórios.

— Uma perda de tempo...

— Sim, sem dúvida. Mas também é um gasto desnecessário de energia e um passo a mais na direção da frustração, além de um atraso na busca do que realmente nos torna plenos e satisfeitos. Prestando um pouco mais de atenção a essas colocações que fizemos até aqui, podemos perceber que o problema é muito mais amplo do que apenas não conseguir escolher o caminho certo, conforme Sêneca e Lewis Carroll alertaram. É uma questão de sentido e missão de vida que está em jogo.

"É bastante comum vermos pessoas se arrastando pela vida e, quando perguntadas sobre seu verdadeiro objetivo, sobre o seu verdadeiro motivo para escolher vencer, elas não têm uma resposta clara sobre isso. Não é possível ver nessas pessoas aquele olhar de quem está caminhando para a realização de um objetivo que realmente seja significativo em sua vida."

— Agora, sim, o Passo 3 começa a fazer sentido para mim.

— Pois aí está: o grande segredo de qualquer jornada de sucesso – e também o segredo para se ter uma vida plena e realizadora – é antes de tudo ter clareza de onde é o lugar a que você quer chegar de verdade, o que você realmente quer realizar, qual é o objetivo que gostaria de conquistar. Enfim, é preciso ter claro qual é aquele sonho que insiste em manter sua mente ativa todos os dias, que faz com que você durma e acorde querendo tornar suas ações, seus movimentos e seus sentimentos vivos em prol de realizá-los.

"Assim, tudo o que dissemos até aqui reforça a importância de definir metas e objetivos claros para alcançar o sucesso e a realização pessoal. É fundamental ter clareza sobre os nossos objetivos no momento de traçar um plano para alcançá-los. Por isso é que no Passo 3 vamos trabalhar na busca da ideia do que queremos realizar, e criar um entendimento claro sobre aonde queremos chegar."

— Não adianta sonhar com algo, mas não saber o que fazer para realizar, certo?

— Certíssimo, Pedro. Como Walt Disney sempre dizia, devemos sonhar muito, mas devemos também acordar para realizar. Essa afirmação é uma ótima síntese de sua filosofia de vida e de sua abordagem empreendedora. A ideia central por trás da frase é que, embora sonhar seja fundamental para inspirar e motivar as pessoas, é a ação bem-direcionada que leva à realização dos sonhos. Ele também entendia que, para tornar essas ideias em realidade, era preciso ter uma visão prática e implementar um plano de ação, fundamentado em objetivos claros e bem-definidos.

Olhando ao nosso redor, podemos perceber que existem pessoas que acabam sonhando uma vida inteira, mas ficam apenas no sonho. Elas acabam não definindo com clareza esse sonho, o que faz com que ele permaneça intangível.

— O Passo 3 se aplica mais às empresas, ou podemos usá-lo da mesma forma na nossa vida pessoal também?

— Quando falamos da Metodologia UP, podemos dizer que esse é um método para a vida como um todo, seja no campo particular e pessoal, seja na área empresarial e de negócios. Quando falamos do Passo 3, o mesmo se aplica: essa é uma metodologia necessária e essencial, principalmente para as questões empresariais, mas que também se aplica muito bem na nossa vida pessoal. Apenas precisamos tomar o cuidado de não misturar as situações, de separar a visão pessoal da visão empresarial, para podermos aproveitar melhor todo o potencial dessa metodologia. Afinal, se você é um empresário, o seu olhar é um; se você apenas quer atingir um objetivo na vida, realizar um sonho pessoal, o seu olhar é outro. É importante ter isso claro em sua mente, pois assim a Metodologia UP lhe será mais útil e o ajudará a realizar seus objetivos, qualquer que seja o seu caso.

"Dentro dessa linha de raciocínio, separando um pouco os ambientes onde devemos aplicar a Metodologia UP, vamos começar falando daqueles objetivos que são mais voltados para assuntos empresariais. Depois avaliaremos o campo pessoal."

— Maravilha! Assim fica mais fácil de eu entender.

— Quando definimos um objetivo empresarial, é especialmente importante que tenhamos muita clareza, objetividade e visão de conjunto. Afinal, enquanto no caso de objetivos pessoais quem é afetado diretamente é o próprio indivíduo e, eventualmente, algumas pessoas dos seus relacionamentos próximos, no caso dos objetivos de uma empresa existe uma quantidade enorme de pessoas que podem vir a ser afetadas por nossas decisões.

Dessa forma, para conseguir clareza em decisões empresariais precisamos separar nossos objetivos de acordo com quatro pilares distintos:

Objetivos para as pessoas – dentro da sua empresa, do seu negócio, ou do seu empreendimento, quais são os objetivos que você tem que dizem respeito diretamente às pessoas envolvidas na sua empresa? Sob este enfoque, devemos pensar sempre nos objetivos empresariais que afetarão as pessoas que estão conosco nessa jornada. Quais são os objetivos que queremos construir, reforçar, ampliar, renovar, que envolvem benefícios para a equipe?

Aqui poderíamos estar falando de algo como desenvolver competências de valor na equipe ou garantir um clima organizacional harmônico e de boas relações, ou ainda de construir um ambiente de trabalho agradável e adequado para que as pessoas se sintam bem ao desenvolver suas funções.

Objetivos para os processos – precisamos também pensar nos objetivos empresariais ligados aos processos da empresa. E aqui o processo é a atividade de organizar e executar tudo aquilo que precisamos ter funcionando dentro da empresa. Podemos ter, por exemplo, processo ligados à qualidade do produto, processos voltados para estruturar os canais de comunicação, processos referentes a gerar um diferencial do produto diante do que a concorrência oferece.

Objetivos de mercado e clientes – sem dúvida, temos que definir quais são nossos objetivos de mercado, em especial aqueles ligados ao cliente e à concorrência. Então, por exemplo, podemos ter objetivos para atuar em um mercado novo, para atender melhor o meu cliente, para buscar soluções inovadoras, para reter e fidelizar meus clientes. Enfim, esses são os objetivos que construímos com foco no cliente.

Objetivos ligados a finanças – precisamos também ter clareza dos objetivos ligados a finanças. E nesse caso estamos falando que queremos aumentar nosso faturamento, queremos aumentar a lucratividade, melhorar a liquidez do nosso negócio, do nosso empreendimento. Esses são aqueles fatores que estão ligados ao lado financeiro do negócio e da empresa como um todo.

Quando olhamos para a questão empresarial, dizemos que ter clareza de objetivos é ter suas definições claras pelo menos nesses quatro pilares – existem ainda outros aspectos menores que precisamos analisar, mas não há necessidade de explorar isso agora. Porém, é importante saber ainda que dentro de cada um desses pilares podemos ter mais de um objetivo; e é vital que todos também estejam bem claros.

— Compreendo. Mas é necessário trabalhar em todas essas frentes ao mesmo tempo?

— Não necessariamente, Pedro. Empresarialmente falando, podemos temporariamente traçar objetivos dentro de apenas um ou outro desses pilares por vez. Podemos optar por focar nosso trabalho prioritariamente em apenas alguns dos pilares, durante algum tempo, para concentrar esforços e recursos; mas jamais podemos perder de vista os demais pilares, pois essa visão de conjunto sobre o que estamos buscando é muito importante.

Por exemplo, podemos ter como prioridade o Objetivo de Finanças de aumentar o faturamento do nosso negócio, do nosso empreendimento, e focar majoritariamente nesse pilar. No entanto, o que precisamos entender é que existem objetivos que estão correlacionados, que são interdependentes, que se alimentam e se promovem entre si. Para que possamos aumentar o faturamento, por exemplo, nós precisamos de pessoas bem-preparadas, de processos bem-descritos e precisamos de mercados bem-definidos. Por essa razão, é recomendável, quando pensar em objetivos empresariais, que a sua visão completa, suas estratégias e as estruturas que você traçar levem em conta todos esses quatro pilares.

— Ainda não ficou muito claro para mim. Pode explicar um pouco mais?

— Sim, sem dúvida. Quando trabalhamos com um conjunto de objetivos empresariais que nos traga clareza de onde queremos chegar, podemos desenhar uma imagem representativa da nossa estratégia que nos permita ter uma visão global dos nossos caminhos e dos nossos desafios, de maneira clara e imediata. Assim podemos organizar nossos objetivos de acordo com cada um dos pilares, de modo que possamos perceber o inter-relacionamento entre eles e, assim, traçar os melhores caminhos para chegar aos nossos objetivos.

"É importante entender que neste momento, nesta nossa conversa, não estou efetivamente preocupado em falar sobre como estruturar ou construir um plano propriamente dito – isso seria objeto de atividades mais específicas e aprofundadas, que não são o foco deste livro –, mas sim apenas sinalizando, para quem tem um empreendimento, que é importante ter objetivos claros e bem-definidos e que se encaixem nessa dinâmica desses quatro pilares. É esse conceito que deve ser guardado em mente e passar a ser aplicado em seus planejamentos para que tenha resultados ainda melhores, especialmente com o uso da Metodologia UP."

"Essa consciência e esse estudo dos nossos objetivos é o que nos faz seguir em frente com certeza de estarmos na direção certa, com clareza de propósito e determinação mais forte. Isso nos ajuda a acordar de manhã pensando com clareza sobre, por exemplo, irmos buscar um novo mercado; estamos estruturando nossa área de qualidade e de pesquisa; estamos nos preparando para triplicar o faturamento, construindo uma equipe com um perfil desejável, com os profissionais que queremos realmente ter conosco."

"O Passo 3 traz esse fundamento de consciência de nosso potencial, a partir de uma análise em profundidade das reais condições com que teremos de lidar. O que nos deixa com uma postura ativa; mais ainda, uma postura proativa, onde não deixamos simplesmente 'a vida nos levar'. Com essa consciência, nos tornamos ativos e donos do destino de nossa empresa e do nosso próprio rumo pessoal. Assumimos o papel de capitão do nosso barco."

— Essa visão serve apenas para a questão empresarial? Como ficam nossos planos pessoais, nossos sonhos como indivíduos que não são empresários?

— Bem, Pedro, o que torna esse Passo 3 ainda mais interessante é que é possível simplificá-lo para o uso como pessoa física, ou seja, para uso daquele indivíduo que não é empresário, mas sim um colaborador em uma empresa, ou exerce alguma outra atividade remunerada, porém individualmente.

Na nossa vida pessoal, também temos os nossos sonhos e precisamos traçar objetivos e estratégias para alcançá-los. E precisamos ter consciência e clareza sobre quais são esses objetivos e em que precisamos concentrar nossa atenção. Desse modo, podemos dizer que o Passo 3 na vida pessoal é o que vai chamar a atenção do indivíduo para a importância de definir o seu objetivo.

— Então não precisamos dividir um objetivo pessoal dentro daqueles quatro pilares, como é feito na área empresarial?

— Com certeza, não precisamos e nem devemos. Veja, para que qualquer pessoa possa com facilidade aplicar a ideia de definir claramente seus objetivos em sua vida, não podemos e nem devemos complicar o Passo 3 na vida individual. Um objetivo pessoal pode ser definido com clareza usando-se toda a simplicidade que o conceito do Passo 3 envolve.

Não existe a necessidade de um detalhamento maior, ou mesmo de fazermos a divisão do nosso objetivo pessoal dentro daqueles pilares empresariais que listamos. O que realmente é preciso, com toda a certeza, é ter a consciência e a determinação de definir com a maior clareza possível o nosso objetivo. E isso pode ser simples, se pararmos para analisar com calma a situação.

Por exemplo, se nosso objetivo é comprar uma casa, precisamos definir onde ela ficará, qual seu tamanho, quantos quartos terá, quanto custará, como poderemos pagar por ela e outros aspectos assim, próprios desse tipo de sonho. Tudo isso trará clareza para o nosso objetivo. E quando temos esse nosso objetivo claro, com o estudo cuidadoso de todos esses detalhes próprios da compra de uma casa, então temos as condições de continuar batalhando pelo nosso sonho, nos mantendo motivados e sempre na direção correta. E ainda nos daremos a chance de comemorar cada pequeno avanço que fizermos na direção do nosso objetivo.

— Então a clareza de objetivos traz também a motivação para batalhar por eles?

— Sem dúvida, Pedro. Dependendo do objetivo que esteja sendo buscado, um simples esclarecimento dele já nos permite fazer um pequeno planejamento inicial, o que se tornará um forte motivador para tocarmos o nosso projeto em frente. Portanto, é muito importante você pegar a ideia desta estratégia e perceber como ela pode ser útil em seu dia a dia. Ter clareza de objetivos significa ter em mãos os elementos necessários para buscar um objetivo pessoal de modo organizado e respeitando todos os aspectos principais da nossa vida.

— Nossa, como é que eu nunca pensei nisso antes? – comentou Pedro, espantado com o que estava aprendendo.

— Na verdade, você já pensou, sim, sobre isso. Só que não se deu conta. Seja na vida pessoal, seja na área empresarial, estamos sempre, consciente ou inconscientemente, pensando sobre os objetivos que queremos atingir. No entanto, se você parasse agora e fizesse para si mesmo a seguinte pergunta: "Quais são meus objetivos para os próximos anos?". Será que você teria isso claro? Será que teria essa resposta de imediato?

Se você tivesse que responder agora essa pergunta e elencar quais são seus grandes objetivos para daqui a 2, 5 ou 10 anos, o que você responderia? Talvez dissesse algumas coisas como: "Eu quero comprar uma casa,

TER CLAREZA DE OBJETIVOS SIGNIFICA TER EM MÃOS OS ELEMENTOS NECESSÁRIOS PARA BUSCAR UM OBJETIVO PESSOAL DE MODO ORGANIZADO E RESPEITANDO TODOS OS ASPECTOS PRINCIPAIS DA NOSSA VIDA.

quero comprar um carro, quero casar, quero ter um filho, quero viajar muito, quero ser um político de sucesso". Mas quais são as suas definições em cima desses objetivos? Querer apenas não basta.

— Estou vendo que preciso fazer um Passo 3 na minha vida... – Pedro comentou, sorrindo meio que sem graça.

— Ao contrário daquele dito popular que alega que "Querer é poder", que fique bem claro que só querer não adianta. O seu querer tem que vir acompanhado da clareza dos seus objetivos, de certeza do que você realmente quer, de planejamento – mesmo que de forma bem simples – e de muita ação. Caso contrário, o seu *querer* pode ficar pelo caminho e o seu *ter* pode ser que não aconteça.

O que tenho percebido ao longo dos anos, trabalhando com as mais diversas pessoas e as mais variadas empresas, é que o Passo 3, apesar de ser uma coisa que parece ser simples por definição, é algo que as pessoas não fazem. Tanto os empresários quanto as pessoas físicas simplesmente deixam de colocar seus objetivos de uma forma clara e isso se torna uma parte substancial de seus fracassos.

— E é quando essas pessoas falham?

— Correto. O insucesso começa exatamente por aí. Imagine-se querendo ter uma profissão. Mas querer ter uma profissão é algo muito vago. É preciso ter um objetivo mais claro, como: qual profissão, em que área de atuação, quanto tempo você vai levar para se formar, quanto quer ganhar de salário, ou como profissional independente, etc. O ponto crucial aqui é o como você olha para essa questão e se ela está clara em sua mente, ou não.

Encontro muitas pessoas que falam sobre seus objetivos, escrevem sobre eles, colocam no computador, colocam na cabeceira da cama, colocam na parede, para passar o dia todo olhando para aquele objetivo e se comprometer ainda mais com ele. Mas não definem com clareza esse objetivo. Como é que elas esperam que isso vá funcionar? Pense um pouco: uma pessoa chega e diz que está completamente comprometida com o objetivo dela. No entanto, quando perguntamos como ela vai fazer para atingir esse objetivo, ela simplesmente responde: "Não sei. Não pensei nisso ainda!". Como diria um tio meu, "Que raios de compromisso é esse?".

— Concordo... É o mesmo que fazer uma caminhada no escuro, sem lanterna.

— É verdade, é uma jornada às cegas. Portanto, a definição do seu objetivo tem que passar por esse processo de detalhamento. Esse é o foco do Passo 3. Se é um carro que você quer, qual é o modelo? De que ano? Quanto custa? Se você não tiver a clareza de tudo isso, como é que você vai fazer a construção do seu plano para chegar a esse objetivo? Imagine que se o seu objetivo é ter um carro – podemos estar falando de um carro de 50 mil, ou de um modelo de 1 milhão de reais –, percebe como está mais do que óbvio que os seus objetivos precisam ser específicos.

Então, nós precisamos materializar e descrever bem o objetivo. Insisto: o seu objetivo tem que ser claro, para que você possa vivenciá-lo enquanto busca realizá-lo, para que você possa fazer parte dele, mesmo que ele ainda não tenha se materializado.

— Quer dizer, o sucesso está na jornada?

— Exatamente. Você constrói e vive o sucesso à medida que caminha. E você só consegue construir aquilo que está claro em sua mente. Como disse o poeta espanhol Antonio Machado, o caminho se faz caminhando[4]. No entanto, se você não tem clareza de aonde vai, pode estar construindo um caminho errado.

— Você tem como me dar um exemplo prático, da sua vida pessoal, em que aplicou essas ideias?

— Com certeza. Para ilustrar o uso prático de se ter clareza de objetivos, vou contar-lhe um caso pessoal, em que tive de escolher um objetivo profissional na minha vida. Meu pai tinha um sonho, que acabou se transformando também em um sonho meu, que era o de eu ser um jogador de futebol profissional. Tive até a oportunidade de jogar na Portuários, na Portuguesa Santista, no Santos Futebol Clube, mas acabei não seguindo com o futebol.

— Você queria ser jogador de futebol? E por que desistiu? – Pedro é muito fã de futebol.

— Aconteceram alguns episódios durante a minha atuação no futebol, que acabaram por me desiludir com a profissão. Mas isso não vem ao caso hoje…

Porém, mesmo enquanto batalhava pelo futebol, eu sempre dei continuidade aos meus estudos, até que chegou o momento de decidir qual faculdade eu faria, qual carreira seguiria. E esse foi um processo em que os melhores resultados vieram exatamente porque fiz questão de deixar claro para mim o que eu queria e o porquê queria. Defini meus objetivos avaliando cada possibilidade.

De início, assim como eu pensava na época do futebol, o que me interessava era uma carreira que me desse visibilidade e dinheiro. E fui buscar as profissões que poderiam me dar esses retornos. Cheguei a três candidatas; de início: eu poderia ser advogado, médico ou engenheiro – todas elas eram muito bem-pagas na época e geravam projeções interessantes na sociedade.

Comecei a refletir sobre a escolha que eu precisava fazer, com base na definição de meus objetivos:

— Primeiro pensei em ser advogado. Mas essa é uma profissão que tem muito material para ler e decorar. E como naquela época eu não era alguém que gostava muito de ler, entendi que não iria dar muito certo cursar Direito. Pensei então que seria médico. Mas ser médico é muita responsabilidade, já que ele cuida diretamente de vidas. E naquela época eu não era muito disciplinado, e isso me preocupava. De repente, como médico eu poderia esbarrar em situações de vida ou morte de paciente, justamente em assuntos que não havia me dedicado a estudar mais e dominar. Então pensei que médico também não daria para mim. Por fim, como eu já havia feito curso de elétrica no Senai e eletrônica na Escola Federal, decidi que iria seguir a profissão de engenharia, porque estava alinhada ao meu trabalho da época. Além do mais, como engenheiro eu poderia ter recursos financeiros substanciais. E assim tomei minha decisão, criei um objetivo, deixei-o claro para mim e fui em busca dele.

"A vida me fez escolher. Eu tinha que ter um objetivo específico e escolhi a engenharia. Depois optei por engenharia industrial elétrica, com um curso que naquela época era de 6 anos. Pesquisei onde se localizava a faculdade e se havia por perto chances de eu trabalhar para poder pagar meus estudos. Além disso, também avaliei a possibilidade daquela faculdade me ser útil em termos de empregabilidade, porque naquele momento eu nem imaginava que poderia vir a ser um empreendedor algum dia. Como pretendia conseguir um bom emprego, olhei com cuidado para a questão da qualidade da faculdade. Por último, avaliei a questão dos valores financeiros, para averiguar se era possível eu assumir esse compromisso."

Como você pode ver, meus objetivos passaram por todas essas definições até que eu tivesse clareza do que queria e como conquistaria o que pretendia. Assim a escolha de carreira ficou muito clara para mim.

Com esse exemplo, voltado para minha vida pessoal, acredito que deixo ainda mais clara a importância de entender que *escolher vencer passa por uma definição clara de seus objetivos*. No entanto, faço questão de colocar ainda uma outra situação que vivi, profissionalmente falando, que realça a importância do Passo 3 da Metodologia UP.

Neste outro exemplo, falo de um caso em que atuei, desta vez no campo empresarial, quando ficou evidente a importância do entendimento claro de nossos objetivos, que nos levou à compra da carteira de uma das maiores operadoras de tecnologia e telecom da época.

Trabalhei por muito tempo em uma empresa que atuava na área de tecnologia e também de telecomunicações. Dentro da empresa, tínhamos uma política importante de diversificar sempre, para que pudéssemos crescer. E tudo era muito bem organizado, muito bem-pensado e sempre tínhamos objetivos claros.

Em certo momento dos negócios, imaginamos que pudéssemos comprar uma empresa que facilitasse ampliar o nosso portfólio de serviços e que pudéssemos assim entrar numa gama de clientes muito mais pulverizada, diminuindo inclusive o que a gente chama de concentração de clientes ou de receitas.

O importante nesse caso é que nós tínhamos objetivos bastante claros. Tínhamos o entendimento de algumas questões que faziam total sentido na nossa visão de ampliação de área de atuação: teria que ser uma empresa que tivesse tecnologia, que estivesse na nossa área, que tivesse uma boa carteira de clientes e, acima de tudo, que nós tivéssemos as condições financeiras para poder efetivar a compra dessa empresa, mesmo que não fosse uma compra integral de todas as ações, mas apenas um bom número de cotas de participação, de início.

Fomos então para o mercado com esses objetivos bem claros, onde avaliamos várias empresas. Foi algo muito interessante de comentar porque durante as avaliações nós éramos o tempo todo seduzidos por outras questões que não aquelas que tínhamos definido claramente no nosso objetivo.

Esse é um aspecto importante de fazer direito o Passo 3: quando você tem clareza daquilo que quer e busca, se mantém ali naquela rota traçada, no foco que importa, sem se desviar dele. Isso é vital porque, em determinados momentos, na avaliação de algumas empresas ou de alguns negócios, em alguns deles apareciam informações que às vezes exerciam uma certa sedução, que poderia nos afastar daquelas premissas que havíamos traçado. Porém, como havíamos feito o Passo 3 com seriedade e precisão, tínhamos clareza nos nossos objetivos e nos mantivemos na direção deles com toda a nossa energia. E por mais que algo quisesse nos desviar da nossa decisão, permanecemos ali com total foco, total direcionamento naquilo que realmente queríamos.

Outro ponto interessante dessa trajetória foi o fato de que, ao realizarmos a compra de uma grande empresa de telecom que tinha equipamentos e uma área de serviços muito fortes, mantendo o nosso objetivo traçado, chamamos a atenção de uma das maiores empresas de telecom do mundo, que entendeu que nós éramos uma excelente opção para que pudessem potencializar seus negócios no Brasil.

Enfim, o que quero ressaltar com esta história é que quando você tem clareza de aonde você quer chegar, a probabilidade de vencer é muito grande. Quando você tem clareza de aonde quer ir, vai entender que nenhum outro lugar serve, a não ser aquele que você definiu – e assim você não se desvia dos seus objetivos. Assim, fazer o Passo 3 com responsabilidade, dedicação e clareza, é uma declaração explícita e inquestionável de que você está escolhendo vencer.

— Agora sim, o Passo 3 ficou claro para mim. Definir objetivos é importante demais para que a gente possa realmente trabalhar para realizar nossos sonhos e objetivos.

— Sim, Pedro. E a tônica do Passo 3 é exatamente esta: chamar a atenção para o fato de que se não tiver clareza dos seus objetivos, você não consegue vencer verdadeiramente. Isso porque mesmo que conquiste determinadas coisas em sua vida, se o seu objetivo não estiver claro, você corre o risco de sua vitória não ser exatamente o que esperava ou desejava.

— Você pode comprar gato por lebre? – Pedro riu.

— Sem dúvida. Escolher vencer de verdade exige que tenhamos um caminho até nossos sonhos muito bem-definido. Então, é preciso colocar clareza em nossos objetivos e assim a nossa vitória será mais rápida, mais produtiva e muito mais satisfatória.

Em resumo, o Passo 3 nos fala da importância de aprender a definir com clareza o nosso ponto de destino. Definir o lugar aonde queremos chegar, o objetivo que queremos conquistar, a meta que desejamos atingir, o passo a passo que devemos adotar para abraçar aquele sonho que insiste em se manter vivo e atuante em nossa mente quando dormimos e que aviva os nossos sentimentos mais profundos e intensos.

TUDO ESTÁ CONECTADO

— Para finalizar esta nossa conversa de hoje, apenas quero ressaltar que, mais uma vez, como já mencionei nos passos anteriores, é preciso lembrar que tudo na Metodologia UP está conectado. Portanto, o que for desenvolvido por você neste Passo 3 do seu planejamento alimentará o seu sistema de dados e informações, de modo que ao construir seu histórico de casos você estará cada vez mais se preparando para atuar em cada novo objetivo que traçar e desejar alcançar.

ESCOLHER VENCER DE VERDADE EXIGE QUE TENHAMOS UM CAMINHO ATÉ NOSSOS SONHOS MUITO BEM-DEFINIDO.

PRECISAMOS COLOCAR PLACAS DE SINALIZAÇÃO, INDICADORES PODEROSOS, MOSTRANDO A DIREÇÃO A SEGUIR E VERIFICAR SE NÃO ESTAMOS PEGANDO DESVIOS PELO CAMINHO. SOMENTE ASSIM É POSSÍVEL ASSEGURAR QUE CAMINHAREMOS EM DIREÇÃO AO NOSSO OBJETIVO MAIOR.

No nosso próximo encontro, iremos falar sobre a importância de estruturar indicadores de medição, para que possamos ter referenciais para nos mantermos na rota correta, na direção do que queremos conquistar. Precisamos colocar placas de sinalização, indicadores poderosos, mostrando a direção a seguir e verificar se não estamos pegando desvios pelo caminho. Somente assim é possível assegurar que caminharemos em direção ao nosso objetivo maior.

— Tarefa cumprida por hoje, e aqui vamos nós para o nosso final de semana...

— Um momento, Pedro. Antes de sair para o final de semana, que tal fazer um pequeno exercício e traçar alguns objetivos para aproveitar melhor a sua folga?

— Pensando bem, vou fazer isso. Afinal, não quero desperdiçar meus dias andando a esmo de um lado para o outro.

Rimos e nos despedimos, prontos para ter um excelente final de semana, bem-planejado, com atividades prazerosas e bem-definidas.

PASSO 4:
ESTRUTURE OS INDICADORES DE MEDIÇÃO

10

— Pedro, você costuma viajar de carro?

— Costumo, sim. Sempre que dá uma folguinha, reúno minha galera e juntos pegamos a estrada.

— E vocês vão sempre aos mesmos lugares?

— Não. A gente prefere descobrir lugares novos. Sempre planejamos viajar para um lugar diferente a cada vez.

— Interessante. E vocês traçam uma rota de viagem antes de saírem?

— Com certeza. Senão a gente não sabe por onde ir.

— E quando estão na estrada, como vocês têm certeza de que estão indo pelo caminho certo?

— Bom, a gente tem os aplicativos de celular que ajudam a dar a direção certa. Mas também prestamos atenção às placas de sinalização e aos sinais na estrada, que os aplicativos usam como referências.

— Perfeito, Pedro. Então você vai compreender bem a nossa conversa de hoje. Vamos falar exatamente sobre "placas de sinalização".

— Como é que é?

— Esse é apenas um jeito um pouco diferente de falar... Na verdade, vamos conversar sobre os indicadores de medição, ou ainda, sobre os indicadores que nos permitem manter a rota certa quando buscamos um objetivo. A ideia é basicamente a mesma de quando estamos rodando por uma estrada rumo a um determinado lugar e nos baseamos pelas placas de sinalização para ter certeza de que não erramos o caminho. De modo semelhante, quando buscamos um objetivo precisamos ter meios para

garantir que estamos na rota correta, que não nos desviamos da direção do que queremos conquistar. Precisamos ter "placas de sinalização" e outros indicadores poderosos, mostrando por onde estamos caminhando. Somente assim é possível assegurar que chegaremos ao nosso objetivo.

"Então, quando temos um objetivo em mente, é importante, além de ter uma estratégia bem-definida para alcançá-lo, criar meios para garantir que estamos caminhando na direção certa. Colocar 'placas de sinalização' ao longo do caminho costuma ser uma ótima maneira de nos mantermos no curso certo e evitar desvios que possam nos afastar do nosso objetivo, ou pelo menos atrasar a nossa chegada."

— E o que seriam essas placas de sinalização, nesse caso?

— Essas "placas de sinalização" podem incluir coisas como traçar metas intermediárias, estabelecer indicadores de progresso, receber feedbacks de outras pessoas, avaliação de resultados intermediários conquistados e outras formas de monitorar o nosso desempenho e ajustar o nosso caminho conforme o necessário. É importante lembrar que embora a meta final seja o objetivo principal, o processo de alcançá-la é igualmente importante, e esses indicadores nos ajudam a fazer ajustes e melhorias ao longo do caminho.

É IMPORTANTE LEMBRAR QUE EMBORA A META FINAL SEJA O OBJETIVO PRINCIPAL, O PROCESSO DE ALCANÇÁ-LA É IGUALMENTE IMPORTANTE, E ESSES INDICADORES NOS AJUDAM A FAZER AJUSTES E MELHORIAS AO LONGO DO CAMINHO.

"Portanto, o Passo 4 se mostra como um dos mais importantes dentro da Metodologia UP. Ele é um dos elementos principais que vão ajudar a garantir que você consiga atingir os seus objetivos. Neste passo, vamos construir indicadores de medição, o que é uma parte fundamental do processo de planejamento de uma organização, ou mesmo da nossa vida particular, quando buscamos objetivos pessoais."

— Acho que ainda não peguei bem essa ideia...

— Não se preocupe, Pedro. Você vai entender tudo à medida que conversamos. Para começar, quero falar de algo que não faz parte da sua realidade do dia a dia, mas que foi muito importante para a grande maioria das pessoas da minha geração.

Lembro-me de que há um bom tempo, quando viajávamos de carro e queríamos chegar a algum outro lugar distante, nós tínhamos um mapa detalhado chamado "Guia 4 Rodas"[5]. Nele, era possível ver as melhores rotas para uma determinada viagem que quiséssemos fazer, quais eram as estradas, quais eram os pontos de referência a que devíamos prestar atenção e muitas outras informações relevantes para que não nos afastássemos do nosso objetivo.

— Esse guia era um aplicativo de iPhone ou Android?

— É claro que não!... Naquela época até mesmo os telefones celulares mais simples ainda eram apenas um sonho tecnológico. O Guia era um livro impresso mesmo, cheio de mapas e referências de estradas e pontos de interesse, entre outras tantas informações úteis.

— Um livro? Impresso em papel? – Pedro estava espantado.

— Sim. Um livro impresso em papel...

— Mas isso funcionava mesmo? Como vocês utilizavam esse guia?

— Funcionou muito bem, durante décadas. E tirou muita gente do sufoco de se perder pelo meio do caminho. Por exemplo, se você saísse de São Paulo para ir a Minas Gerais, usava o guia para traçar uma rota e definir se faria paradas ao longo do caminho e onde poderiam ser essas paradas; e também era possível estimar o tempo total de viagem. Um dos pontos mais importantes: nesse guia, para cada rota traçada, você encontrava diversos tipos de sinalização que garantiriam que você estava efetivamente indo para Minas Gerais.

— Interessante... Então esse livro era imenso?

— Sim, podemos dizer que era um volume de fazer inveja para muitas publicações de hoje. É claro que hoje em dia você não precisa mais de um guia desse tipo, com tantos recursos tecnológicos que tem ao alcance do dedo. Mas, ainda assim, em todos os bons aplicativos on-line que usamos como orientadores para nos deslocar de um lugar para outro encontramos boas e completas sinalizações indicando se estamos na rota certa, ou não. Desse modo, além das informações on-line ainda encontramos referenciais físicos ao longo do caminho, que nos dão a tranquilidade de continuar certo no nosso rumo. O grande ganho hoje em dia é que podemos fazer isso tudo com muito mais precisão e agilidade e em tempo real, de acordo com o nosso deslocamento dentro da rota traçada.

— Tô vendo aqui... Digitei "Guia 4 Rodas" no buscador do meu aplicativo e apareceu uma foto. É impressionante!

— Realmente, era mesmo impressionante a utilidade que esse guia tinha naquela época.

— Mas, voltando agora ao nosso Passo 4, o importante que deve ser entendido aqui é que toda busca que fazemos por objetivos precisa ter as tais placas de sinalização, os pontos de referência, para que possamos avaliar se estamos no caminho certo; e eventualmente corrigir os possíveis desvios, quando ocorrerem. Em termos de planejamento com a Metodologia UP, costumamos chamar essas "placas de sinalização" de Indicadores de Medição.

— Credo! Que nome mais difícil!

— Calma, Pedro. O nome pode parecer um pouco técnico demais e estranho para uma pessoa que não esteja envolvida em processos empresariais, mas o conceito por trás dele é bastante simples, de modo que você pode usar esses indicadores até mesmo para planejar e executar um plano para comprar uma simples bicicleta, por exemplo.

Nesse enfoque, os indicadores de medição são aqueles elementos que vão nos dar a certeza de que realmente estamos caminhando para o nosso objetivo. Por isso, costumo dizer que este passo é aquele que vai fazer com que você tenha condições e segurança para dar os próximos passos que virão a seguir no nosso método. O importante para manter em mente é que adotar indicadores de medição de qualidade e eficazes efetivamente é algo que faz parte da nossa opção de escolher vencer.

Então, retomando esse tema um pouco mais conceitualmente, os indicadores de medição são ferramentas eficazes para alertá-lo caso esteja no caminho errado, em tempo de você corrigir sua rota antes que o prejuízo seja muito grande. Normalmente, quando estamos em busca de um objetivo importante, costumamos ter pressa e tentar acelerar tudo o que for possível, para chegarmos logo aonde queremos. E é aí que mora o perigo.

O IMPORTANTE PARA MANTER EM MENTE É QUE ADOTAR INDICADORES DE MEDIÇÃO DE QUALIDADE E EFICAZES EFETIVAMENTE É ALGO QUE FAZ PARTE DA NOSSA OPÇÃO DE ESCOLHER VENCER.

Pegar um caminho errado quando se tem pressa de chegar ao objetivo só vai atrasá-lo ainda mais. Ou ainda, como diz uma frase atribuída ao autor e palestrante motivacional norte-americano Brian Tracy, "A pior coisa que pode acontecer é você caminhar muito rápido, mas na direção errada". Essa citação enfatiza a importância de termos clareza sobre nossos objetivos e sobre a direção que seguimos, para que possamos nos mover com confiança e assertividade em direção a eles, além de, é claro, ressaltar a importância de corrigirmos nossa rota com a máxima urgência possível, quando percebemos que saímos do caminho certo.

Portanto, se algum indicador de medição nos mostrar que não estamos caminhando na rota certa, que nos desviamos de nosso caminho, é hora de parar, reavaliar e corrigir a nossa trajetória, com urgência.

— Tudo bem... Entendi! Mas quais são os indicadores que preciso ter?

— Vou explicar para você, Pedro.

CONSTRUINDO INDICADORES DE MEDIÇÃO

— Uma vez que tenha definido os seus objetivos, você deve investir algum tempo para construir indicadores de medição, que possam lhe dizer se está obtendo progressos em sua jornada para o sucesso. Podem ser dados sobre resultados de metas de curto e longo prazo, aumentos da receita da sua empresa – ou mesmo pequenas conquistas de aumentos de seu salário – reduções de custos, melhoria da satisfação do cliente ou alcançar maior eficiência operacional, no caso empresarial. Ou ainda fazer uma poupança programada, por exemplo, no caso de se quiser adquirir um bem para uso pessoal.

Seja qual for o caso, é importante levar em conta algumas características que nossos indicadores devem ter. Acompanhe no quadro a seguir:

Critérios Para Construir Indicadores de Medição
Tem de ser **Específico**
Tem de ser **Mensurável**
Tem de ser **Consistente**
Tem de ser **Temporal**
Tem de ser um **Referencial**
Tem de ter **Relevância**
Tem que **Emocionar**

— E agora você vai me explicar como cada uma dessas características funciona, certo?

— Sim, sem dúvida, Pedro. É preciso conhecer bem nossos indicadores de medição, para poder usá-los com mais assertividade e eficácia.

O INDICADOR DEVE SER ESPECÍFICO

— Beleza!... Então, vamos lá. Começando com "o indicador deve ser específico"...

— Exato, Pedro. Essa é uma das características que um bom indicador deve ter. Na Metodologia UP, um indicador de medição ser específico significa que ele deve ser claro e preciso, definindo exatamente o que está sendo medido e evitando ambiguidades ou generalidades.

"Se você é um empresário, talvez um dos seus objetivos seja aumentar o faturamento da sua empresa. Quem sabe você queira que o faturamento cresça para 1 milhão de reais. Esse é um valor bem específico. Esse é um indicador de medição interessante, pois quando sua empresa tiver atingido esse faturamento, você terá certeza de que seu objetivo foi alcançado. Porém, se você apenas tivesse dito 'quero aumentar o meu faturamento', isso de nada ajudaria na busca de seu objetivo."

"Se você é empregado em uma empresa e diz que quer aumentar seu salário, isso não diz muita coisa. Mas se você diz que quer conseguir um aumento de 40% no seu salário, dentro de um certo tempo, então você está sendo específico. Compreendeu a ideia? Todo indicador tem que ser específico, para servir de referência para você saber se está caminhando na direção certa. Tem que haver clareza sobre aonde você quer chegar, a sua meta tem que estar clara."

— Dá para dar mais um exemplo?

— Com certeza. Se você pretende comprar um apartamento, por exemplo, é preciso especificar qual o valor desse imóvel, para que você possa fazer um planejamento financeiro adequado. Comprar um apartamento de 200 mil reais exige um planejamento bem diferente de comprar um outro que custe 1 milhão de reais. Essa é a ideia.

Todo indicador de medição precisa ser bem específico, para que você possa avaliar se está avançando em direção ao seu objetivo, ou não. Um indicador de medição deve ser definido de forma clara e precisa, descrevendo de maneira objetiva e detalhada o que está sendo medido e como será medido, a fim de garantir a precisão e a confiabilidade dos resultados obtidos.

O INDICADOR DEVE SER MENSURÁVEL

— Outra característica necessária para um indicador é que seja possível quantificá-lo, que seja possível medi-lo. Quando se diz que um indicador de medição deve ser "mensurável" na Metodologia UP, isso significa que ele deve ser quantificável de alguma forma. Ou seja, é necessário que seja possível medir ou calcular esse indicador de maneira objetiva, por meio de dados numéricos ou informações concretas. Só assim ele será realmente útil.

Caso um indicador não possa ser medido, não há como controlar o seu progresso, o seu avanço em direção aos seus objetivos. Não dá para se basear em um indicador que você não pode medir. Isso não vai funcionar.

— Isso ainda não ficou claro para mim.

— Vamos lá, Pedro. Vamos para o exemplo da bicicleta de novo. Se o seu objetivo é comprar uma bicicleta, como é que você pode ver se está mais perto de realizar esse seu desejo? Será que se você ficar somente fazendo orações pedindo a bicicleta ao universo, vai conseguir ver se a bicicleta está chegando às suas mãos, ou não? Será que isso é um bom indicador de como você está quanto a esse objetivo? É claro que não dá para saber, porque esse não é um indicador mensurável.

— Então, o que é um indicador mensurável, nesse caso?

— É simples: suponha que a bicicleta custe R$ 1.200 e você queira comprá-la em um ano. Logo, decide guardar R$ 100 por mês, durante o ano todo. Agora, sim, você tem um indicador mensurável. Cada vez que guardar os R$ 100 do mês, você vai saber que está mais perto de adquirir a bicicleta. No mês em que você não fizer essa poupança, também ficará claro que está se afastando do seu objetivo. Esse é um indicador mensurável e com ele você tem como controlar o seu progresso.

É muito importante compreender isso: o indicador mensurável é aquele que permite que você olhe para o avanço do seu objetivo a cada passo, de modo a poder ajustar qualquer eventual desvio e voltar a se manter no caminho certo para realizá-lo.

Na área empresarial, por exemplo, para aumentar o faturamento um indicador que é possível usar é o aumento de clientes. Esse pode ser o nosso ponto de controle. Quando digo que quero aumentar de 50 para 100 clientes, mantendo o valor médio de compras por cliente, estou na verdade dizendo como vou aumentar o faturamento da minha empresa. Por exemplo, se quero aumentar 50 clientes em um ano, é simples calcular que preciso conquistar um pouco mais de 4 clientes novos a cada mês. E esse se torna o indicador principal para eu saber se vou atingir a minha meta de aumento de faturamento, ou não, porque esse é realmente um indicador mensurável mês a mês.

Por outro lado, se um indicador de medição não for mensurável, pode ser difícil determinar se uma meta está sendo alcançada ou não, o que pode levar a tomadas de decisões inadequadas e a uma dificuldade em avaliar seu desempenho geral, na busca de seus objetivos.

O INDICADOR DEVE SER CONSISTENTE

— Isso está ficando interessante... E quanto ao indicador ser consistente? O que significa?

— Bem, Pedro, quando se diz que um indicador de medição tem que ser consistente na Metodologia UP, isso significa que ele deve ser confiável e preciso na medida em que fornece informações coerentes e verídicas ao longo do tempo. Isso é importante para que as decisões possam ser tomadas com base em informações confiáveis e precisas.

No momento em que faz o Passo 3 da Metodologia UP, você define o seu objetivo e escolhe vencer essa empreitada de realizar esse objetivo. Mas isso não basta. Para isso, você precisa estabelecer os seus indicadores de medição, como pontos de controle do seu progresso. No entanto, é preciso que esses indicadores sejam consistentes, ou eles não vão ajudar você a atingir seu objetivo, e podem até mesmo atrapalhar a sua caminhada.

— Como assim?

— Um indicador não pode ser algo em que nem mesmo você acredite. Por exemplo, se você quer comprar uma casa que custa 100 mil reais e afirma que vai ter essa casa em 3 meses. Mas você não tem dinheiro algum guardado e nem mesmo tem uma renda suficiente para fazer um financiamento desse valor. Isso não é um indicador consistente. Portanto, ele não lhe serve como referencial e pode até mesmo criar uma ilusão de que você "está buscando comprar uma casa", quando na verdade não está fazendo coisa alguma para que isso aconteça.

— Entendi. E o que seria um indicador consistente, neste caso?

— Imagine que você já tenha um salário de 5 mil reais e que consegue guardar mil reais todo o mês. Sem levar em conta a inflação, ou mesmo como você vai aplicar esse dinheiro para multiplicá-lo, apenas a título de exercício, uma conta simples nos diria que você conseguiria comprar essa casa em 100 meses.

"Qual seria então o seu indicador? É simples: guardando mil reais todos os meses, em 100 meses você consegue comprar sua casa. Esse sim é um indicador consistente, que ajuda você a reconhecer que a cada mês que fizer a sua poupança programada estará mais perto da compra de sua casa. Essa é uma meta consistente, que faz com que você se anime e até mesmo se esforce para guardar um pouco mais do que os mil reais mensais programados. O que acelera a sua ida até o seu objetivo."

"No caso empresarial, o nosso exemplo de dobrar o faturamento aumentando de 50 para 100 o número de clientes, ao longo de 1 ano, é algo consistente e factível. O nosso indicador é consistente e nos diz que devemos conquistar um pouco mais de 4 clientes novos por mês, para chegar ao nosso objetivo final. E isso é um dado que podemos acompanhar e verificar mês a mês."

— Me fale um pouco mais sobre o que seria um indicador inconsistente.

— Pois bem. Se você dissesse que vai dobrar o faturamento da sua empresa em 30 ou 60 dias, sem que tenha uma carta na manga, quer dizer, sem ter um grande negócio prestes a ser fechado, esse provavelmente seria um indicador totalmente inconsistente.

"Se você tem uma meta pessoal de eliminar 20 quilos de seu peso corporal, é relativamente simples de ver que isso é possível. Mas se você colocar que vai eliminar 20 quilos em uma semana, há uma grande chance de que esse seja um indicador bastante improvável e inconsistente. Porém, quando você se propõe a eliminar 20 quilos em 6 meses, a situação muda de figura. Afinal, emagrecer pouco mais de 3 quilos por mês é uma meta consistente e factível. Logo, esse indicador se torna realmente consistente. Um indicador consistente é baseado em metas consistentes. Você precisa olhar para seus indicadores e dizer: sim, isso é possível. Eu vou conseguir realizar."

— Agora ficou claro para mim. Então, como dizem os americanos: "Next"...

O INDICADOR DEVE TER TEMPORALIDADE

— Sim, Pedro, vamos para o próximo item sobre características dos indicadores de medição. Um bom indicador tem que ser temporal. Mas o que isso quer dizer?

"Quando se diz que um indicador de medição deve ter temporalidade na Metodologia UP, isso significa que ele deve ser capaz de capturar e medir o nosso desempenho em um determinado período de tempo. A temporalidade é importante porque permite avaliar se você está alcançando seus objetivos em um determinado momento e identificar novas tendências ao longo do tempo."

"Logo, um indicador ter incluído em si o fator temporalidade significa que há necessidade de se definirem prazos para que as coisas aconteçam. Caso contrário, qualquer coisa conquistada, em qualquer tempo que for, estará bom, estará bem quando vier, ou quando acontecer; e assim as coisas não se definem. Se você diz que vai aumentar o seu faturamento, tudo bem. Mas até quando? Vai comprar um imóvel. Mas quando? Vai se casar. Sim, mas quando? Quer comprar uma bicicleta? Quando você vai fazer isso?"

— Acho que ter o sonho já é alguma coisa... E quando der a gente realiza esse sonho!

— É aí que está o grande engano, Pedro. Se você disser "quando der", é bem possível que não vai dar e você não vai ter o que quer. Não adianta você colocar objetivos, por mais bem-definidos que sejam, se aceitar que "quando eles acontecerem, tudo bem". É você quem tem de definir quando quer que isso aconteça.

UM INDICADOR CONSISTENTE É BASEADO EM METAS CONSISTENTES.

A TEMPORALIDADE É IMPORTANTE PORQUE PERMITE AVALIAR SE VOCÊ ESTÁ ALCANÇANDO SEUS OBJETIVOS EM UM DETERMINADO MOMENTO E IDENTIFICAR NOVAS TENDÊNCIAS AO LONGO DO TEMPO.

INCLUA A TEMPORALIDADE EM TUDO O QUE VOCÊ DESEJA REALIZAR.

Então, é preciso tornar essa conversa mais produtiva. Inclua a temporalidade em tudo o que você deseja realizar. Experimente, a partir de agora, dizer as coisas da seguinte forma: quero ter uma casa daqui a 5 anos; quero comprar um carro daqui a 6 meses; vou me casar daqui a 1 ano. Acrescente o fator tempo em seus objetivos e assim você estará assumindo um compromisso consigo mesmo de realizar os seus sonhos.

— Next...

O INDICADOR DEVE SER UM REFERENCIAL

— Você está bem apressadinho hoje, não é mesmo, Pedro? – ele deu uma risada. – Está com pressa para ir a algum lugar?

— Não, não é isso... Só estou ansioso para aprender tudo sobre esses indicadores...

— Está bem... Então, vamos em frente. Um indicador de medição precisa ser um referencial na sua vida. O referencial é um tipo de indicador que permite que você compare seu desempenho atual com seu desempenho passado, ou com outras empresas do mesmo setor, ou com padrões estabelecidos de mercado, ou ainda com exemplos existentes de outras pessoas que já trilharam o caminho que você quer percorrer para chegar aos seus objetivos. Esses referenciais permitem que você faça essa comparação, avalie o seu desempenho relativo e identifique áreas de melhoria para alcançar seus objetivos. É fundamental que exista algo em sua vida que sirva de referencial para apoiar a sua jornada rumo aos seus objetivos.

Por exemplo, se você consegue guardar 30% daquilo que recebe, esse é um referencial muito bom para você usar em seus planejamentos financeiros e em suas aquisições de bens que desejar. Esse é um ótimo indicador para acompanhar seu progresso na realização de seus objetivos.

Se você é um empreendedor, ou um executivo na vida empresarial, pode ser que o desempenho de um concorrente seja um ótimo referencial para você usar. Por exemplo, se o seu melhor concorrente aumenta seu faturamento em 35% por ano, pode fazer sentido usar esse dado como referencial para programar o aumento do faturamento da sua empresa.

É FUNDAMENTAL QUE EXISTA ALGO EM SUA VIDA QUE SIRVA DE REFERENCIAL PARA APOIAR A SUA JORNADA RUMO AOS SEUS OBJETIVOS.

No caso de querer comprar uma casa, um ótimo referencial que pode ser usado como base para suas decisões seria consultar um amigo que tenha um estilo de vida próximo ao seu e que já tenha conseguido comprar uma casa. Conversando com esse amigo, você pode entender como ele conseguiu comprar sua casa em 4 anos e usar as boas ideias que ele usou para balizar o seu plano para comprar o seu próprio imóvel.

É importante olhar para fora de si e de sua própria vida para encontrar referenciais positivos que possam servir de indicadores para a sua própria caminhada rumo aos seus objetivos.

— Um bom referencial ajuda a gente a descobrir como passar pelo "caminho das pedras", certo?

— Sim, penso que podemos entender dessa maneira. Bons referenciais são úteis para que não precisemos andar às cegas quando nos depararmos com certas dificuldades pelo caminho.

É IMPORTANTE OLHAR PARA FORA DE SI E DE SUA PRÓPRIA VIDA PARA ENCONTRAR REFERENCIAIS POSITIVOS QUE POSSAM SERVIR DE INDICADORES PARA A SUA PRÓPRIA CAMINHADA RUMO AOS SEUS OBJETIVOS.

O INDICADOR DEVE TER RELEVÂNCIA

— E quanto à relevância? Por que isso é importante para um indicador de medição?

— Me diga uma coisa, Pedro: como você é um grande fã do futebol, mas não tem muito interesse por corrida de carros, imagine que em um mesmo dia e em mesmo horário as TVs vão transmitir a final do campeonato de futebol e a final do campeonato de Fórmula 1. Qual das duas transmissões você assistiria?

— O campeonato de futebol, é lógico!

— Perfeito. Isso significa que o futebol tem mais relevância para você do que a Fórmula 1. O que justifica que você coloque toda a sua atenção e o seu foco no campeonato de futebol. Em outras palavras, você prioriza aquilo que é relevante para você.

— Isso é verdade.

— Pois bem, um objetivo ter relevância significa que ele é importante para você, ou para a sua empresa. É preciso ter claro o quanto o objetivo que foi traçado de fato faz sentido na sua vida pessoal, ou nos resultados de uma empresa, para que você dê a ele toda a atenção necessária para realizá-lo.

"Esse é um ponto delicado, porque você pode até definir que um objetivo é muito importante para você, mas ao definir suas metas não deixar claro a sua importância. Por exemplo, se você quer aumentar o faturamento da sua empresa, mas coloca um prazo de 10 anos para isso acontecer, será que isso é realmente relevante para você e sua empresa? Se o seu objetivo é comprar uma casa e você coloca um prazo de 20 anos para isso se realizar, você pode realmente dizer que esse objetivo tem um indicador relevante?"

— É... Realmente, se o objetivo não for relevante, a gente não corre atrás!

— E é nesse ponto que as pessoas erram. Muitas vezes colocam seus objetivos muito distantes no tempo e isso frustra muitos planos e projetos

É PRECISO TER CLARO O QUANTO O OBJETIVO QUE FOI TRAÇADO DE FATO FAZ SENTIDO NA SUA VIDA PESSOAL, OU NOS RESULTADOS DE UMA EMPRESA, PARA QUE VOCÊ DÊ A ELE TODA A ATENÇÃO NECESSÁRIA PARA REALIZÁ-LO.

SE VOCÊ TEM ALGO REALMENTE A REALIZAR, ENTÃO COLOQUE EM SEUS INDICADORES UMA IMPORTÂNCIA TÃO ALTA QUE JUSTIFIQUE PLENAMENTE AQUELE OBJETIVO.

delas, que acabam não acontecendo. É preciso dar relevância alta para os seus objetivos. Esse é um indicador que vai dar maior motivação para você buscar realizar seus sonhos. Se você tem algo realmente a realizar, então coloque em seus indicadores uma importância tão alta que justifique plenamente aquele objetivo. Em resumo, se algo é importante para você, coloque relevância no seu objetivo.

— Perfeito. Agora ficou claro. Mas e quanto ao próximo indicador? O que a emoção tem a ver com realizar objetivos?

O INDICADOR TEM QUE EMOCIONAR

— A emoção é um dos motores da motivação, Pedro. É dela que vem a energia necessária para nos mantermos firmes na nossa luta até a vitória. É de conhecimento comum a frase que diz que a felicidade está na jornada, não está no destino. Uma variação conhecida dessa frase é a citação normalmente atribuída ao poeta americano Ralph Waldo Emerson: "A vida é uma jornada, não um destino". Enfim, o que isso significa é que devemos ser felizes enquanto trabalhamos por nossos objetivos e não apenas quando os alcançamos. É a emoção da felicidade e a alegria da conquista de cada etapa que nos faz persistentes e motivados.

"Portanto, a cada vez que você conseguir atingir alguma conquista ligada à sua meta, por menor que seja, é importante que se emocione com essa vitória e a comemore. Emocione-se a cada passo conquistado, emocione-se a cada mês que você guardou aquele dinheiro que está juntando para realizar um sonho, emocione-se a cada vez que os seus indicadores mostrarem que você está no caminho certo para atingir seu objetivo. Não deixe para comemorar algo somente quando você chegar ao seu destino. Caso contrário, você pode até ficar feliz quando atingir o seu objetivo, mas terá deixado de viver muitos momentos de felicidade pelo meio do caminho. E então você pode vir a descobrir que a sua vida passou e você não conseguiu vivê-la plenamente."

A EMOÇÃO É UM DOS MOTORES DA MOTIVAÇÃO, PEDRO. É DELA QUE VEM A ENERGIA NECESSÁRIA PARA NOS MANTERMOS FIRMES NA NOSSA LUTA ATÉ A VITÓRIA.

É A EMOÇÃO DA FELICIDADE E A ALEGRIA DA CONQUISTA DE CADA ETAPA QUE NOS FAZ PERSISTENTES E MOTIVADOS.

É preciso ser feliz a cada dia, curtindo a sua jornada, se emocionando a cada ponto conquistado. Se você está construindo uma casa, se emocione a cada tijolo que agrega à obra. Se você está fazendo uma poupança para comprar um carro, se emocione a cada real que economiza no mês. Se você quer dobrar o faturamento da sua empresa, se emocione a cada novo cliente que conquistar.

— Nunca pensei que comemorar fosse algo tão importante.

— Comemorar suas vitórias, em especial com as pessoas que participam delas, é uma forma de você agradecer a quem colabora com você e, principalmente, agradecer ao universo pela conquista conseguida. E a gratidão é uma das energias mais potentes para gerar bons resultados para si mesmo e para todos à sua volta. Isso é fundamental, porque a energia de se emocionar e comemorar cada pequena vitória vai fazer com que você se motive ainda mais, para seguir em busca do seu objetivo maior. E vai lhe trazer muito mais prazer e satisfação enquanto trilha essa jornada.

"É importante envolver e motivar as pessoas em torno da sua visão e dos seus objetivos, a fim de garantir que todos estejam trabalhando juntos em direção a um objetivo comum. Nesse processo, não importa o tamanho das suas vitórias a cada passo, mas sim o quanto você é grato por tê-las conseguido."

— Uau! Nunca imaginei que a busca por realizar um objetivo envolvesse tantos detalhes. Você pode dar um exemplo de algo que você mesmo viveu, uma situação em que aplicou todos esses conceitos de que estamos conversando?

A ENERGIA DE SE EMOCIONAR E COMEMORAR CADA PEQUENA VITÓRIA VAI FAZER COM QUE VOCÊ SE MOTIVE AINDA MAIS, PARA SEGUIR EM BUSCA DO SEU OBJETIVO MAIOR.

ESTRUTURAR OS INDICADORES DE MEDIÇÃO É ESCOLHER VENCER

— Posso, sim, dar inúmeros exemplos de minha vida profissional e pessoal. No entanto, escolho falar de um caso bem interessante, que vai deixar muito claro para você a importância de estabelecer indicadores para acompanhar o seu progresso na busca de um objetivo. Houve um projeto bastante significativo de que participei na época em que trabalhava em uma empresa que prestava serviços de tecnologia. Aquele projeto visava obtermos a certificação da ISO para nossos serviços. Esse era o nosso objetivo principal.

Para quem não tem conhecimento a esse respeito, ISO é a sigla para *International Organization for Standardization*, ou Organização Internacional de Normalização, em português. A ISO é uma organização não governamental com sede em Genebra, na Suíça, que desenvolve e publica normas técnicas para diversos setores e áreas, desde sistemas de gestão até especificações de produtos e serviços.

A certificação ISO é um processo pelo qual uma organização pode demonstrar que está em conformidade com as normas ISO aplicáveis. Isso significa que a organização implantou e mantém um sistema de gestão de qualidade, meio ambiente, saúde e segurança, ou qualquer outro sistema que tenha sido objeto de certificação, em conformidade com as normas da ISO.

A certificação ISO é um importante indicador de qualidade e conformidade com as melhores práticas internacionais. A obtenção da certificação pode trazer diversos benefícios para a organização, como a melhoria da eficiência operacional, a redução de custos, o aumento da satisfação do cliente, o acesso a novos mercados e a melhoria da reputação e imagem da organização.

Dentro de uma empresa, seguir regras e procedimentos ISO garante que o que será entregue para o cliente e para o meio ambiente tenha qualidade e responsabilidade social agregada ao produto ou serviço.

A certificação ISO é um comprovante de que essa qualidade e responsabilidade estão sendo cumpridas e respeitadas pela empresa. Obter essa certificação é sempre um objetivo bem desafiador, porque o rigor da análise e avaliação feita pelos órgãos competentes é muito grande.

Começamos a trabalhar fortemente nesse objetivo: conseguir a certificação ISO para a nossa empresa e os serviços que prestávamos. Esse era realmente um desafio muito grande naquele caso, pois as exigências do setor eram extremamente rigorosas. Para obter a certificação, a empresa candidata precisa contratar um auditor externo em uma empresa certificadora, que irá fazer toda a análise e avaliação necessárias dentro dos processos da empresa candidata e, por fim, dar o seu veredito.

Levamos quase 2 anos para preparar toda a documentação necessária para o processo de certificação. O nosso objetivo estava muito claro e bem-definido, como você vai poder acompanhar ao analisarmos ponto a ponto todos os indicadores que acabamos de estudar.

Objetivo Específico

Nosso objetivo era obter a certificação ISO, sem nenhuma "não conformidade". Explico: "não conformidade" significa que existe algum problema no processo em que você busca a certificação – podemos até dizer que ter uma não conformidade significa que "existe um erro, uma falha, ou algo que não está muito bem" naquele processo. Portanto, quando o auditor analisa o processo que você desenhou e percebe que ali não há nada de errado, então ele diz que não existem "não conformidades" no processo.

Objetivo Mensurável

Nós queríamos uma certificação sem nenhuma "não conformidade". Ou seja, o nosso referencial para fazer essa aferição era o número de "não conformidades". Ou ainda, o número de "não conformidades" igual a zero.

Objetivo Consistente

Era um objetivo consistente, porque sabíamos, depois de analisar várias empresas que tinham conseguido sua certificação ISO, que com 3 ou 4 "não conformidades", desde que não fossem graves, os auditores recomendavam alterações, porém concediam a certificação. E nós estávamos buscando ir muito além disso, visando "não conformidades" igual a zero. Estávamos com um objetivo muito a favor da segurança.

Nosso objetivo era bastante consistente, porque havíamos nos preparado por dois anos para obter não conformidades igual a zero. E acreditávamos que aquilo era realmente possível. A nossa certificação era realmente um objetivo factível.

Objetivo Temporal

Sabíamos que o auditor ficaria na empresa, analisando os processos, durante 3 dias. Então o levamos para ver uma operação em tempo real, no centro administrativo de um grande banco, nosso cliente, e deixamos que ele nos acompanhasse exercendo nossos serviços de tecnologia e fizesse parte de sua auditoria ali naquele local. Essa análise foi feita ali durante um dia inteiro.

Nos outros 2 dias, a auditoria foi feita dentro de nossa empresa, na nossa parte administrativa. Em resumo, organizamos os 3 dias de auditoria de modo a dar ao auditor uma visão mais completa possível do nosso trabalho.

Objetivo com Referencial

Nós tínhamos alguns concorrentes que tinham passado recentemente por auditorias e conseguido a certificação. Percebemos então que mesmo com até 3 ou 4 não conformidades não graves a certificação ainda era emitida, com algumas recomendações específicas do auditor para que fossem corrigidas. Isso nos dava ânimo de pensar que realmente podíamos ser certificados, pois estávamos ousando buscar a "não conformidades" igual a zero.

Objetivo com Relevância

Era muito importante para a nossa empresa conseguir a certificação sem ter não conformidades. Nossos concorrentes tinham conseguido ser certificados, mas com algumas não conformidades. Para nós, obter a certificação ISO sem nenhuma não conformidade seria o máximo de sucesso, porque não tinha ninguém ainda no mercado que tinha conseguido esse resultado.

Isso era muito relevante, porque faria inclusive com que aumentássemos a nossa competitividade no mercado. O que iria atrair muitos outros bons clientes.

O Objetivo Emocionou

Ao final do terceiro dia da auditoria, o auditor finalmente nos disse que tínhamos conseguido a certificação. Tivemos, sim, algumas poucas não conformidades leves, mas nada que comprometesse o nosso objetivo de sermos certificados. Em termos de comparação, havíamos ficado muito melhor colocados nessa qualificação do que nossos melhores concorrentes. E isso foi uma vitória inestimável.

Foi uma festa total, as pessoas se abraçaram, se emocionaram. Todos sabíamos que aquilo seria um divisor de águas para a empresa, porque iríamos mudar de patamar de negócios e projetar nosso nome e nosso trabalho entre os grandes clientes do mercado.

— Que incrível! Agora, sim, com a visão desse exemplo ficou muito claro para mim o que você disse sobre a importância do Passo 4.

— Realmente, Pedro. O Passo 4 é muito importante mesmo. E para completar o estudo deste passo da Metodologia UP, resta aqui fazer mais uma recomendação: é muito importante revisar e ajustar seus indicadores periodicamente. À medida que você, ou sua empresa, muda e cresce, é provável que os objetivos também mudem, e novos indicadores precisem ser identificados para medir o progresso em relação a esses novos objetivos. A revisão e o ajuste contínuo dos indicadores ajudarão a garantir que você continue no caminho certo para alcançar seus objetivos a longo prazo.

TUDO ESTÁ CONECTADO

— E vale aqui lembrar novamente que, como já vimos nos passos anteriores, tudo na Metodologia UP está interconectado. Logo, o que você desenvolver no Passo 4 de seus planejamentos irá alimentar o seu sistema de dados e informações, de modo que com seu histórico de casos você estará cada vez mais preparado para atuar em cada novo objetivo que traçar e desejar alcançar. Assim como os resultados do Passo 4 alimentam o sistema de sua base de dados, enriquecendo-o, da mesma maneira a sua base de dados lhe fornecerá elementos para desenvolver ainda melhor o Passo 4 de todo novo projeto que você empreender, seja como pessoa física ou como pessoa jurídica.

— E cada vez ficaremos melhores e com mais recursos para realizar nossos sonhos e objetivos, certo?

— Com toda a certeza, Pedro.

Para o Passo 5, que vem a seguir, vamos falar sobre a importância de descrever suas tarefas, quando você busca realizar seu objetivo. Vamos aprender a conectar o seu objetivo com o "como chegar lá". Definir a tática, a forma de realizar as etapas, entendendo que só podemos chegar ao destino quando organizamos iniciativas poderosas.

Vamos visualizar o objetivo projetado no tempo, construir as tarefas e as ações para garantir que caminharemos no sentido de que o desejo esperado seja alcançado. A questão que teremos sempre em pauta será: minhas ações garantem que eu me mantenha no caminho correto?

— Maravilha! Isso parece ser bem interessante.

A REVISÃO E O AJUSTE CONTÍNUO DOS INDICADORES AJUDARÃO A GARANTIR QUE VOCÊ CONTINUE NO CAMINHO CERTO PARA ALCANÇAR SEUS OBJETIVOS A LONGO PRAZO.

— E vai ser, Pedro. Pode ter certeza disso: vai ser muito interessante. E então, quer comentar alguma coisa mais quanto a este Passo 4 que acabamos de estudar juntos?

— Apenas quero dizer que tive aqui uma ideia: vou procurar na internet e comprar um Guia 4 Rodas. Vou levar o guia junto comigo na próxima viagem que eu fizer com minha galera. Vai ser divertido comparar os dados que ele fornece com os que nossos aplicativos de viagem para celular apresentam hoje…

— Essa é uma boa ideia! Faça isso, e divirtam-se!

PASSO 5: DESCREVA DETALHADAMENTE SUAS TAREFAS

11

Quando Pedro entrou na minha sala naquele dia, encontrou escrita no quadro, em letras enormes, a pergunta "COMO?". O quadro estava virado para a porta, propositadamente, para que essa fosse realmente a primeira coisa que ele visse ao chegar.

— *Como* o quê? – Pedro perguntou de imediato, ainda parado na porta.

— Como você chegou até aqui hoje? – respondi com outra pergunta.

— Ora, como sempre: de ônibus.

— Então quer dizer que qualquer ônibus que você pegasse o traria até aqui?

— É óbvio que não! Tem que ser o ônibus certo.

— Então você quer dizer que somente as ações certas nos levam para onde realmente queremos ir?

— Sim, sem dúvida!

— Que bom que você compreende isso. Porque é exatamente sobre esse tema que vamos conversar hoje.

— Sobre eu ter pegado o ônibus certo?

— Não! Engraçadinho!... Vamos falar sobre a importância de adotarmos as ações corretas, aquelas que realmente nos levam para onde queremos ir, que nos permitem realizar o que realmente desejamos.

Pedro entrou na sala, me deu um aperto de mão caloroso, sorriu e se sentou à minha frente, do outro lado da mesa. E começamos a falar sobre o assunto do dia: a importância de definir clara e detalhadamente as nossas ações e as nossas tarefas.

— Como você já deve saber, hoje vamos conversar sobre o *Passo 5 da Metodologia UP: Descreva detalhadamente suas tarefas*. Esse é um dos passos cruciais para que o nosso planejamento continue realmente nos levando na direção de nossos objetivos.

— Beleza!... Então vamos lá!

Sorri com a animação de Pedro e comecei a falar:

— É importante compreender que descrever detalhadamente suas tarefas é uma forma de conectar o seu objetivo definido com o "como" alcançá-lo. É definir a tática, a forma de realizar e empreender as ações necessárias, entendendo que só podemos chegar ao destino traçado quando organizamos iniciativas poderosas e bem-direcionadas.

— A pergunta é: e como fazemos isso?

— É exatamente isso que você vai saber no Passo 5. Antes de qualquer coisa, temos que ter em mente, com muita clareza, qual é o nosso objetivo. Depois, visualizando esse objetivo projetado no tempo, devemos construir um plano de tarefas e definir as ações correspondentes, de modo a garantir que caminharemos no sentido de que o nosso objetivo esperado seja alcançado. Para definir essas tarefas e ter certeza de que elas são as realmente necessárias, precisamos analisar cada uma delas, perguntando sempre: esta tarefa ajuda a garantir que eu me mantenha no caminho correto, rumo ao meu objetivo?

É importante entender que sem o Passo 5 tudo o que foi planejado e estudado antes pode se perder e o objetivo não ser atingido. Porque este é o passo da execução do plano. É nele que se testa a nossa capacidade de empreender, de realizar. Nenhum sonho se realiza sem a execução das tarefas e ações que são necessárias para fazê-lo acontecer.

— Como assim?

— É simples, Pedro. A pessoa sonha, acorda, cria um objetivo e trabalha por ele; e o seu sonho se realiza. Porém, se não executar as ações que levem à concretização daquilo que sonhou, ela volta para o mundo dos sonhos e permanece por lá, apenas gastando energia, sem obter resultado algum. É como diz aquela frase popular, sem autoria definida: "Sonho sem ação é fantasia". O que realça esse nosso conceito sobre a importância de agir para transformar um sonho em realidade.

— Entendo... Só sonhar não é suficiente para alcançar nossos objetivos.

— Exatamente. Portanto, no Passo 5 falamos de algo poderoso para que nossos objetivos sejam atingidos: a execução; melhor ainda, falamos de "como vamos executar" o que é necessário para chegarmos aos objetivos que traçamos. Isso parece óbvio, mas não é tão evidente quanto parece. Pela minha experiência com empresas e também com pessoas físicas no dia a dia, pude constatar que mais de 90% das pessoas, das empresas e dos empreendedores se perdem no Passo 5 e assim não alcançam seus objetivos.

— Não entendo... A pessoa cria um objetivo, mas depois não trabalha para realizar?

NENHUM SONHO SE REALIZA SEM A EXECUÇÃO DAS TAREFAS E AÇÕES QUE SÃO NECESSÁRIAS PARA FAZÊ-LO ACONTECER.

— Infelizmente é assim na maioria dos casos. A pessoa, ou a empresa, traça um objetivo, analisa suas forças, oportunidades, fraquezas e ameaças, constrói os detalhes desse objetivo, define seus indicadores de medição, faz os 4 passos iniciais da Metodologia UP direitinho, mas é no Passo 5 que ela muitas vezes falha; e assim fica pelo caminho.

— Desperdício... de tempo e energia...

— Com certeza, Pedro. E mais ainda: uma frustração imensa por não ter realizado algo que lhe é importante. Esse é o preço que essas pessoas pagam, quando deixam de fazer o Passo 5 do nosso método. É importante entender que quando a gente escolhe vencer é preciso partir para o jogo, se quiser ter uma história de sucesso. Costumo dizer que no Passo 5 é que o jogo acontece, que as ações se realizam, que as histórias são construídas. Você só terá história para contar no futuro, para seus entes queridos e para os seus filhos e netos, quando você a construir, quando executar o Passo 5 com responsabilidade. Enquanto tudo ficar apenas no planejamento, nenhuma história será construída.

— Então o Passo 5 é um divisor de águas entre vencedores e perdedores?

— Eu não seria tão duro com as pessoas, Pedro. Na verdade, não acredito que existem vencedores e perdedores. Acredito que existem aquelas pessoas que fazem o que é necessário para vencer e as outras que não fazem. Qualquer pessoa que fizer o que é necessário para realizar o seu sonho vai sair vencedor. Mas você tem razão neste ponto: o Passo 5 é um divisor de águas entre as pessoas que vão realizar o seu sonho e aquelas que não vão. Não porque elas sejam vencedoras ou perdedoras, mas simplesmente porque algumas executarão as ações corretas e necessárias e outras não o farão.

É IMPORTANTE ENTENDER QUE QUANDO A GENTE ESCOLHE VENCER É PRECISO PARTIR PARA O JOGO, SE QUISER TER UMA HISTÓRIA DE SUCESSO.

É por isso que considero o Passo 5 um dos mais importantes da Metodologia UP. Ele é o passo da ação, que vai definir os seus resultados. Como eu disse, a construção da sua história acontece no Passo 5.

— Ainda não consegui visualizar o que ganho fazendo o Passo 5... Dá para explicar um pouco mais?

— Sem dúvida. É nessa etapa do seu planejamento que você define "como" vai chegar ao objetivo traçado. É nesse passo que você visualiza claramente o seu objetivo acontecendo no tempo e define o que fazer a cada momento que avança na sua jornada. É quando você define quais tarefas vai construir para garantir que siga caminhando no sentido de realizar o seu objetivo. Fazer o Passo 5 é a garantia de que você vai estar realmente andando para o lugar onde quer chegar e não apenas ficar imaginando como seria bom realizar o seu sonho.

— Que tal um exemplo?

— Com certeza... Suponha que uma empresa tenha o objetivo de dobrar seu faturamento. É preciso definir como ela vai fazer isso acontecer. Quais são as ações necessárias para isso? Podem ser ações como: arrumar a área comercial, investir no marketing, contratar mais vendedores, entrar em um novo mercado, lançar um novo produto. Definidas essas ações, é preciso colocar mãos à obra e fazê-las acontecer.

Se você quiser comprar um carro novo, mas percebe que para isso precisa ganhar pelo menos uns 20% a mais do que ganha hoje. O que é possível fazer? Como você vai ganhar mais? Você pode fazer um bico em algum outro lugar, ou então trabalhar até mais tarde no seu emprego, fazer horas extras, e assim complementar sua renda. Você define quais são as ações que vai tomar e segue realizando-as até que atinja o seu objetivo.

Quando o seu sonho é comprar uma casa, o que é necessário para isso? Como você vai fazer para gerar as condições necessárias para fazer essa compra? Então você percebe que precisa se formar profissionalmente, terminar a faculdade para conseguir uma promoção e aumentar o seu salário. Assim vai poder poupar para dar a entrada e viabilizar um financiamento bancário. E você passa a se dedicar a isso como parte do seu plano para comprar a casa que deseja.

— Compreendo... Uma vez que você tem um objetivo, precisa definir como vai chegar até ele, quais são as ações que precisa executar para realizar o que pretende.

— Isso mesmo, Pedro. A pergunta a ser feita a cada objetivo que você tem é "quais são as tarefas que preciso fazer para chegar lá?". Infelizmente, muita gente faz as coisas de forma invertida...

— Como assim?

— Acontece que o que nós aprendemos normalmente na vida nos leva a fazer uma quantidade enorme de tarefas soltas e somente depois tentar definir um objetivo, para aproveitar essas tarefas que fizemos. Desse modo, é muito comum muitas das tarefas realizadas serem perdidas, porque não se encaixam no objetivo que é definido depois.

— É verdade... Já aconteceu comigo. Uma grande perda de tempo e de trabalho.

— Exatamente. O grande diferencial da Metodologia UP está exatamente nessa conscientização dos passos exatos que precisam ser realizados para você atingir um objetivo já muito bem-definido, para realizar um sonho que já está claro na sua mente. Por isso digo que essa é uma metodologia usada pelas pessoas que realmente escolhem vencer. Porque elas fazem seu plano de ação apontando para um objetivo muito claro e bem-definido. Logo, não desperdiçam energia nem trabalho fazendo o que não é necessário.

— Uma jogada bem inteligente!

— Além do mais, a Metodologia UP ajuda a pessoa a definir objetivos consistentes, relevantes e mensuráveis. Desse modo, construir as tarefas que levam àqueles objetivos gera um diferencial positivo e motivador na direção certa. A pessoa passa a construir tarefas para aqueles objetivos que já definiu e assumiu, e um modo muito mais eficaz e gratificante.

Isso é muito interessante e produtivo, porque a definição prévia que você faz de seu objetivo e das tarefas que precisa fazer para chegar a ele lhe dá uma visão muito segura da sua jornada. O que torna possível avaliar o seu progresso a cada passo e até mesmo ajustar o seu plano para realizar coisas antecipadamente, ou acrescentar novas conquistas à sua busca, ou mesmo melhorar o seu desempenho na sua caminhada rumo ao seu objetivo.

— Como assim?

— Por exemplo, se você decidiu comprar a sua casa em 10 anos, vai construir as suas tarefas e ações programando-as ao longo desses 10 anos. Mas, de repente, no meio da jornada você percebe que é possível comprar essa casa em 5 anos. Então você ajusta o grupo de tarefas do seu plano para poder realizar seu sonho em 5 anos. A Metodologia UP lhe dá essa visão e lhe permite avaliar a cada avanço como está o seu desempenho e se novas oportunidades estão surgindo e facilitando a sua caminhada ao seu objetivo.

Esse é um grande ganho da nossa metodologia. Em vez de traçar e executar uma porção de tarefas e depois tentar descobrir para o que elas podem servir, neste Passo 5, tendo um objetivo já muito claro em nossa mente, vamos construir as tarefas realmente necessárias para chegarmos a esse objetivo. Sem desperdícios, sem distrações, sem perder o foco. O que nos ajuda ainda a aumentar o nosso desempenho e melhorar os nossos resultados.

— Você tem um exemplo prático, para eu poder entender melhor como isso funciona?

— Tenho sim, Pedro. Aliás, tenho vários exemplos. Mas vou citar o trabalho que fazemos em um Workshop que costumo conduzir. Nele temos uma dinâmica bastante interessante, que exemplifica a importância de termos as nossas ações planejadas e ajustadas, de acordo com o nosso objetivo. Em um dado momento, nesse Workshop, colocamos um grupo de pessoas em um círculo, damos a elas uma bolinha de tênis e pedimos para que a passem de uma pessoa para outra, até que chegue novamente às mãos da primeira pessoa. Quando o círculo se completa, computamos o tempo.

“Na primeira rodada da bolinha, em geral o tempo total que as pessoas levam é em torno de 20 segundos. Então estimulamos o grupo a fazer melhor e tentar completar a tarefa em 15 segundos. E eles fazem. E assim vamos desafiando as pessoas, para que façam a tarefa em tempos cada vez menores."

— Legal... Parece divertido!

— O interessante é que a cada novo desafio que fazemos para baixarem o tempo, as pessoas conversam, avaliam suas ações, planejam e descobrem como passar a bolinha de modo mais eficiente, sem erros, com maior rapidez. Descobrem "o como fazer" para que sejam mais rápidas. E assim vão se aprimorando no como fazer o que é necessário para atingir o objetivo. Perceba: estamos falando de "como fazer" para atingir o objetivo de reduzir o tempo total da tarefa. É o Passo 5 em ação.

— Entendi... Eles têm o objetivo e estão empenhados em descobrir como atingi-lo.

— Exatamente. E o grande desafio é quando pedimos a elas que completem a tarefa em 3 segundos, ou menos. Novas conversas, novos planejamentos com o objetivo bem claro em foco, ajustes no "como" fazer passagens mais rápidas da bolinha entre uma pessoa e outra, e o grupo consegue cumprir o que foi proposto: o tempo total se torna menor do que 3 segundos.

— Uau!... No começo eram 20 segundos!

— Pois veja a diferença. Então, digo para o grupo o seguinte: começamos a dinâmica fazendo a passagem da bolinha em 20 segundos. E chegamos a um tempo muito melhorado, de apenas 3 segundos. Pergunto para vocês: se eu dissesse logo no início que o objetivo seria fazer o exercício em 3 segundos, o que vocês diriam?

Em geral, o grupo responde que pensaria que eu estava brincando, ou delirando, porque era impossível fazer isso. No entanto, eles se reuniam a cada etapa, estudavam, estratégias, melhoravam o "como fazer"... e assim chegaram aos 3 segundos.

— Incrível...

— Pois bem, o que mudou para que eles conseguissem melhorar tanto seus resultados? Mudou a forma como eles faziam as coisas, como passavam a bolinha de uma pessoa para outra. O objetivo era o mesmo, mas mudou o plano, mudou a ação. Esse é o Passo 5 fazendo a diferença: encontrar a melhor forma de atingir seu objetivo. Determinar "qual o melhor caminho" para chegar ao objetivo e quais são as ações mais eficazes para isso.

— É aquilo que você disse logo no começo da nossa conversa: essa é a essência do Passo 5, quer dizer, construir o plano e as ações olhando para o objetivo final. Assim, todo o esforço será direcionado em tarefas produtivas e que levam na direção correta.

— Isso mesmo, Pedro. Você compreendeu bem a ideia. Quando você tem um objetivo mensurável por bons indicadores de medição e faz um excelente Passo 5, fica bastante simples perceber quando é possível atingir seu objetivo até mesmo antes do tempo planejado. Assim, se o seu plano for bom, ao executar o Passo 5, você poderá perceber que em vez de 2 anos, por exemplo, você consegue atingir seu objetivo em apenas 1 ano. E então faz os ajustes necessários no seu planejamento para antecipar a sua conquista do objetivo. E, com o tempo, você vai ganhando confiança e prática e passando a construir planos cada vez melhores.

— É aquela ideia de que você sempre fala da realimentação do seu "banco de experiências": quanto mais você faz o Passo 5, mais resultados obtém e mais experiência e confiança adquire para fazer melhor ainda o Passo 5 nas próximas vezes?

— Excelente, Pedro! É isso mesmo. Quando você escolhe vencer, o Passo 5 evidencia a sua capacidade de empreender o sucesso. Ele representa o tático, o operacional, a forma de fazer, coloca em destaque aquelas atividades que vão alimentá-lo todos os dias, enquanto você caminha para o seu objetivo. É neste passo que você constrói um rol de ações e de tarefas poderosas que vão levá-lo para o lugar que você deseja atingir. E quanto mais sucesso você obtém, mais preparado fica para conquistar o sucesso em novas atividades.

Além disso, você também pode usar referenciais de outras pessoas que já conseguiram sucesso nesse caminho que você está trilhando. Pode observar e analisar pessoas que conhece e empresas que deram certo, que têm sucesso e que produziram um bom grupo de ações e tarefas que as levaram para seus objetivos. E pode usar tudo isso como base de inspiração para que você construa o seu próprio conjunto de ações na busca do seu objetivo.

Você pode estudar modelos disponíveis, que foram construídos a partir de pesquisas e do trabalho de outras pessoas, para usar como referências para o seu próprio trabalho. Dessa forma, pode descobrir ações interessantes para usar no seu Passo 5 e ainda adequar e aprimorar essas ideias para usar no seu plano de busca dos seus objetivos.

— Vai mais devagar agora... Acho que não peguei bem essa ideia!

— Por exemplo, Pedro, se você quiser eliminar 20 quilos de peso corporal, pode encontrar um modelo de plano de ação que diga para fazer academia 3 vezes por semana, comer 5 vezes ao dia, evitar tomar refrigerante nos finais de semanas, e assim por diante. Você pode usar isso como um modelo para iniciar sua lista de ações para também conseguir emagrecer, que é o seu objetivo. Só que também pode adequar esse plano para a sua realidade. Por exemplo, pode detalhar melhor como serão essas suas 5 refeições, ou substituir uma das idas à academia por uma caminhada no parque, e assim por diante. Ou seja, você define um conjunto de tarefas que seja mais adequado à sua realidade, usando como base um plano de outra pessoa que já conseguiu o sucesso que você busca.

— É, realmente... Assim fica mais fácil e seguro construir um plano de ações que funcione mesmo. Agora, vamos para aquela minha perguntinha básica de todas as nossas conversas: que tal dar um exemplo da sua própria experiência pessoal ou profissional?

— Mas é claro. Com prazer! Vou dar um exemplo prático, que vivi durante o início de minha carreira profissional, para ficar ainda mais clara a forma de aplicação do Passo 5 no seu planejamento. O foco todo desse acontecimento está exatamente no grande diferencial que é a construção adequada e bem-direcionada de tarefas.

Pedro se ajeitou na cadeira, de modo a ficar mais à vontade, e se colocou ainda mais atento, esperando pela minha história.

— Naquela época, eu tinha me formado na Escola Técnica Federal de São Paulo, na unidade de Cubatão, como técnico em eletrônica. Estava procurando um emprego ali mesmo na Baixada Santista, pois precisava trabalhar.

Conversando com um amigo, vimos um anúncio de jornal que dizia "Conserte placas de computador e ganhe até 1000 dólares". Era um salário impressionante. Era muito dinheiro, principalmente para quem estava começando a carreira profissional. Só que a empresa ficava em São Paulo.

Eu morava em São Vicente e nunca tinha ido para São Paulo. Falei com meu amigo e ele disse que seu irmão poderia ajudar-me a me localizar naquela cidade. E ele realmente me orientou sobre como chegar àquele endereço da empresa. No dia seguinte, peguei um ônibus na Rodoviária de Santos e fui para São Paulo.

Quando cheguei na empresa, havia uma fila enorme de candidatos ao emprego. A fila dava volta no quarteirão. Eu saí e fui fazer uma outra entrevista, em outro local, e depois voltei para aquela empresa e aguardei na fila. Quando chegou a minha vez, me entrevistaram e perguntaram se eu entendia de placas de computadores. Como eu disse que tinha experiência em equipamentos eletrônicos, eles me contrataram.

O serviço era o seguinte: um computador tem várias placas eletrônicas e a empresa pagava um certo valor diferente para cada tipo de placa que fosse consertada. A placa principal, chamada de CPU, era a que pagava mais: cinquenta dólares por placa arrumada. O que significava que eu precisaria consertar 20 dessas placas por mês, para receber os 1000 dólares.

Mas era exatamente nesse ponto que estava o problema. A empresa falava em pagar até 1000 dólares no mês, só que quando comecei a trabalhar percebi que ninguém ali na empresa sequer havia chegado perto de ganhar 400 dólares arrumando aquelas placas. Era um serviço difícil e demorado.

Eu explico: no laboratório da empresa havia várias bancadas, cada uma com um técnico e com um aparelho chamado osciloscópio, que era usado para testar as placas. Ele servia para medir os sinais elétricos dos componentes eletrônicos e assim era possível determinar quais deles estavam com defeito. Mas esse era um processo muito demorado. Ficar procurando aqueles sinais nos componentes era difícil, e o pessoal muitas vezes ficava dias e dias sem poder encontrar o defeito de uma placa. De imediato, percebi que se eu seguisse esses mesmos procedimentos também não iria conseguir ganhar os 1000 dólares no mês.

— Eitaaa... Foi tudo por água abaixo!

— Quase, Pedro... quase. Mas o que era um problema, na verdade se transformou em uma grande oportunidade para mim. Comecei a pensar em "como fazer" para encontrar os defeitos de modo mais rápido, porque meu objetivo era receber os 1000 dólares por mês.

Analisando o trabalho e procurando descobrir *as ações possíveis que me levariam ao meu objetivo*, percebi que os componentes eletrônicos podiam ser retirados das placas, desfazendo-se da solda que os prendia.

Então, o que eu fiz? Peguei uma daquelas placas de CPU e retirei todos os componentes. No lugar deles, coloquei uma peça que se chama soquete – é uma espécie de "tomada", um lugar de encaixe, onde você pode colocar e tirar os componentes eletrônicos para testá-los, sem ter que soldá-los.

A partir daí, cada vez que pegava uma placa para consertar, eu tirava dela o componente que desconfiava que estava com defeito e colocava nessa minha placa boa e cheia de soquetes. Assim, conseguia saber se aquele componente estava funcionando bem, ou não. E assim eu fazia com cada componente que desconfiava que estava com problema, até finalmente consertar a placa. Isso me fez ganhar muito tempo no conserto das placas.

— Olha os 1000 dólares chegando... Pedro riu e brincou, mostrando que compreendeu a minha ideia.

— Verdade! Eu já estava mais próximo do meu objetivo. Só que havia outro detalhe em que reparei, que acelerou ainda mais o meu trabalho.

— O que era?

— Naquela época, os componentes eletrônicos que não eram muito bons; costumavam esquentar além do normal. E isso me dava uma pista sobre em quais componentes deveria focar minha atenção. Quando pegava a placa que estava com problemas, eu colocava o dedo em cima de cada componente, e assim tinha uma pista de por quais componentes começar a minha avaliação da placa.

Dessa forma, rapidamente consegui arrumar muitas placas. Para você ter uma ideia, no primeiro mês de trabalho arrumei mais de 200 placas. O que me daria um salário de praticamente 10 mil dólares.

— Uhuuuu!...

Demos uma risada.

— Foi quando os responsáveis pela empresa me chamaram e me perguntaram como eu havia conseguido fazer aquilo. Expliquei para eles o meu método de trabalho e me promoveram a coordenador do laboratório, para que ensinasse aos outros como consertar as placas.

Agora, deixe-me amarrar essa história ao assunto que estamos conversando hoje. Eu tinha um objetivo muito claro e bem-definido: eu queria receber os 1000 dólares em um mês. Esse número era um indicador bem específico e muito claro. Mas havia certos complicadores no processo que os técnicos estavam usando, que não estavam deixando esse resultado acontecer. Então, *como* eu deveria fazer para atingir meu objetivo? Quais eram as ações necessárias?

Analisei a situação, tendo meu objetivo em mente, e comecei a construir uma série de procedimentos e tarefas para me dar condições de chegar aonde eu queria. E assim, descobri o "como fazer" e realizei meu objetivo. Aliás, fui muito além de meu objetivo inicial: atingi um faturamento 10 vezes maior do que eu tinha almejado e ainda fui promovido a coordenador de laboratório.

Isso foi, para mim, um divisor de águas na minha carreira profissional. Foi quando percebi de fato que o "como fazer", ter o conjunto de tarefas bem-definido, influencia diretamente na conquista do objetivo que temos. Essa foi uma das maiores lições que aprendi naquela época.

O "COMO FAZER", TER O CONJUNTO DE TAREFAS BEM-DEFINIDO, INFLUENCIA DIRETAMENTE NA CONQUISTA DO OBJETIVO QUE TEMOS.

TUDO ESTÁ CONECTADO

— E cá estamos nós novamente, lembrando que tudo na Metodologia UP está interconectado. Portanto, o que você criar, desenvolver e aplicar no Passo 5 de seus planejamentos irá alimentar o seu histórico de casos e reforçar a sua experiência, contribuindo como base para que você seja cada vez mais efetivo e assertivo nos seus próximos planejamentos, nos próximos objetivos que você decidir buscar realizar.

Você alimenta e enriquece sua base de dados sobre planejamentos enquanto trabalha em um novo projeto, ao mesmo tempo em que se alimenta das informações ali contidas para desenvolver seu projeto com maior assertividade e eficiência.

Na nossa próxima conversa, vamos falar sobre o Passo 6, que trata da avaliação dos nossos resultados obtidos periodicamente. Sim, porque precisamos dessa informação para saber se continuamos no caminho certo da nossa jornada, ou se eventualmente pegamos algum desvio, que precise ser corrigido na nossa rota.

— Maravilha! Isso é muito importante. Lembro que um amigo que é piloto de linha comercial me disse que um pequeno desvio na rota de um avião pode ser a diferença que faça ele chegar a Salvador, em vez de Manaus, como era o plano inicial.

— É isso mesmo, Pedro. Por isso é fundamental que a gente confira periodicamente se estamos na rota certa, aquela que leva ao nosso objetivo.

— Bom, já que por hoje já terminamos, agora é hora de pegar o ônibus de volta para casa.

— Qualquer ônibus, Pedro?

— Nãooo!... Meu objetivo é chegar em minha casa, no Jardim da Glória. Então, a ação correta é pegar o ônibus da linha 732, no sentido Vila Paraíso.

Rimos muito e nos despedimos.

PASSO 6:
AVALIE OS RESULTADOS

12

— Bom dia, Pedro! Pronto para nossa conversa de hoje?

— Sem dúvida… Sempre pronto.

— Ótimo! Isso é muito bom. Mas, antes de começarmos, fiquei curioso: ouvi dizer que você é fã de corridas de Rally. Isso é verdade?

— Verdade verdadeira! – Pedro riu com a própria brincadeira. – Desde criança acompanho os Rallys. – Ele completou.

— Que maravilha! E você sabe, então, para que servem os postos de controle nesse tipo de corrida?

— Claro que sim… Os postos de controle servem basicamente para monitorar o desempenho dos competidores e garantir que eles estejam dentro do percurso traçado pelos organizadores. Além disso, servem também como postos de segurança, para que os monitores da corrida possam garantir a ajuda que os competidores estejam precisando. Esses pontos normalmente são marcados em um mapa fornecido às equipes antes da corrida. Existe uma faixa de tempo bem-definida para que os competidores passem em cada ponto de controle, ou receberão penalidades.

— Está certíssimo, Pedro. Mas os postos de controle também servem para outra coisa: servem para que o piloto e o navegador confiram se os resultados que conseguiram até cada ponto de controle os estão levando no caminho da vitória, ou não.

Eles estudam os concorrentes e também o histórico daquele Rally, fazem um plano, traçam suas estratégias, e definem quanto tempo precisam levar até chegar em cada ponto de controle, para conquistar a vitória... Por exemplo, se eles fizeram um plano de que deveriam estar no posto de controle 1 dentro de no máximo 1 hora, esse é um excelente ponto de medição para o desempenho da equipe. Se o resultado deles mostrar que gastaram 50 minutos até ali, significa que estão em vantagem em relação ao que planejaram. Mas se o tempo deles for de 70 minutos, isso vai dizer a eles que precisam fazer uma corrida de recuperação de tempo perdido, dali para o próximo ponto de controle.

— Tá certo. É isso mesmo. Todo controle é bem-vindo e necessário em uma corrida tão cheia de obstáculos e de surpresas.

— Esse é exatamente o tema da nossa conversa de hoje, Pedro: avalie sempre os seus resultados. Para nos certificarmos de que continuamos no caminho certo na nossa jornada rumo à conquista de nossos objetivos, precisamos avaliar os nossos resultados com certa frequência – que pode ser diária, semanal ou mensal, conforme o caso. Somente assim teremos uma visão clara sobre se estamos no caminho certo, ou se eventualmente desviamos da nossa rota de sucesso, ou mesmo se não estamos aplicando a quantidade necessária de energia para chegar aonde queremos.

É preciso conhecer com que qualidade e segurança estamos caminhando na direção do que queremos conquistar, com que velocidade estamos caminhando, detectar em que pontos paramos e em quais avançamos mais rapidamente e avaliar o quanto temos sido resilientes diante dos desafios que a vida pessoal ou dos negócios nos apresenta.

— E só dá para fazer isso com os "pontos de controle"...

— Com certeza, Pedro. E quais são os nossos pontos de controle, quando falamos em Metodologia UP?

— São os nossos indicadores de medição, que definimos no Passo 4.

— Perfeito! Os indicadores de medição são os referenciais que nos permitem avaliar se estamos tendo sucesso na busca por nosso objetivo, ou não. O Passo 6 prevê avaliações periódicas do nosso progresso, para que possamos ajustar nossas ações de modo a garantir que estejamos fazendo o que tem que ser feito no nosso dia a dia, para realizar com su-

PARA NOS CERTIFICARMOS DE QUE CONTINUAMOS NO CAMINHO CERTO NA NOSSA JORNADA RUMO À CONQUISTA DE NOSSOS OBJETIVOS, PRECISAMOS AVALIAR OS NOSSOS RESULTADOS COM CERTA FREQUÊNCIA.

cesso os nossos planos. Desse modo, a cada período de tempo podemos nos certificar de que estamos caminhando para o nosso objetivo. Como já definimos, no Passo 4, os indicadores de marcação necessários para ajudar a conferir nosso progresso, temos parâmetros confiáveis para fazer essa análise periódica com eficácia.

— Entendo. É bem interessante como cada passo que avançamos serve de base para os próximos passos.

— Essa é a finalidade de termos uma metodologia. Nada fica largado ao acaso. Na Metodologia UP, cada passo é pensado e construído para dar base para os próximos e nos levar à conquista do nosso objetivo.

De um modo resumido, o que já temos até aqui? Definimos um objetivo claro no Passo 3, elegemos indicadores de medição no Passo 4, definimos as tarefas e ações necessárias no Passo 5, e agora o Passo 6 vai nos exigir que façamos medições e avaliações do nosso progresso na busca de nosso objetivo, levando em conta todos esses passos anteriores.

— Agora é hora de conferir os resultados.

— Isso mesmo. Isso é algo de suma importância. Costumo dizer que, em todos os campos da nossa vida, se nós não avaliarmos como estamos, não temos como garantir que estejamos no caminho certo e nem realizando os nossos sonhos. Como diz um velho ditado no ramo empresarial, "quem não mede, não gerencia".

Se você quer caminhar para um objetivo e já tem os indicadores definidos, tem as placas de sinalização, então até sabe que o caminho é mesmo aquele. Mas você precisa avaliar o seu progresso etapa por etapa, para saber se a cada momento está no lugar certo. Você pode até ter bons indicadores, mas se não faz a medição, se não faz a avaliação, de nada adianta. Se você não avaliar o que tem feito, pode estar seguindo para qualquer direção, menos na direção do teu objetivo. Não avaliar os seus resultados é o mesmo que escolher não vencer.

— Quer dizer que mesmo com todos os cuidados que tomamos nos passos anteriores, ainda podemos falhar?

— Sim, sem dúvida. De nada vale um plano muito bem-feito, mas que não é colocado em execução. Pior ainda é quando o colocamos em execução, mas na direção errada. Por isso é preciso seguir com responsabilidade tudo o que estamos estudando na Metodologia UP e certificar-se de que estamos tendo os resultados que buscamos. Lembre-se que vencer é uma escolha, que você deve fazer valer a cada momento de sua jornada rumo aos seus objetivos. E para fazer essa escolha você tem que ter claros quais são os resultados que está obtendo.

A partir do momento em que faço uma avaliação, para certificar-me de que estou caminhando para o meu objetivo, estou reafirmando que escolhi vencer. Estou, a cada dia, caminhando um pouco mais na direção certa, para aquele objetivo que defini.

— Creio que entendi a ideia. Mas ainda me falta uma visão prática do que você está dizendo.

— Sem problemas, Pedro; então vamos ver uma aplicação prática disso tudo. Vou dar-lhe um exemplo de como o Passo 6 funciona e como você pode usá-lo a seu favor, com base em uma situação bastante comum entre as pessoas: imagine que você queira eliminar 12 quilos de seu peso corporal, no período de 1 ano.

SE VOCÊ NÃO AVALIAR O QUE TEM FEITO, PODE ESTAR SEGUINDO PARA QUALQUER DIREÇÃO, MENOS NA DIREÇÃO DO TEU OBJETIVO. NÃO AVALIAR OS SEUS RESULTADOS É O MESMO QUE ESCOLHER NÃO VENCER.

Então, se em janeiro deste ano você está com 92 quilos, em janeiro do próximo ano você deseja estar com 80 quilos. Isso significa o mesmo que dizer que vai ter de emagrecer 1 quilo por mês, durante todo o ano. Esse é o seu principal indicador, para servir de base para conferir o seu progresso.

Tudo bem, já temos os indicadores definidos e, de acordo com o Passo 5 que já estudamos, precisamos também traçar um plano dizendo o "como" faremos isso acontecer, ou seja, quais são as nossas ações e tarefas a serem executadas. Podemos usar como base para o nosso exemplo aqui as mesmas tarefas que já mencionamos anteriormente, ou seja, aquela ideia de ir 3 vezes por semana à academia, comer 5 vezes por dia e tirar os refrigerantes nos finais de semana.

Vamos supor então que no primeiro mês de janeiro você foi as 3 vezes por semana à academia, comeu 5 vezes por dia, apesar de todo o desafio que isso possa representar na sua rotina, que talvez tenha uma agenda muito apertada, e também não tomou refrigerantes nos finais de semana, apesar de gostar muito dessa bebida.

Então você obedeceu rigorosamente ao seu plano que diz "como" deve agir para atingir o seu objetivo. Você fez tudo direitinho no mês de janeiro, e quando chegou no dia primeiro de fevereiro subiu na balança e verificou que estava com 91 quilos. Ou seja, começou no dia primeiro de janeiro com 92 quilos, e no dia primeiro de fevereiro, estava com 91. O que significa que o seu plano está se mostrando eficaz e permitiu que você eliminasse exatamente 1 quilo de peso corporal, conforme era o desejado.

— Então isso significa que estamos no caminho certo?

— Tudo indica que sim, Pedro. Perceba que neste primeiro momento, uma vez que você se pesou e fez a avaliação de modo a verificar que tinha perdido aquele peso, então comprovou, primeiramente, que seu Passo 5 é eficaz. Então essa é a primeira coisa importante que a gente precisa falar do Passo 6: ele nos dá a condição de avaliar se o nosso Passo 5 está realmente nos levando para aquilo que colocamos como objetivo, para aquilo que estabelecemos quando escolhemos vencer.

Continuando com nosso exemplo: depois dessa primeira etapa, você entrou no mês de fevereiro, mas não conseguiu manter o mesmo empenho que teve em janeiro. Não deu para ir à academia 3 vezes por semana – em duas das semanas você foi apenas 2 vezes. Também teve alguns dias que não conseguiu fazer 5 refeições diárias. E ainda não se manteve afastado dos refrigerantes em todos os finais de semana; em um deles, acabou cedendo à tentação e tomou algum refrigerante.

Em resumo, no mês de fevereiro, como consequência de não ter seguido corretamente o "como fazer" que havia sido definido no Passo 5, ou seja, não ter feito as ações como havia planejado, no dia primeiro de março você se pesou novamente e viu que estava com 90,5 quilos. Você eliminou apenas 500 gramas no mês de fevereiro, em vez de atingir a sua meta de eliminar 1 quilo.

— E furou todo o regime!

— Não necessariamente, Pedro. Uma falha na execução do planejamento não quer dizer que colocamos todo o plano a perder. E aqui entra uma outra grande vantagem do Passo 6: a partir de sua aplicação, temos condições de fazer ajustes no nosso plano de ação, para que possamos continuar seguindo para a conquista do objetivo.

Pense comigo: como o seu objetivo é dentro de um ano estar com 80 quilos, mas já no segundo mês você perdeu menos do que 1 quilo, o que acontece? Para que você atinja a sua meta anual, vai ter de perder 500 gramas a mais no restante do processo, para tirar esse "atraso" que registrou em fevereiro. Isso significa que você vai ter de repensar o seu plano, vai precisar fazer ajustes nele.

— Com certeza... Mas como se faz isso?

— O primeiro passo é entender que no seu Passo 5 você determinou as ações e tarefas necessárias que devem ser feitas, para que perca 1 quilo a cada mês. Mas você agora está com a necessidade de eliminar mais aqueles 500 gramas que tem de saldo não conquistado no mês de fevereiro. O que significa que vai ter de perder 1,5 quilos no mês de março. E isso quer dizer, neste caso, que o seu plano do Passo 5 não vai resolver sozinho essa questão, pois ele está preparado para reduzir apenas 1 quilo de peso por mês.

Logo, você vai ter de fazer ajustes no "como fazer" do mês de março, para poder voltar a cumprir com o objetivo que programou. Vai precisar mudar o "como fazer" para o mês de março.

— E quais seriam as mudanças possíveis, nesse caso?

— Por exemplo, você poderia aumentar a frequência de academia, talvez para 4 vezes por semana. Também poderia continuar comendo 5 vezes por dia, mas em quantidades menores e com maior critério de seleção dos alimentos. E ainda deverá continuar eliminando o refrigerante, mas não só nos finais de semana, como também durante a semana toda.

Vamos supor que você faça isso tudo em março e a sua medição no dia primeiro de abril registre um peso de 89 quilos. Ou seja, você atingiu a sua meta para aquele mês e voltou a estar de acordo com o seu plano inicial de emagrecimento. Então já pode voltar ao plano original para os próximos meses.

O importante é perceber que fazer o Passo 6 permite mostrar exatamente que quando avalia a sua jornada, quando mede seus resultados o tempo inteiro, você tem condições de garantir que se existirem desvios, ainda assim será possível se reconectar com seu objetivo e continuar escolhendo vencer.

— Você disse ainda há pouco que com o Passo 6 podemos verificar que o nosso Passo 5 é eficaz. Mas e se quando fizermos a avaliação chegarmos à conclusão de que o Passo 5 não está funcionando como planejamos?

— Excelente pergunta, Pedro. Uma das maiores vantagens do Passo 6 é que ele lhe dá a condição de perceber também quando seu plano não é eficaz. É possível perceber quando existe algo que está desviando daquilo que você tem como objetivo. E assim você tem a chance de corrigir o seu Passo 5, de modo a direcioná-lo para seus objetivos.

"Por exemplo, imagine que no primeiro mês do seu plano você fez academia 3 vezes por semana, comeu 5 vezes por dia e eliminou o refrigerante da sua alimentação de finais de semana. Porém, mesmo assim quando chegou no dia primeiro de fevereiro, você se pesou e viu que perdeu apenas 800 gramas e não aquele 1 quilo que estava previsto. Então, isso significa que o plano que você fez não está adequado para o seu objetivo. Neste caso, o Passo 6 está mostrando que mesmo que você execute tudo o que planejou, pode ser que o seu plano não tenha a melhor eficiência e você precise melhorá-lo."

O que estamos percebendo aqui é que o Passo 6, em resumo, permite ajustar o nosso planejamento, de modo que ele se adeque totalmente ao nosso objetivo. Em outras palavras, quero reforçar aqui que fazer o Passo 6 com compromisso, dedicação e responsabilidade também é escolher vencer.

— É claro que não vou deixar você encerrar a nossa conversa sem me contar uma das suas histórias pessoais, que servem de exemplo para as ideias do Passo 6... O que você tem para mim?

— Certo, Pedro. Então vou contar para você um episódio que considero um dos mais importantes da minha trajetória profissional. Foi nesse acontecimento que aprendi que quando você faz leituras pessoais, aleatórias, infundadas, sem ter realmente marcadores que lhe deem uma perspectiva mais realista e, portanto, não faz as medições devidas e corretas, você pode se surpreender com o que acontece com os seus resultados.

Em certa época, uma seguradora de um grande banco precisou transferir a sua operação do Rio de Janeiro para São Paulo, onde nós tínhamos uma empresa de serviços e reuníamos todas as condições técnicas de atender às necessidades dessa operadora. Como eu era o responsável de operações da nossa empresa, fui para uma reunião com os responsáveis do banco, no Rio de Janeiro. Comigo também foi o nosso presidente, Nadyr Buda, uma pessoa que amo muito e por quem tenho muita admiração – costumo dizer que ele é como um segundo pai para mim. Ele sempre foi o meu mentor, uma pessoa incrível.

O Nadyr tem características profissionais incríveis, tem múltiplas capacidades e habilidades, mas tem uma em que ele se supera e da qual tem muito orgulho: ele é um vendedor por excelência. Inclusive sempre manteve o hábito de, quando preenchia a ficha de registro em hotéis, independentemente do cargo que ocupasse na empresa, ele declarava que sua profissão era de vendedor.

Fomos ao Rio de Janeiro para ouvir do que a seguradora precisava e fazer uma proposta de prestação de serviços para eles. Era um negócio de muitos milhares de dólares por mês, um contrato que a gente chamava de recorrente, isto é, não era um projeto que tinha começo, meio e fim, mas sim um projeto para muitos anos de trabalho no atendimento ao cliente. Portanto, era uma grande oportunidade para a nossa empresa. Dentro da nossa análise da Metodologia UP, podemos dizer que nosso objetivo era ter aquela grande seguradora como nossa cliente e, em especial, conquistar um contrato como aquele, que era uma oportunidade incrível e extremamente vantajosa para o nosso negócio.

Naquela época, muito tempo atrás, existia um equipamento chamado Pager[6], por onde eu recebia mensagens, em geral consideradas importantes ou urgentes. Eu sempre carregava comigo 2 Pagers, porque era diretor de operações e tinha na minha equipe centenas de pessoas e toda a área de operação da empresa era da minha responsabilidade. Além disso, tinha também um telefone celular, um aparelho enorme e pesado, que quando a gente usava parecia que estava com um tijolo encostado na orelha.

Naquele dia, chegamos ao prédio do banco e subimos para o andar indicado. Começamos a reunião, e os meus Pagers tocavam a todo momento, e eu precisava sair da sala para poder usar o celular e conversar com meu pessoal, resolvendo as situações que surgiam e dependiam de mim. Desse modo, praticamente não estive atento à reunião, não estive realmente presente. E o Nadyr praticamente ficou só, conversando, lidando e negociando com os nossos possíveis clientes na reunião. Porém, havia muitos assuntos dos quais ele não entendia em profundidade, porque eram temas muitos técnicos e específicos.

Finalmente, terminamos a reunião, descemos pelo elevador e saímos do prédio. Eu, todo orgulhoso, de peito estufado como se fosse um pombo macho tomando conta do pombal, achando que estava abafando. Disse ao presidente da nossa empresa: "você viu, Nadyr? Viu o que aconteceu? Meus Pagers tocavam a toda hora, e eu resolvi uma porção de problemas enquanto estávamos na reunião." Sinceramente, eu achava que iria tirar nota 11 naquela minha avaliação de desempenho diante do presidente da minha empresa. Me sentia muito importante. Mas, naquele momento, Nadyr me deu alguns dos principais ensinamentos que eu tive na vida. Ele começou dizendo o seguinte:

— Olha, você não serve para a minha empresa.

Assustado, retruquei:

— Como assim, eu não sirvo para a sua empresa?

E ele me explicou, com toda calma, assertividade e energia necessárias para aquele momento:

— Eu estava em uma reunião, diante de uma oportunidade imensa. Mas não sou um especialista técnico, e tudo o que eles estavam perguntando eram coisas operacionais que dependiam de você, mas você não estava nessa reunião. Eu fechei o negócio com o cliente e saí com o contrato assinado, mas isso aconteceu porque minha habilidade comercial superou a minha deficiência técnica. Mas esse não é o maior problema – ele continuou. – O maior problema é que a minha empresa não está funcionando. Porque se ela estivesse funcionando, esses seus Pagers e esse seu celular não estariam tocando tanto.

"Sabe quando você vai servir para mim? No dia em que eu ligar para você numa quarta-feira, na parte da tarde, e perguntar: 'Julio, onde você está?'. E então você me responder: estou na piscina da minha casa, bebendo um suco e tomando um pouco de sol. Aí sim você vai me servir. Sabe por quê? Porque vou ter certeza de que na minha empresa as coisas estarão funcionando e que todos nela têm feito uma entrega de excelência para os meus clientes e que a maioria deles estarão sendo bem-atendidos."

Ele completou dizendo:

— Hoje eu não tenho segurança de nada disso. Apenas tenho a opinião de uma pessoa que acha, por uma percepção puramente pessoal, que está fazendo bem para minha empresa. Por isso é que pergunto a você: "quantos clientes estão sendo atendidos? Qual é a medição que você tem sobre isso? Qual é a pesquisa de satisfação de que você dispõe? Qual é o número de chamados que são atendidos dentro do prazo? Quais são os indicadores com que você mede o desempenho da nossa empresa? O que você tem para me mostrar neste momento sobre como a minha empresa está funcionando?"

Olhei para ele e a minha resposta foi:

— Eu não sei. Realmente não tenho noção de como estão esses pontos que você levantou. A única coisa que sei neste momento é que vou trabalhar para que, a partir de agora, eu sempre tenha em mãos essas informações, de modo a poder decidir com mais assertividade sobre os negócios da empresa, delegar responsabilidades para funcionários que vou treinar e em quem poderei confiar para resolver situações do dia a dia e tornar sua empresa ainda melhor.

Realmente, eu estava perplexo. Não com as observações do Nadyr, que estava completamente cheio de razão, mas com o fato de que eu havia me descuidado do que é fundamental em qualquer empresa de sucesso. Errei feio e ainda achava que eu era "o cara", por estar recebendo um monte de telefonemas e mensagens e resolvendo uma imensidão de problemas. Mas não tinha noção de quão grande era o número de problemas que estavam acontecendo. Naquele momento, percebi que eu precisava medir sempre os resultados da empresa, que precisava acompanhar mais de perto os nossos indicadores.

Entramos no avião e voltamos para São Paulo. Não falamos muito mais sobre isso durante a viagem e nem mesmo depois daquele dia. Eu sabia que o meu futuro estava ligado àquilo que Nadyr me disse e tomei a decisão de vencer, a partir daquele momento. Comecei a trabalhar no sentido de corrigir tudo o que estava fazendo de modo inadequado.

Quando cheguei em casa, minha esposa olhou para mim e me perguntou o que havia acontecido. Estava claro em minha expressão que algo tinha dado errado. Contei para ela brevemente e disse:

— Hoje tive um dos maiores aprendizados da minha vida. Agora entendo que tenho que medir tudo o que tem a ver com os resultados da empresa. E também preciso aprender a delegar, a não querer centralizar tudo o que é importante.

Então comecei a trabalhar nesse sentido, colocando objetivos claros, traçando planos de ação, treinando pessoas para que se tornassem mais competentes, oferecendo conhecimento para que tivessem condições de resolver os problemas do dia a dia. Passei a estabelecer indicadores de medição e a avaliá-los com regularidade, para que os conteúdos que eu entregasse para a empresa fossem sempre os melhores, e os serviços que eu prestasse para os clientes conectados à empresa fossem excelentes. Jamais voltei a me descuidar novamente dos nossos resultados.

— Então, é isso, Pedro. Quando você não mede, quando não tem a percepção clara do que está fazendo, não tem como chegar ao sucesso. Então, escolha vencer, escolha fazer como o Nadyr me ensinou naquele momento que foi fundamental em minha trajetória tanto pessoal quanto profissional.

QUANDO VOCÊ NÃO MEDE, QUANDO NÃO TEM A PERCEPÇÃO CLARA DO QUE ESTÁ FAZENDO, NÃO TEM COMO CHEGAR AO SUCESSO.

TUDO ESTÁ CONECTADO

— Como sempre, Pedro, também no Passo 6 existe uma conexão forte e produtiva com os demais passos e com o sistema de planejamento como um todo. Quanto mais avançamos no estudo dos nossos planejamentos, mais temos a certeza de que tudo está conectado, que tudo na Metodologia UP está ligado e contribuindo para o objetivo final.

Como você pôde ver também neste capítulo, cada passo do método serve de base para os próximos e se apoia nos anteriores. É essa interdependência entre as diferentes fases que dá a consistência e a robustez à nossa metodologia de planejamento.

Lembrando também, como já dissemos sobre os diversos passos já estudados, que aquilo que você cria, desenvolve e aplica no Passo 6 alimenta o seu histórico de casos e reforça a sua experiência, formando uma base cada vez mais sólida para a construção de seus próximos planejamentos e objetivos.

À medida em que avança em seus planejamentos e enquanto trabalha em um novo projeto, você alimenta e enriquece sua base de dados sobre como planejar com excelência e eficácia, ao mesmo tempo em que se alimenta das informações já contidas e acumuladas nessa mesma base para desenvolver seu novo projeto com maior assertividade e eficiência, para obter os melhores resultados.

— Nossa próxima etapa é o Passo 7: Melhore o Seu Plano… Certo?

— Certíssimo, Pedro. Como você pôde perceber de modo especial ao estudarmos o Passo 6 é que ele nos permite ajustar o nosso planejamento, de modo a que se adeque totalmente ao nosso objetivo. E aqui nós já entramos no assunto do nosso próximo encontro. O Passo 7 é exatamente sobre melhorar o nosso plano. E a única maneira de você conseguir executá-lo é antes avaliar a sua jornada e os seus resultados. E então ajustar tudo o que for necessário no seu planejamento, de modo que o seu caminho o leve para a vitória naquele objetivo que decidiu realizar.

— Bem, falando em objetivos, eu tenho um grande objetivo para este final de semana…

— Sério, Pedro? E qual é esse objetivo?

— Assistir mais uma etapa do Rali de Monte Carlo…

— Um grande objetivo, Pedro. Aproveite para anotar os resultados das equipes e me contar na próxima semana.

— Sem dúvidas vou!

PASSO 7: MELHORE O SEU PLANO

13

Pedro chegou ao nosso encontro, naquele dia, com um grande atraso. Eu já estava ficando preocupado, quando, de repente, ele entrou pela porta apressado e com um aspecto bem cansado. Perguntei:

— O que aconteceu, Pedro? Está tudo bem?

Tomando fôlego, Pedro respondeu:

— A viagem até aqui hoje foi um verdadeiro caos. Eu tinha planejado vir de Metrô e chegar aqui meia hora antes do nosso encontro. A cada estação que a gente passava, eu conferia no relógio e verificava que estávamos bem adiantados. Mas houve um problema na linha em que eu viajava e o trem parou. Ficamos parados por um tempo enorme. Tentei mudar para a outra linha do metrô, mas descobri que também estava parada. Perguntei para um funcionário da empresa e ele me informou que havia uma pane na rede elétrica e que todas as linhas estavam paradas. Pior ainda, ele disse que não havia previsão para o sistema voltar a funcionar.

— Nossa, Pedro, então o problema foi bastante grande.

— Foi sim... Depois quero ver no noticiário, para saber mais sobre o que aconteceu!

— E o que foi que você fez para chegar até aqui?

— Bom, já que o metrô não estava funcionando, saí da estação e peguei um ônibus até aqui. Porque se eu ficasse esperando os trens voltarem a funcionar, talvez eu nem estivesse aqui agora.

— Muito bom, Pedro. Excelente iniciativa. Em outras palavras, você tinha o objetivo de chegar até aqui para estudarmos juntos. Planejou vir de metrô e chegar com antecedência ao nosso encontro. Mas surgiu um problema inesperado e você teve de mudar o seu plano. E em seu novo plano você optou por vir de ônibus e assim atingiu seu objetivo: ou seja, chegar aqui para a nossa conversa de hoje.

— Foi isso mesmo. Foi exatamente assim que aconteceu!

— Que bom, Pedro. Fico contente porque você já atingiu seu objetivo de estar aqui e também porque essa situação pela qual você passou é um excelente exemplo do nosso Passo 7 da Metodologia UP, que vamos estudar hoje.

— Como é que é? Não entendi...

— Calma, Pedro. Assim que começarmos a conversar, você vai entender do que estou falando.

— Beleza... Vamos lá... Mas antes me deixe tomar um copo de água e recuperar o meu fôlego. Vim correndo até aqui...

Pedro, tomou sua água, descansou um pouco e começamos a conversar sobre o Passo 7. Iniciei explicando:

— Uma das coisas que são muito importantes entender é que nunca existiu e jamais existirá um plano que garanta que você atinja 100% do seu objetivo, sem ter de fazer ajustes, independentemente do que foi considerado e o que foi pensado ou escrito no início do planejamento.

— É... Acabei de perceber isso, na minha viagem de casa até aqui.

— Exatamente, Pedro. Você acabou de viver na prática o que acabei de afirmar. E é exatamente por isso que existe o Passo 7 da nossa metodologia. A cada jornada em busca do nosso objetivo, precisamos nos habituar a avaliar se estamos dentro do foco traçado previamente, ou se desviamos da rota. Caso tenhamos errado em algo no caminho que planejamos, precisamos corrigir nossas estratégias, para chegar ao resultado que está sendo buscado. E quando estamos acertando nas nossas ações, precisamos nos habituar a potencializar aquilo que deu certo, para chegar mais rapidamente ao nosso objetivo. Fazer essas aferições é a essência do Passo 7 de Metodologia UP.

— UMA DAS COISAS QUE SÃO MUITO IMPORTANTES ENTENDER É QUE NUNCA EXISTIU E JAMAIS EXISTIRÁ UM PLANO QUE GARANTA QUE VOCÊ ATINJA 100% DO SEU OBJETIVO, SEM TER DE FAZER AJUSTES, INDEPENDENTEMENTE DO QUE FOI CONSIDERADO E O QUE FOI PENSADO OU ESCRITO NO INÍCIO DO PLANEJAMENTO.

Dentro desse contexto, é o Passo 7 que garante que a gente de fato vá em direção ao objetivo e o alcance efetivamente. É a garantia que temos de que quando escolhemos vencer, de fato conquistamos a vitória.

Como você pôde perceber na sua viagem de sua casa até aqui, nem sempre o que planejamos dá certo. Por melhor que seja o método usado em um planejamento, não existe como garantir que o plano funcione 100%. Não é possível avaliar se o plano é bom mesmo enquanto você só construiu as tarefas. Existem muitos fatores inesperados que podem influenciar nos seus resultados.

— É verdade... Meu planejamento inicial de hoje furou completamente...

— Agora, Pedro, mesmo que o planejamento inicial seja executado direitinho, nem sempre ele está adequado para atingir o nosso objetivo. Naquele nosso exemplo de perder peso, que usamos no Passo 6, quando fizemos a medição e percebemos que a pessoa eliminou 1 quilo logo no primeiro mês, isso mostrou que o nosso plano era bom. Porém, imagine que depois de passar o mês todo indo à academia 3 vezes por semana, comendo 5 vezes por dia e eliminando os refrigerantes de fim de semana, você fosse fazer a medição no primeiro dia do mês seguinte e percebesse que a pessoa perdeu apenas 800 gramas. Então, teria ficado claro que o nosso plano não era eficaz, não era eficiente, não estava adequado para nos dar o resultado que estamos buscando. Quando o plano não está adequado, é no Passo 7 que fazemos os ajustes.

— Como assim? Qual seria a solução, diante desse resultado?

— Com certeza precisaríamos fazer um ajuste no nosso plano, para adequá-lo ao que a pessoa realmente precisa. E é sobre isso que o Passo 7 fala. O Passo 7 é o que vai promover as correções no nosso plano, para garantir que a pessoa caminhe sempre na direção do seu objetivo. Em especial quando o resultado da nossa medição não se mostrar favorável.

— Quer dizer: o Passo 7 é onde podemos mudar algo que desejamos em nosso plano?

— Sim, Pedro. É nessa etapa que fazemos os ajustes necessários. No entanto, é preciso muito cuidado antes de decidir mexer no plano que criamos. Quando você faz a leitura no Passo 6 e percebe que não atingiu os seus indicadores, não chegou ao seu objetivo, não alcançou aquilo que você colocou como meta e, portanto, entende que não está caminhando para o seu objetivo final, isso ainda não quer dizer que o seu plano não seja bom.

— Como assim?

— A primeira coisa que precisamos verificar quando nossos resultados são desfavoráveis é ver se realmente fizemos tudo o que deveríamos fazer, de acordo com o nosso planejamento. Porque quando não fazemos o que tinha sido determinado, isso indica que a nossa falha está na execução do plano. Nesse caso, não se trata de melhorar o nosso plano ainda, trata-se de melhorar a disciplina na execução.

Quando um desvio da meta acontece, é preciso olhar para o grupo de tarefas que organizamos e verificar quais foram aquelas que não executamos, ou que não fizemos da maneira correta. Na verdade, temos de executar tudo o que foi determinado, para ver se o plano é eficiente ou não. Não dá para dizer com certeza se nosso plano tem algum problema enquanto não executarmos 100% do que estava previsto nele.

— Você quer dizer que o plano pode estar muito bom, mas mesmo assim não funcionar?

— Exatamente. Aliás, é bastante comum que muitos planos que são traçados quando as pessoas escolhem vencer se percam na execução. E o problema não é o plano em si. O que é preciso é que a pessoa se comprometa a realizar aquilo que foi planejado. É uma questão de ter mais disciplina com aquilo que foi definido que precisa ser feito para levar o indivíduo ao objetivo de vencer.

QUANDO UM DESVIO DA META ACONTECE, É PRECISO OLHAR PARA O GRUPO DE TAREFAS QUE ORGANIZAMOS E VERIFICAR QUAIS FORAM AQUELAS QUE NÃO EXECUTAMOS, OU QUE NÃO FIZEMOS DA MANEIRA CORRETA.

A grande importância do Passo 7 está em situações em que medimos nossos resultados, percebemos que não atingimos o que se esperava e, no entanto, verificamos que fizemos tudo o que era necessário fazer, conforme estava previsto no nosso planejamento. Neste caso, esse é exatamente o ponto em que percebemos que precisamos fazer uma melhoria no nosso plano. E é aqui que entra o conceito do Passo 7.

— Ainda não ficou claro para mim. Tem como dar um exemplo?

— Claro que sim, Pedro. No nosso exemplo anterior, se eu planejei que iria comer 5 vezes ao dia, iria à academia 3 vezes por semana e no final de semana não tomaria refrigerantes e, realmente fiz tudo isso religiosamente, mas consegui perder 800 gramas e não 1 quilo, como era o esperado, então nós estamos diante de um caso em que a eficácia do meu plano não está adequada para o meu objetivo. O plano me permite perder apenas 800 gramas por mês e não 1 quilo.

Nesse caso, o que eu preciso fazer? Colocar em ação o passo 7 e introduzir um conjunto de melhorias de ações no meu plano, que me permitam chegar à meta de reduzir um quilo a cada mês.

— E quais seriam essas melhorias?

— No caso do nosso exemplo, poderia ser algo como ir à academia 4 vezes por semana, em vez de 3 ou, em vez de apenas comer 5 vezes por dia, também regular o tipo de alimento que estou comendo, com o auxílio de uma nutricionista. Tanto posso melhorar a estratégia da minha tarefa, quanto posso incluir novas tarefas que me ajudarão a continuar caminhando no sentido daquele objetivo que coloquei. Por exemplo, eu poderia incluir uma caminhada no parque aos domingos. Ou seja, o Passo 7 é que me leva a fazer os ajustes necessários no meu plano para garantir que eu consiga ter 100% de atingimento do objetivo. É ele que garante que vamos vencer.

— Em resumo, quer dizer que um plano, mesmo que seja bem-feito, pode não dar o resultado esperado?

— Exatamente, Pedro. Não existe 100% de garantia de que um plano inicial que fazemos vá dar certo. Por isso é que existe o Passo 7, para fazer os ajustes que nos levem ao sucesso do nosso plano.

As pessoas costumam ter um pensamento errado sobre a eficiência e a eficácia de um planejamento. É muito comum, quando sou procurado para ajudar uma empresa ou uma pessoa a construir um plano para atingir um objetivo, que me perguntem qual é a eficiência do plano que vamos construir juntos. Sempre respondo que, dependendo do caso, teremos uma eficiência inicial na casa dos 60, 70 ou 80%. E as pessoas se espantam e questionam se esse é o máximo de eficiência que conseguimos.

Explico que eu gostaria muito de dizer que a eficiência inicial é de 100%, mas que essa não é a realidade. E pergunto para a pessoa se ela conhece alguém que diga que a eficiência inicial de seu plano é 100% garantida. Se ela me diz que já lhe prometeram isso, digo que gostaria muito de conhecer essa pessoa, porque ela deve ser um caso excepcional. Afinal, dentro de toda a experiência que tenho nessa área, isso não é algo que pode ser garantido.

— E é por isso que existe o Passo 7?

— Isso mesmo. Criamos o Passo 7 na Metodologia UP para garantir a conquista do nosso objetivo. A única possibilidade que nos dá a condição de ter 100% de garantia de sucesso para atingir o objetivo é o Passo 7. Ele realmente gera a condição de que um plano tenha 100% de efetividade, porque nos permite fazer os ajustes necessários no plano para melhorá-lo a cada necessidade e corrigir possíveis desvios de rota.

A ideia que demos no nosso exemplo resume bem esse procedimento: a pessoa pretende eliminar 1 quilo por mês, mas apenas consegue eliminar 800 gramas; então ela tem que fazer um ajuste no seu plano para emagrecer e 1 quilo e 200 gramas no próximo mês; e depois ajustar o plano anterior para que ele efetivamente permita eliminar 1 quilo por mês. Para isso será preciso ajustar as tarefas planejadas, ou até mesmo criar novas tarefas, quando necessário.

Desse modo, com a aplicação do Passo 7, poderemos então garantir que 100% do objetivo seja atingido. Resumindo, a garantia de atingirmos um objetivo planejado se dá pela execução do que tem que ser feito, pela medição dos resultados e pela melhoria dos pontos que não corresponderam à nossa expectativa mais positiva.

Faça uma retrospectiva na sua própria história e verifique por si mesmo: quantas vezes você atingiu 100% do seu objetivo, sem ter que mudar absolutamente nada do plano inicial? Com certeza você vai perceber que isso aconteceu raríssimas vezes, ou mesmo que nunca aconteceu.

Em síntese, o Passo 7 mantém claro em nossa mente a possibilidade de modificar nosso plano inicial, quando necessário. Ele nos alerta que temos a capacidade de atribuir uma melhoria contínua sempre e em tudo aquilo que planejamos, em tudo aquilo que determinamos que seja "o como" levar aquele objetivo à realização.

— Mas como sabemos o quê, ou como melhorar nosso plano?

— Esse é outro ponto de muito interesse quando executamos o Passo 7. De acordo com a Metodologia UP, temos acesso não só aos nossos registros de experiências que já tivemos ao longo da nossa história, como também podemos usar informações provenientes da experiência e do trabalho desenvolvido por outras pessoas, em um número enorme de fontes e possibilidades. Dessa maneira, poderemos encontrar soluções prontas que nos inspirem e ajudem a aplicar o Passo 7 para melhorar o nosso plano.

— Agora não entendi… Me explique melhor, por favor.

— Pedro, o que estou dizendo é que quando estamos construindo ou melhorando um conjunto de tarefas, podemos usar como base algo semelhante que alguém já construiu em algum momento. Algo em que alguém já pensou, já estudou, já definiu e que pode vir a fazer parte do nosso plano. Então, o mais lógico a fazer é: copiar aquele modelo, adaptá-lo para nosso uso e melhorá-lo dentro das necessidades do nosso planejamento. Essa é uma ferramenta que pode ser muito bem usada nesta etapa do nosso planejamento, economizando tempo e energia e garantindo uma chance maior de sucesso, pois alguém já testou e aprimorou as opções que iremos usar. Buscar informações e reproduzir o que é bom e funciona é uma excelente estratégia para ser usada nos ajustes do nosso planejamento. Aproveitar o conhecimento que já foi desenvolvido por pessoas que obtiveram sucesso naquilo que buscamos é uma forma inteligente de executar o Passo 7.

"É importante entender que o conhecimento existente é o que tem que ser buscado, para que possamos nos tornar mais criativos, mais eficientes e mais eficazes nas soluções que desenvolvemos para o ajuste dos nossos planos. Quem tem o conhecimento necessário para criar soluções que ajustem seu planejamento, de modo a conseguir 100% de eficiência, são aquelas pessoas que sempre se destacam e atingem seus objetivos."

— Entendi... Para que querer reinventar a roda se ela já está pronta para a gente usar, não é?

— Isso mesmo. Precisamos aprender a estudar os modelos que já deram certo. Se você trabalha na área de vendas em uma empresa e seu objetivo é aumentar seus resultados, pesquise quais são as empresas que estão vendendo muito no seu setor. Entenda o que elas têm feito e quais são os seus diferenciais. Estude modelos de empresas que estão dando certo. Dessa forma, você vai aumentar o seu estoque de conhecimento necessário para melhorar o seu plano de ação.

— Gostei dessa ideia!

— Porém, é preciso entender também que temos que usar essa estratégia como uma ferramenta complementar na busca por soluções das questões que temos que resolver. É importante levar em conta também que a inovação, em determinados assuntos, ou seja, apresentar soluções inéditas em muitos casos, vai nos diferenciar do restante do mercado. Quando praticamos ações que talvez nunca ninguém fez, isso faz parte do princípio da inovação, que pode nos levar a descolar do que já existe, para então podermos nos aprofundar no que fazermos e criar novos caminhos.

— Perfeito... Devemos aprender com quem já tem experiência nas soluções que procuramos, mas não devemos abrir mão da possibilidade de criar as nossas próprias soluções inéditas, certo?

— Exatamente, Pedro. Precisamos estar sempre atentos a esses detalhes. Assim estaremos preparados para conquistar os melhores resultados.

Para ficar mais simples de entender a grande importância do Passo 7 da Metodologia UP, vou contar aqui uma passagem real da minha vida, em que foi necessário um ajuste bastante radical no que havíamos planejado.

PRECISAMOS APRENDER A ESTUDAR OS MODELOS QUE JÁ DERAM CERTO.

Em certa época, tornei-me sócio de uma empresa de tecnologia que fornecia software para os clientes. Eram softwares de várias áreas e tínhamos uma unidade educacional na empresa, também voltada para essa área. Tínhamos canais de distribuição no Brasil inteiro.

Nosso objetivo era aumentar a participação das nossas soluções educacionais no país e montamos um plano para isso. O primeiro ponto que percebemos quando fizemos uma avaliação interna foi que precisaríamos ampliar o nosso portfólio de soluções educacionais. E também chegamos à conclusão que se tivéssemos de criar todas as soluções que queríamos, isso levaria muito tempo e queríamos acelerar esse processo.

A partir dessas conclusões, traçamos um plano para comprar uma participação em uma empresa na área educacional, que também fosse compatível conosco e tivesse uma grande gama de soluções já preparadas, que pudessem se somar àquelas que já tínhamos.

Encontramos uma empresa que tinha muitas soluções educacionais que nos interessavam e era referência nacional nessa área. Porém, ela não tinha canais de distribuição estruturados no Brasil como um todo e queria atingir essa abrangência. Foi um fato bastante interessante o que aconteceu: do nosso lado, tínhamos os canais de distribuição em nível nacional, mas precisávamos aumentar nossas opções de soluções educacionais. Do lado da outra empresa, eles tinham soluções educacionais amplas e referência nacional na área de educação, mas não tinham os canais de distribuição. Era um casamento perfeito para as duas empresas.

— Juntou a fome com a vontade de comer. – ele deu uma risada.

— Sim, Pedro – respondi rindo e continuei: – Como o nosso objetivo era adquirir participação naquela empresa, começamos as negociações, até que conseguimos chegar em números e condições que faziam sentido para os dois lados.

Tudo negociado, tudo de acordo, fomos para uma reunião de diretoria e de sócios da empresa. Estávamos apresentando todas as questões sobre o que havia sido decidido e aguardávamos apenas um motoboy que trazia os documentos assinados da outra empresa, para consolidar a negociação.

Porém, em meio à reunião, um dos sócios majoritários se levantou, não disse coisa alguma e saiu da sala. Na empresa haviam dois sócios majoritários, dois irmãos, que juntos detinham 60% da participação empresarial. E foi exatamente um deles que se retirou da sala. O segundo sócio majoritário pediu licença e foi ver o que havia acontecido com seu irmão.

Depois de 15 minutos, eles voltaram para a sala e disseram o seguinte:

— Nós não queremos manter o negócio conforme tínhamos entrado em acordo. Não queremos comprar a participação na outra empresa. Na verdade, os nossos negócios estão indo para outra direção, e o que realmente queremos é vender a nossa participação nesta empresa. Eu e meu irmão queremos dar a opção preferencial de compra para as pessoas que estão nesta sala.

Foi um alvoroço total, porque ninguém esperava por aquilo. E, de repente, todos os planos que tínhamos mudaram de rumo. Nosso planejamento foi totalmente desmontado, durante uma fase em que tudo estava caminhando perfeitamente. E tudo aconteceu devido a uma decisão inesperada. E o plano todo ruiu.

Depois de uma intensa negociação, os dois irmãos retiraram sua participação na empresa, vendendo suas partes para os demais sócios. Foi nesse momento que também me tornei sócio da empresa, comprando um percentual de participação.

Uma vez que a estrutura societária da empresa precisou ser redefinida, as negociações foram suspensas e deixamos de comprar a participação que teríamos na outra empresa. O negócio foi desfeito e todo o nosso planejamento original deixou de fazer sentido.

— Caramba! E o que vocês fizeram?

— Exatamente, Pedro, essa foi a nossa questão naquele momento. A nossa grande interrogação foi: como é que vamos resolver a questão da nossa maior participação no setor educacional, se o plano original de compra de outra empresa já não era mais viável?

E esse foi o momento de voltarmos ao planejamento, com foco no Passo 7. Ou seja, foi preciso não só ajustar o nosso plano, mas literalmente refazê-lo todo. E foi assim que, no novo plano, decidimos por efetivamente construir, interna e gradativamente, novas soluções educacionais mais amplas e diversificadas, melhores e mais completas, e então aproveitarmos todo o potencial dos nossos canais de distribuição em nível nacional.

— Deixe-me ver se entendi direito: o Passo 7 é o que garante que um planejamento possa ter 100% de sucesso, certo?

— Isso mesmo, Pedro. Como vimos nesse exemplo, muitas vezes um plano ótimo, que está caminhando muito bem e nos levaria a vencer, é comprometido por algo que acontece de maneira totalmente inesperada. Isso pode exigir mudanças sérias no plano inicial, ou mesmo que o abandonemos e tracemos um novo plano. É nesta fase do Passo 7, dentro da Metodologia UP, que podemos avaliar a situação e então proceder às mudanças, quando necessárias.

É muito importante deixar claro que o Passo 7 é uma ferramenta que, além de nos ajudar a fazer as alterações necessárias no nosso planejamento, ela vai muito além: ela também é excelente para quando precisamos mudar totalmente de rota, quando variáveis externas, que não estavam planejadas, acontecem durante o percurso e inviabilizam a versão inicial do nosso plano.

— E é muito comum essa possibilidade de ter de começar tudo de novo, do zero?

— É sim, Pedro. Embora não pareça, essa é uma situação que acontece muito, tanto na vida empresarial quanto na nossa vida pessoal. Afinal, ninguém está livre de encontrar pela frente fatos que não poderiam ser previstos de maneira alguma em seu plano, mas que acontecem frequentemente. Por exemplo, quem poderia prever uma pandemia como a que tivemos no ano 2020?

Portanto, o Passo 7 é uma ferramenta poderosa, que nos permite corrigir rumos e ajustar desvios da nossa rota e inclusive abandonar um plano que tenha sido comprometido e nos colocar no caminho de construir um novo planejamento, quando necessário.

TUDO ESTÁ CONECTADO

— Pois bem, Pedro, para concluir o nosso assunto de hoje, só me resta acrescentar que, assim como todos os outros passos, o Passo 7 também se conecta com os demais passos e com o sistema de planejamento da Metodologia UP como um todo.

Quanto mais avançamos no estudo e na construção de novos planos, mais aperfeiçoamos nossas ferramentas e mais acumulamos experiências e aprendizados que servirão para nossos próximos projetos. É isso que dá a consistência, robustez e praticidade à nossa metodologia de planejamento.

— E agora, cenas do nosso próximo capítulo…

— É isso mesmo, Pedro. Nossa próxima etapa é o Passo 8: potencialize suas crenças fortalecedoras. No nosso próximo encontro vamos conversar sobre uma forma como você pode se conectar a ferramentas e situações que transformam a sua mentalidade, expandindo sua consciência de tal maneira que você não terá dúvidas de que vai conseguir atingir os seus objetivos.

"Para encerrarmos a nossa conversa de hoje, quero lhe pedir que relembre da sua viagem da sua casa até aqui. Você lembra que quando a sua estação de metrô ficou sem energia, você tentou outras estações. Quando descobriu que todas estavam inativas, o seu plano original foi por água abaixo. Mas você não desistiu do seu objetivo. O que você fez? Aplicou o Passo 7 instintivamente – mesmo sem ainda tê-lo estudado –, refez o seu plano, usando os ônibus como alternativa para corrigir a sua estratégia, e assim atingiu o seu objetivo: chegar até aqui para a nossa conversa. Por isso eu digo que você escolheu vencer. Afinal, é bastante provável que

QUANTO MAIS AVANÇAMOS NO ESTUDO E NA CONSTRUÇÃO DE NOVOS PLANOS, MAIS APERFEIÇOAMOS NOSSAS FERRAMENTAS E MAIS ACUMULAMOS EXPERIÊNCIAS E APRENDIZADOS QUE SERVIRÃO PARA NOSSOS PRÓXIMOS PROJETOS. É ISSO QUE DÁ A CONSISTÊNCIA, ROBUSTEZ E PRATICIDADE À NOSSA METODOLOGIA DE PLANEJAMENTO.

outra pessoa menos comprometida com seu sucesso tivesse desistido da nossa reunião logo no primeiro imprevisto que ocorreu."

— É verdade...

— Pois bem, quero chamar a sua atenção agora, pois você já incorporou grande parte da filosofia de Metodologia UP. Tanto é que a usou instintivamente nesse episódio da sua vinda de sua casa para cá. Repare como você aplicou a Metodologia UP mesmo antes de sair de sua casa: você planejou seu roteiro, programou suas tarefas, elegeu pontos de controle nas estações do Metrô, executou seu plano e o corrigiu quando o metrô deu problema, refazendo suas opções de transporte e usando os ônibus para continuar na busca de seu objetivo, até chegar aqui.

Esse é realmente o nosso objetivo maior, que queremos atingir com estas nossas conversas: que você interiorize de tal forma a Metodologia UP que ela passe a fazer parte da sua vida e seja usada automática e instintivamente por você, sempre que colocar um objetivo na sua vida e traçar um plano para alcançá-lo.

Pois saiba que é isso que eu chamo de escolher vencer.

Parabéns!

— Boa viagem de volta para sua casa... E até o nosso próximo encontro.

PASSO 8: POTENCIALIZE SUAS CRENÇAS FORTALECEDORAS

14

— Pedro, hoje eu tenho uma surpresa para você!

— Oba! Adoro surpresas. O que é?

— Se eu te disser, deixará de ser uma surpresa. Você vai ter de descobrir sozinho.

— E onde está a surpresa?

— Ali, naquela caixa, no canto da sala. Mas eu não resisto... Vou lhe dizer do que se trata. Coloquei naquela caixa um retrato da pessoa que é responsável por todo o seu sucesso.

— O quê? É a sua foto que está lá?

— Não, Pedro... Não é a minha foto.

Pedro foi até a caixa, abriu a tampa, olhou para dentro e caiu na gargalhada. – Mas aqui só tem um espelho!... Só estou vendo o meu reflexo!

— É isso mesmo. Você é o único responsável pelo seu sucesso. Somente você é capaz de definir o quanto dará certo na sua vida. Ninguém

mais é capaz de fazer isso por você. Mas não se engane... Você é o único responsável pelo seu sucesso, mas também é o único responsável pelos seus fracassos.

— Como assim?

— Tudo depende do que você pensa e das coisas em que acredita. Se suas crenças são limitantes, você somente terá fracassos ou, quando muito, terá pequenos sucessos, muito limitados. Porém, quando você tem crenças fortalecedoras, seu sucesso será mais completo e será apenas uma questão de tempo para ele acontecer.

— Isso me interessa... Fale mais, por favor.

— Com certeza, Pedro. Este é o nosso tema principal de hoje. Vamos falar sobre o Passo 8 do Método UP. Quero falar com você sobre a importância de nos conectarmos a ferramentas e situações que transformam a nossa mentalidade, expandindo nossa consciência de uma forma positiva. Vamos entender e aprender a trabalhar para potencializar nossas crenças fortalecedoras.

— Eita... Falou difícil agora!

— Eu explico... É preciso nos habituarmos a alimentar nosso corpo, nossa mente e nossa alma com pensamentos e energias que nos tragam a certeza de que estamos no caminho certo e de que nossas forças são mais do que suficientes para levarmos nossa jornada adiante, até conseguirmos realizar nossos objetivos.

Sempre que ajustamos o nosso plano, no Passo 7, já temos consciência de que estamos procedendo a correções da rota e incluindo tarefas que representam as melhorias necessárias para o atingimento efetivo de nossos objetivos. Porém, é preciso que façamos isso com uma mentalidade positiva, entendendo que fomos chamados a rever a nossa forma de agir e de pensar. É fundamental que aprendamos a usar as situações difíceis como oportunidades de aprendizado e de aprimoramento do nosso poder de realização e sejamos gratos pela oportunidade de melhorar nossos planos.

— Sim, lembro que você disse que o Passo 7 nos garante que teremos 100% de sucesso nos nossos planos, porque nos permite corrigir os possíveis desvios que surgirem.

VOCÊ É O ÚNICO RESPONSÁVEL PELO SEU SUCESSO, MAS TAMBÉM É O ÚNICO RESPONSÁVEL PELOS SEUS FRACASSOS.

QUANDO VOCÊ TEM CRENÇAS FORTALECEDORAS, SEU SUCESSO SERÁ MAIS COMPLETO E SERÁ APENAS UMA QUESTÃO DE TEMPO PARA ELE ACONTECER.

— Exato, Pedro. Por maiores que sejam os obstáculos, por maiores que as dificuldades possam parecer, isso não quer dizer que você deve desistir dos seus sonhos. Pelo contrário, esses eventos acontecem para que você cresça e se empodere de tal modo que jamais tenha dúvida de que vai conseguir atingir o seu objetivo.

Fazer o Passo 8 é algo transformador. Ele nos traz a consciência do que aprendemos ao longo da nossa vida, da nossa trajetória, e potencializa a nossa vontade de chegar aos resultados que buscamos, quando escolhemos vencer.

— Você comentou outro dia que o Passo 8 é o passo da resiliência...

— Sim, podemos dizer assim, Pedro. O Passo 8 minimiza a possibilidade de desistirmos dos nossos objetivos, ajuda a potencializar nossas crenças fortalecedoras, eleva em nossa mente a possibilidade de conseguirmos, cada vez mais, caminhar em prol de nossos objetivos e ilumina nossa alma com a certeza de que o universo trabalha a favor daquilo que realmente nos propomos a fazer e que vai gerar uma diferença positiva no mundo.

No Passo 8 tomamos consciência de que é possível alimentar nosso corpo, nossa mente e nossa alma com energias, pensamentos e atitudes que nos empoderem para seguir pelo caminho rumo aos nossos objetivos, mesmo quando algo não dá certo. Entendemos que as dificuldades são necessárias e sempre deixam ensinamentos que nos permitem fazer as melhorias necessárias e as correções de nossa rota. Compreendemos que as tarefas incluídas ou alteradas em nosso plano original são apenas uma afirmação de que estamos trabalhando de um modo que nos garanta chegar ao nosso objetivo.

— Esse, sim, é um passo poderoso!

— Como todos os outros, Pedro. Cada um à sua maneira, os passos da Metodologia UP se complementam para que possamos efetivamente chegar aos objetivos que planejamos.

No caso do Passo 8, podemos dizer que ele cria uma blindagem em torno de nós, que impede que as negatividades tomem conta do nosso modo de ser e de pensar. E isso não deixa que as dificuldades da vida nos derrubem no caminho, antes de chegarmos ao nosso objetivo.

Na jornada ao longo da vida, quando você está buscando atingir um objetivo, quando escolheu vencer e está buscando a vitória, vai se encontrar diante de situações externas que atrapalham a sua caminhada. Por exemplo, pessoas de quem você gosta, amigos próximos e parentes queridos, às vezes, vão lhe dizer que você não vai conseguir, porque tudo é muito difícil, ou porque ninguém ainda chegou aonde você quer chegar. E isso pode se transformar em uma crença limitante em sua mente, que vai trabalhar contra os seus objetivos.

— Com amigos assim, quem precisa de inimigos?

— Não seja tão duro, Pedro. Na maioria das vezes, essas pessoas não fazem isso por mal e nem estão conscientes de que podem estar nos prejudicando. Em boa parte das vezes, a intenção dessas pessoas é até mesmo de nos proteger, mas elas não sabem bem como fazer isso... e acabam nos prejudicando sem nem mesmo ter consciência disso. Por isso, o Passo 8 se torna tão importante. É nele que você vai se posicionar como vencedor, que vai escolher vencer em toda sua plenitude; é quando você vai dotar-se da convicção de que vai conseguir e então seguir caminhando para o seu objetivo com força e coragem. É no Passo 8 que vai se formar aquela crença fortalecedora, aquele conjunto de pensamentos e atitudes positivas que você precisa carregar todos os dias, para realmente vencer.

— Mas é possível alimentar crenças fortalecedoras mesmo quando o mundo à nossa volta parece estar desabando?

— Tudo sempre depende da maneira como você encara as coisas. Lembre-se de que você é o único responsável por seus resultados. É claro que é preciso estar bastante consciente de que em momentos de crises coletivas, como em pandemias, em situações de descontrole financeiro generalizado no estado, no país ou no mundo, nas dificuldades de adaptação a mudanças radicais de tecnologias e tantas outras situações que parecem ser o fim dos tempos, o mais comum é que as pessoas se unam em grupos que tenham opiniões semelhantes sobre o que anda ocorrendo. E essas opiniões não costumam ser muito positivas, de modo que tomar parte desses grupos colocaria você em uma situação de negatividade e derrotismo.

Sempre existem os grupos do "Eu não falei?...", "Não vale a pena!...", "Daqui pra frente só vai piorar..." e tantos outros semelhantes, negativos e prontos para tirar a nossa energia. Por isso, quando estamos em crise com algum tipo de problema ou situação, quando vemos que não estamos avançando no nosso objetivo, decidir escolher vencer significa se afastar desses grupos e procurar pessoas mais positivas.

Grupos com esse perfil negativista e que defendem a ideia do "só vai piorar" somente servem para nos dar uma falsa sensação de conforto, quando parecem concordar com o nosso sofrimento. Como todos ali estão passando por dificuldades, nos dão a impressão de que juntos podemos apoiar uns aos outros e criar um ambiente confortável. Mas somente reforçam a nossa sensação de derrota.

Felizmente, existe também outro grupo de pessoas, que, nas crises, em situações desafiadoras, mostram que sempre é possível corrigir o rumo, quando seus indicadores e resultados não são bons. Elas não se conformam com a derrota, não se confortam com as desculpas e nem aceitam se submeter às dificuldades, se escondendo por trás da ideia de que "isso é a crise, todo mundo está com problemas e não há o que fazer".

Essas pessoas escolhem vencer e usar crenças fortalecedoras para produzir melhores resultados, mesmo em ambientes extremamente negativos, mesmo em momentos em que todos os cenários e todos os indicadores mostram que seus planos não vão dar certo. Para elas, as dificuldades e os desafios são pontos que as fortalecem, que alimentam sua alma, seu corpo e sua mente e as fazem levantar da cama todos os dias visando aquele objetivo que colocaram e querem realizar.

É com essas pessoas que devemos nos associar sempre, especialmente em momentos de crises e dificuldades extremas. É a nossa atitude de nos cercarmos das pessoas certas que irá nos levar para frente, independentemente da situação difícil que estejamos vivendo.

— Só depende de nós mesmos, certo?...

— Essa é a mais pura verdade. O Passo 8 trata de uma questão que até parece óbvia, mas que a grande maioria das pessoas esquece: o único responsável pelo seu sucesso é você mesmo. Não adianta culpar os outros ou o que quer que seja pelo seu fracasso. Se é a vitória que você quer, é você mesmo que vai ter de buscá-la.

Tenho visto pessoas que não atingiram seus objetivos e o que as derrotou foi o fato de, depois de feitas suas medições e elas concluírem que suas ações não deram certo, em vez de trabalharem na melhora do seu plano, elas simplesmente desistiram; deram ouvidos para aqueles que diziam "está vendo, eu disse que você não iria conseguir mesmo". E elas acreditaram nessas coisas e deixaram seus planos pelo caminho. Elas não fazem um esforço para conseguir uma melhoria; simplesmente desistem.

A grande conexão do Passo 8 com a sua opção de "escolher vencer" está em promover a decisão de sempre potencializar crenças que vão levá-lo ao seu objetivo. Porque a vida não é linear e nem previsível. Não adianta achar que tudo o que você coloca no papel vai acontecer 100% como planejou. Por isso, vai ser o seu modo de reagir às dificuldades e aos desafios que vai fazer de você um vencedor.

É exatamente nos momentos de escassez, de dificuldades, que percebemos quem são os vencedores, quem são aqueles que escolhem vencer e chegar de verdade aos seus objetivos.

— Em resumo, como você definiria um vencedor, uma pessoa que realmente realiza as coisas que sonha?

— Pedro, não digo que podemos definir um vencedor, porque cada pessoa tem seu próprio jeito de ser, que interfere na maneira como ela conquista seus resultados. Porém, podemos dizer que o que existe de comum no comportamento das pessoas que escolhem vencer e chegar aos seus objetivos é que acreditam que elas mesmas são o seu melhor plano. E sentem profundamente que suas crenças fortalecedoras é que as transformam em vencedoras. Mas elas também sabem que não é simplesmente com uma energia ou um pensamento positivo que vão chegar aos seus objetivos. Por isso, fazem questão de trabalhar com um método eficaz e

O QUE EXISTE DE COMUM NO COMPORTAMENTO DAS PESSOAS QUE ESCOLHEM VENCER E CHEGAR AOS SEUS OBJETIVOS É QUE ACREDITAM QUE ELAS MESMAS SÃO O SEU MELHOR PLANO. E SENTEM PROFUNDAMENTE QUE SUAS CRENÇAS FORTALECEDORAS É QUE AS TRANSFORMA EM VENCEDORAS.

eficiente, que as guie em seus atos, pensamentos e planos, de modo que aumentem suas chances de ter sucesso.

"Uma vez que cada pessoa é a única responsável pelo próprio sucesso, e esse sucesso depende daquilo que ela pensa a seu próprio respeito e das coisas em que ela crê, recomendo sempre para alguém que queira aumentar suas chances de chegar aos seus objetivos que faça um exercício bem simples, mas altamente eficaz."

— Um exercício? Que exercício é esse? – perguntou Pedro, curioso.

— Algo muito simples, Pedro: costumo dizer para essa pessoa que se feche no banheiro e pare diante do espelho. Pegue uma toalha e limpe bem o espelho, deixe-o brilhando, sem nenhuma sujeirinha. Então se coloque diante dele e olhe diretamente nos próprios olhos. A seguir, mantendo olho no olho com sua imagem refletida no espelho, faça a si mesmo todas as perguntas que o afligem, fale sobre todas as dúvidas que você tem sobre determinado assunto.

"Aos poucos, a pessoa verá que as respostas virão à sua mente, sobre todas as dúvidas que tiver e para todas as perguntas que fizer. E tudo ficará claro sobre o que ela precisa fazer e como deve se portar. E então entenderá como todas as suas questões podem ser resolvidas. Porque ela é a única pessoa que tem realmente condições de responder assertivamente, seja qual for a questão, em qualquer que seja a situação que estiver vivendo. Recomendo ainda que a pessoa repita esse exercício todos os dias e também sempre que tiver que tomar alguma decisão importante. Desse modo, ela irá construir gradativamente suas crenças fortalecedoras, que irão formar a base da sua autoconfiança."

— Não ficou muito claro para mim... Por que esse exercício é assim tão importante?

— A verdade, Pedro, é que muitas vezes deixamos de olhar para nós mesmos e passamos a não confiar em nosso próprio potencial. Esquecemos de tudo o que construímos em nossa vida e esquecemos de que somos verdadeiros vencedores. Cedemos a pensamentos e crenças limitantes e, dessa forma, nos tornamos limitados e inseguros. Encarar-se no espelho e abrir seu coração para si mesmo vai ajudar a restabelecer suas crenças fortalecedoras e lhe devolver toda a força e a disposição que você precisa para vencer.

Costumo dizer que dentro de nós está o nosso maior ativo. Dentro da nossa mente, da nossa alma, está o conhecimento e está aquela centelha divina que nos faz avançar sempre na direção do crescimento, da evolução e da realização de tudo o que podemos fazer de bom neste mundo. E essa nossa força é tanta que nos garante que qualquer coisa que porventura venhamos a perder, temos todas as condições de conquistá-la novamente. Se um dia você teve uma casa e a perdeu, tem todas as condições de comprar novamente uma casa. Se tinha um carro e perdeu, com certeza reúne as condições para comprar um novo carro. Caso você tenha perdido um grande amor, saiba que você é capaz de amar novamente e voltar a ser feliz ao lado de alguém.

É importante entender e acreditar profundamente que além de você ter todo o poder para conquistar os seus objetivos, também é imensa a sua capacidade de construir de novo qualquer coisa que tenha sido perdida em sua vida. Todo esse poder e essa força está dentro de você. Quando consegue perceber quem você é de verdade e como é grande a sua herança divina, você tem muito mais facilidade de escolher vencer. Tenho comigo que a maior herança que posso deixar para meus filhos, o maior ativo que posso dar a eles, é ajudá-los a compreender e aceitar essa certeza de que sua verdadeira força está dentro deles mesmos, que dentro de suas mentes e de suas almas está o maior patrimônio que possuem.

— Confesso que estou sentindo um pouco de dificuldade em entender o lado prático do Passo 8. Compreendo as ideias, mas não enxerguei ainda como aplicá-las.

— Compreendo, Pedro. Isso é natural, se considerarmos que o Passo 8 fala de algo que nos é um tanto subjetivo. Mas tenho certeza de que você mesmo já deve tê-lo aplicado em sua vida, porém sem ter consciência disso. O que estou fazendo aqui, com o Passo 8, é chamar sua atenção para o fato de que esta é uma ferramenta poderosa, que você deve lembrar que tem à mão para usar a qualquer momento.

Escolher vencer é potencializar dentro de si mesmo as crenças fortalecedoras que vão mantê-lo firme na sua rota rumo ao sucesso dos seus objetivos. É importante saber disso tudo, ter essa consciência que o Passo 8 nos traz, porque a vida é cheia de surpresas, muitas vezes desagradáveis, agressivas e assustadoras. E muitas vezes voltar ao nosso rumo, depois de eventos marcantes e até mesmo extremos, é algo que só se consegue depois de uma batalha interior feroz, embasada em nossas crenças fortalecedoras.

Para dar um exemplo prático que o ajude a ter uma ideia de como a vida pode chacoalhar as nossas certezas e nos fazer questionar o que andamos fazendo e até mesmo nos desviar de nossos objetivos, vou mencionar duas situações bastante difíceis que passei na vida.

Na verdade, são duas histórias que aconteceram na mesma época e com um ponto em comum: dois sequestros, um que eu sofri e outro que meu filho Caio sofreu.

— Nossa! Vocês foram sequestrados? Como foi isso?

— Essas são histórias que me são muito difíceis de contar, porque estão conectadas a questões pessoais muito profundas e sentimentais, mas é muito importante colocá-las aqui nesta nossa conversa, para que você possa entender o poder do Passo 8 da Metodologia UP.

Depois desses dois eventos terríveis, eu realmente poderia ter me deixado levar por crenças limitantes e ter desistido de meus sonhos. Mas o Passo 8 – na época eu ainda não chamava de Passo 8, mas ele já era atuante em minha vida e estava presente nas mentorias e assessorias que eu prestava – me deu a compreensão de que deveria seguir em frente e realizar os meus objetivos. Afinal, eu tinha escolhido vencer e enfrentar os desafios da vida; era parte da jornada.

— Entendo...

— Pois bem, no caso do meu sequestro, certa vez eu estava retornando da empresa em que trabalhava na época, em um município em São Paulo. Já era madrugada e eu voltava para casa pela Rodovia Raposo Tavares. Em uma das lombadas que havia na estrada, eu reduzi a velocidade e um carro encostou atrás de mim, e outro entrou na minha frente.

Um dos sequestradores saiu do carro, armado, veio até onde eu estava, me mandou pular para o banco do passageiro e pegou o volante. Outro homem entrou no banco de trás do meu carro. Um deles ficava com a arma batendo na minha cabeça e o outro mantinha a arma apertando o meu estômago.

— Uau! Deus me livre!

— Lembro-me que, naquela situação, o que eu mais pensava é que não queria morrer ali. E lembrei que tinha saído de casa pela manhã, como de costume, e não tinha nem mesmo dado um bom dia atencioso para minha esposa e meus filhos. Naquela doideira do dia a dia, saí de casa de maneira rotineira, sem prestar muita atenção nas pessoas que eu amava. E isso me doía muito. Lembro ainda que eu implorava para que os sequestradores me deixassem viver, porque eu ainda tinha muito para fazer, porque tinha mulher e filhos e não queria morrer ali. Eu só pedia para viver, eu queria viver. Disse a eles que se fosse uma questão de dinheiro que eu poderia dar um jeito. Mas eles eram muito agressivos, me ofendiam, xingavam, diziam coisas absurdas e de baixo calão. E me mandavam ficar quieto.

"Depois de andarem muito tempo comigo, entraram em uma mata e me mandaram sair do carro. Me mandaram tirar a roupa e fiquei apenas de cueca, deitado no chão, e um deles pisou na minha cabeça. Com o sapato dele na minha orelha eu não consegui ouvir o que diziam, mas eles falavam alguma coisa sobre pegar os meus documentos e ligar para alguém. Percebi que naquele momento eles estavam confirmando algum tipo de informação. De repente, eles conversaram entre si alguma coisa e o sequestrador tirou o pé da minha cabeça e falou: levanta e corre, que hoje é seu dia de sorte. E eu levantei e corri tanto quanto podia, por aquela mata fechada. Não tinha uma luz sequer e eu não tinha nenhuma noção de direção. Batia a cabeça em árvores, caía e levantava e continuava a correr."

"Depois de muito correr desesperado, recobrei a consciência e parei. Estava tudo escuro, mas eu sentia que o pior já tinha passado. Foi então que percebi que estava descalço, pisando em tudo, sem nem mesmo pensar em não me machucar. Estava correndo pela minha vida. E com minha consciência retornando, me veio um sentimento de medo profundo, de desespero. Depois que consegui me recompor emocionalmente, comecei a procurar caminhos para sair dali, até que cheguei novamente à Rodovia Raposo Tavares, fui para uma delegacia e finalmente acabei retornando para casa."

— Ufa! Que alívio, hein!

— Nem te digo, Pedro. Eu tinha acabado de sair de um pesadelo. Pensei que aquela era a pior situação pela qual passaria em minha vida. Mas não imaginava que haveria ainda outra situação, bem pior do que essa.

— Pior do que isso? Minha mãe! O que foi que aconteceu?

— Vinte dias depois, eu ainda me recuperava daquele grande susto e estava naquela mesma empresa em que eu trabalhava, fazendo um treinamento para os nossos colaboradores, quando tocou meu telefone. Era minha esposa, dizendo que tinham roubado o carro.

Falei que tudo bem, porque tínhamos o seguro do carro. Foi quando ela disse, desesperada: mas levaram a caminhonete com o Caio junto. Caio é o nosso filho caçula, que na época tinha pouco mais de um ano e já estava aprendendo a andar.

A ligação caiu e eu não consegui mais falar com ela. Então me desesperei. Peguei meu carro e uma das pessoas que trabalhavam comigo o dirigiu para mim. Fomos o mais rápido possível para onde minha esposa estava. Um dos amigos nossos conhecia o pessoal da polícia e eles também se mobilizaram para procurar o Caio.

Quando cheguei ao local onde estava minha esposa, não vi meu filho e me bateu o desespero. Porém, no próximo passo que dei, vi que o Caio já estava no colo de uma senhora que trabalhava em nossa casa. Foi um alívio incrível. Finalmente, soltei um suspiro profundo e consegui voltar a respirar.

O que que tinha acontecido é que minha esposa havia feito compras e depois foi levar uma senhora que trabalhava conosco até a casa dela. Quando elas chegaram, foram surpreendidas pelos assaltantes, que levaram a caminhonete e não as deixaram tirar o Caio de dentro. Minha esposa brigou com os assaltantes, mas eles não cederam e saíram em velocidade com o carro.

Mas o marido daquela senhora viu o que aconteceu e foi atrás dos ladrões. Ele viu que os sequestradores pararam o carro na Rodovia Raposo Tavares e deixaram meu filho, com a cadeirinha, no acostamento da rodovia. E o perigo era enorme, porque o Caio já andava e poderia invadir a pista. A nossa sorte foi que aquele senhor chegou muito rápido, apenas alguns minutos depois, pegou nosso filho e o trouxe de volta para os nossos braços.

— Ainda bem que tudo deu certo…

— Sim, Pedro, sem dúvida. Mas isso mexeu muito com a minha cabeça. Era complicado até mesmo de pensar nos possíveis rumos terríveis que essa história poderia ter tomado. O que quero ressaltar aqui é que contei para você dois casos que com certeza mexem com as certezas que qualquer pessoa tenha quanto à própria vida e sobre tudo o que vem fazendo. E, é claro, mexeu muito com minhas próprias certezas. Depois desses acontecimentos, foram potencializadas muitas das minhas crenças limitantes.

Passei a pensar que eu já não queria ser ninguém, não queria ganhar dinheiro, não queria ser mais executivo de empresa, não queria mais nada daquilo que estava vivendo e que não me parecia mais importante. Na minha mente só ficava repetindo que o melhor seria eu voltar para Santos, cidade onde nasci, e trabalhar em alguma coisa simples. Que o melhor seria eu vender sanduíches na praia e ficar quieto no meu canto. Eu não queria mais viver em um mundo complicado.

— Entendo. Depois de tudo o que você passou, não é para menos!

— A verdade é que minha relação de segurança tinha sido comprometida e tudo o que eu conseguia ouvir em minha mente eram aquelas crenças limitantes que as pessoas tinham, que diziam que a vida nas cidades grandes não era segura, que a segurança em São Paulo estava indo de mal a pior, que os assaltos estavam cada vez mais frequentes e que tudo estava muito complicado. Enfim, todas essas informações alimentavam em mim um sentimento de derrota, reforçavam aquela sensação ruim que eu tinha quanto àquelas situações que passei e estimulavam em minha mente as crenças limitantes de tal modo que eu queria largar tudo aquilo e dar outro rumo para a minha vida.

“Fiquei por um tempo sem ter uma atitude concreta, apenas pensando em tudo aquilo. Conversei com algumas pessoas positivas, que me trouxeram um pouco mais de ânimo, e aos poucos comecei a procurar algo que ajudasse a voltar a me mover, a dar uma direção para minha vida. Eu sabia que precisava de alguma coisa que me fizesse procurar tirar daquilo tudo algo positivo, que eu pudesse usar para mudar meus planos e objetivos. Eu precisava transformar meu sofrimento em crenças fortalecedoras, para continuar seguindo em frente e vencendo, mesmo diante da dureza dos acontecimentos.”

“Desistir não era uma opção. Mas, com certeza, eu precisava ajustar meus planos para incluir mais segurança na minha vida e na vida de minha família. E tudo isso só seria possível com um investimento em minhas crenças fortalecedoras. E percebi que para isso acontecer, seria necessário mudar algumas coisas em mim mesmo, em meu modo de ser e de me comportar. Comecei a pensar que eu tinha uma casa com piscina e trocava de carro todo ano. Também lembrei que só visitava minha família e os amigos quando trocava de carro, para mostrar que estava de carro novo. E somente convidava os amigos para minha casa para mostrar a eles que eu tinha uma piscina.”

“Me senti péssimo quando percebi o quanto eu estava sendo egoísta, prepotente e presunçoso, o quando superestimava as coisas materiais e o tanto que isso gerava péssimas energias para a minha mente e a minha alma. Consegui perceber tudo isso que estava acontecendo na minha vida e entendi que era hora de melhorar os meus planos e passar a valorizar o que realmente tem valor: as pessoas que estavam comigo nesta jornada.”

— Você se sentia culpado pelos acontecimentos?

— Eu não diria culpado, Pedro. Mas tinha entendido que eu era, sim, responsável por criar muitas situações inadequadas em minha vida, de modo que a energia que isso gerava estava atraindo coisas que eu não queria para mim e para as pessoas que amo. Sim, eu deveria continuar a escolher vencer, a querer que meus objetivos fossem atingidos, mas precisava potencializar meus relacionamentos de modo que jamais voltasse a caminhar sozinho. Ou seja, de modo que sempre teria alguém caminhando comigo, lutando comigo, sonhando comigo e participando de todas as nossas vitórias.

"Eu mudei muita coisa na minha vida, introduzi muitas novas tarefas, incluí novos valores verdadeiros, mudei as minhas atitudes, mudei meus comportamentos, melhorei minhas habilidades, melhorei minhas competências e, acima de tudo, aprendi a valorizar cada uma das pessoas que caminha comigo nesta jornada da vida. Essas mudanças, assentadas em cima de uma boa base de crenças fortalecedoras é o que eu chamo de a essência do Passo 8. Esse é o passo da reviravolta, de dar a volta por cima, de fazer acontecer um novo horizonte na nossa vida."

— Você usou o Passo 8 para dar a volta por cima?

— Eu usei a essência de um aprendizado que tive e que, quando desenvolvi a Metodologia UP, chamei de Passo 8, porque entendi que em qualquer plano que venhamos a fazer, temos de ter a consciência de que tudo depende apenas de nós mesmos, de nossa maneira de pensar e das coisas em que acreditamos. O Passo 8 nos diz: tudo bem, a vida tem suas dificuldades e são elas que vão testá-lo, para ver o quanto sua vontade é realmente forte. Sim, você vai ser duramente testado, pode ter certeza disso. Então, depois de cada desafio, aprenda a pegar tudo o que você aprendeu, melhore o seu plano e faça uma revolução na sua vida, de modo a consolidar não só a sua própria vitória, mas também estimular a vitória de todos os que caminham ao seu lado.

— Maravilha!… Que bela lição!

— Então é isso, Pedro. Esse é o Passo 8. E o Passo 9, que veremos no nosso próximo encontro, vai ser um avanço dentro destas ideias que acabamos de conversar. Vamos avançar um pouco mais na direção de potencializar os nossos recursos, para efetivamente nos tornarmos capazes de vencer.

Vamos ver como é possível fortalecer o nosso potencial positivo e realizador, além de aprender a nos alimentarmos de nossos desejos de forma incansável, aumentando as chances de conquistar o sucesso e o reconhecimento.

TUDO ESTÁ CONECTADO

— E mais uma vez, este passo, da mesma forma que todos os outros que estudamos até agora, está conectado ao sistema da Metodologia UP e fica disponível para nos ajudar em nossos próximos planejamentos?

— Isso mesmo, Pedro. Tudo está conectado e funciona de maneira a que nos aperfeiçoemos à medida que apliquemos esses conceitos na prática.

— E por hoje é só!...

— Sim. Por hoje é só. Não esqueça daquela caixa que você abriu quando iniciamos a nossa conversa do dia de hoje.

— Não vou esquecer, pode crer.

— Então, me diga: quem é o único responsável pelo seu sucesso?

— O cara do espelho... Ou seja, eu mesmo e somente eu!

— É isso aí, garoto.

PASSO 9: ALIMENTE SEU POTENCIAL

15

Quando entrei em meu escritório, Pedro já estava lá. Sentado em uma poltrona, lia um livro sobre como construir uma carreira de sucesso. Aproveitei a situação e perguntei:

— Bom dia, Pedro... Me diz uma coisa: o que é sucesso para você?

Pego de surpresa, Pedro demorou um pouco para responder, mas finalmente disse:

— Sucesso é quando você atinge seus objetivos. Quando você consegue obter os resultados que procurava.

Sorri e perguntei:

— Mesmo quando os resultados que você busca estão abaixo do seu potencial de realização?

— Bom, nesse caso, acho que seria só um sucesso parcial – Pedro comentou.

— Perfeito. É isso mesmo. Para obter um sucesso pleno, é preciso ir além das expectativas. É necessário realizar mais do que o básico. Não dá para aceitar apenas o que é considerado bom. Temos que ir além, temos que mirar nos resultados excepcionais. É isso que irá nos diferenciar neste mundo. Afinal, é como o empresário e escritor Edgar Ueda costuma dizer: "O bom não é bom suficiente, onde o ótimo é esperado"[7]. E o mundo espera de nós o ótimo, se quisermos realmente fazer uma diferença positiva.

— E esse vai ser o nosso assunto de hoje? – Pedro perguntou animado.

— Espertinho, você! – sorri e comentei. – Já entendeu como funciona este nosso esquema de mentorias!

— É claro! Vivendo e aprendendo...

— Esse é outro ponto da nossa conversa de hoje, conforme você vai perceber: a importância de aprender sempre com as experiências do dia a dia. Então, vamos começar com uma pequena introdução conceitual.

Tudo o que desenvolvemos e realizamos é fruto das capacidades que temos. Nesse sentido, um conceito bastante interessante, muito aceito e útil para usarmos como referência para nossas conversas de hoje é o que chamamos de Método CHA, que indica que precisamos trabalhar o nosso **C**onhecimento, as nossas **H**abilidade e as nossas **A**titudes, para construirmos um sucesso consistente.

Quero adiantar para você – vamos ver isso com mais detalhes logo mais – que trabalhar **somando** nossos conhecimentos, habilidades e atitudes nos permite potencializar nossas chances de vencer e acaba por gerar ótimos resultados. Mas isso não basta, se o que buscamos são resultados excepcionais.

E é aí que entra o Passo 9, trazendo uma proposta de usarmos a nossa vivência, experiência, aprendizado e prática, **multiplicando** nossos conhecimentos, habilidades e atitudes, de modo que conquistemos resultados excepcionais. Ou seja, o Passo 9 nos oferece a compreensão para ir além do lugar comum e nos tornarmos especiais.

— Ainda não consegui compreender esse seu raciocínio. Dá para explicar um pouco melhor.

— Claro que sim, Pedro. É o que vou fazer... Não se preocupe por ainda ter dúvidas. Afinal, apenas começamos a falar sobre este tema. Você vai compreender conforme formos avançando.

— Beleza!

— Pois bem, o Passo 9 tem a função de multiplicar o nosso potencial. É uma forma de ampliar nossos recursos de modo a que nossos resultados se multipliquem. É um método de fortalecer nossas habilidades, capacidades e atitudes, aumentando as nossas chances de sucesso e de conquistar reconhecimento. Podemos dizer que o Passo 9 é a gasolina azul que alimenta o motor dos grandes vencedores, dos grandes guerreiros e dos responsáveis pelas grandes conquistas da história, daqueles que de fato vieram a este mundo para construir e criar um legado. Quando falo em nutrir nossas habilidades, capacidades e atitudes, estou buscando potencializar cada uma de nossas características positivas, de modo que o resultado final seja muito mais do que uma "simples soma" dos resultados parciais. Na verdade, estamos falando sobre "multiplicar recursos".

— E como isso faz diferença?

— Veja bem, Pedro. A matemática mostra que na grande maioria das vezes em que somarmos alguma coisa teremos um resultado menor do que se nós as multiplicássemos. É simples de ver isso, fazendo alguns pequenos cálculos:

- Quando somamos 2 + 3, temos um resultado igual a 5. Porém, quando multiplicamos 2 x 3, temos um resultado igual a 6;
- Quando somamos 3 + 3, temos um resultado igual a 6. Já quando multiplicamos 3 x 3, temos um resultado igual a 9.

Quando trabalhamos com o Passo 9, estamos falando em multiplicar nossas capacidades, e assim obter o máximo resultado possível.

— Até aqui, estou acompanhando. Entendi o seu raciocínio.

— Certo, Pedro. No entanto, antes de prosseguirmos com o desenvolvimento do Passo 9, vamos falar um pouco mais sobre aquele Método CHA que citei ainda há pouco.

O Método CHA é uma abordagem bastante conhecida no mundo do ensino e da aprendizagem e nas áreas profissional e de negócios, em programas de capacitação, formação e treinamento. Ele se refere a três dimensões fundamentais, que são consideradas essenciais para o desenvolvimento humano: Conhecimento, Habilidade e Atitude.

O Método CHA busca promover o desenvolvimento integral do indivíduo por meio da combinação e potencialização de seus conhecimentos teóricos, habilidades práticas e atitudes pessoais. Sendo um pouco mais específico, temos:

- Conhecimentos: referem-se à aquisição de informações, conceitos, teorias e princípios;
- Habilidades: são as capacidades práticas que uma pessoa desenvolve para executar determinadas tarefas ou atividades. Isso envolve a aplicação, em situações reais, dos conhecimentos adquiridos;
- Atitudes: são as características pessoais, comportamentos e valores que moldam a maneira como uma pessoa se relaciona com as outras, enfrenta desafios e lida com situações diversas.

— Entendi... CHA é um acrônimo de Conhecimento, Habilidade e Atitude, certo?

— Perfeito, Pedro. É isso mesmo.

Agora, para que fiquem mais claros esses conceitos, quero que procure se lembrar de um exemplo que usamos quando estudamos o Passo 2 da Metodologia UP. Vamos ver isso juntos, observando a tabela a seguir.

No Passo 2, analisamos um exemplo em que levantamos e avaliamos os potenciais de uma pessoa, que tinham a ver com a solução de determinada situação. O objetivo, nesse exemplo, era comprar um apartamento financiado. Para isso, um objetivo complementar era que a pessoa conseguisse uma promoção na empresa, com um bom aumento de salário, de modo a viabilizar as transações financeiras daquela compra. Como a pessoa trabalhava em um grupo educacional, ela precisaria se preparar para ter um cargo de professor titular.

Como resultado da avaliação que fizemos, dentro do exemplo que escolhemos analisar, chegamos à seguinte tabela de necessidades, ou ainda, um retrato do CHA em que a pessoa precisaria trabalhar:

CONHECIMENTOS NECESSÁRIOS (C)	HABILIDADES NECESSÁRIAS (H)	ATITUDES NECESSÁRIAS (A)
Especialização em Administração	*Habilidade de Comunicação*: facilidade em se comunicar e lidar com pessoas e as envolver em uma ideia	*Resiliência*
Especialização em Liderança	*Habilidade de Coordenar Pessoas*: unir e conduzir pessoas em projetos	*Proatividade*
Técnicas para estimular a Criatividade própria e de outras pessoas	*Habilidade de Criar*: ser criativo, inovador e inspirador	*Pensamento Flexível*
Bons e sólidos conhecimentos na área em que ensina	Habilidade de Desenvolver as Competências Necessárias: domínio dos assuntos relativos à profissão, em um nível superior ao do grupo que vai liderar	Aprendizado Contínuo
Conhecer os processos que levam a uma promoção de cargo consistente	Habilidade de Pesquisa e Levantamento de Dados: facilidade em buscar as informações necessárias para atuar no cargo que deseja	Pensamento Organizado e Bem-direcionado

— Sim... Realmente, lembro de termos analisado esse exemplo.

— Pois bem, Pedro. Veja então a importância dos conceitos envolvidos no Passo 9, para que a pessoa possa potencializar seus resultados ao máximo. Por exemplo, diante desse esquema de necessidades de desenvolvimento do CHA do indivíduo, verificamos no primeiro tópico da tabela, o seguinte:

C: Um Conhecimento de Administração;
H: Uma Habilidade de Comunicação;
A: Uma Atitude de Resiliência.

Quando **somadas** essas três características, o indivíduo potencializa seus resultados. Porém, a metodologia UP, neste Passo 9, propõe que ele use essas características de modo a acessar todo o seu potencial, ou seja, obter o máximo resultado possível nessa situação. Portanto, a proposta aqui é que a pessoa **multiplique** essas características entre si e, assim, consiga um resultado final muito maior.

— Interessante!...

— Nesse caso, **quando somamos** essas três características, dizemos que temos o CHA que gera os resultados do indivíduo. No entanto, no caso da Metodologia UP, onde **multiplicamos** esses fatores e conseguimos um resultado muito superior, adotei a nomenclatura de CHAS, com um "S" final, sinalizando a potencialização do método aplicado.

Desse modo, no nosso exemplo do primeiro item da tabela, teríamos o nosso CHAS formado pela seguinte equação: Conhecimento de Administração X Habilidade de Comunicação X Atitude de Resiliência. Onde o resultado final será muito superior ao obtido pelo simples CHA.

O Passo 9 fala de maximizar o uso dos seus recursos, de modo a conquistar um resultado maior e melhor.

— Da mesma forma que, na matemática, a **multiplicação** dos fatores costuma gerar um **resultado maior** do que a simples soma desses mesmos fatores.

— Exatamente... Vamos analisar agora o item 2 da tabela. Temos:

C: O Conhecimento Especializado em Liderança;
H: A Habilidade de Coordenar Pessoas;
A: Uma Atitude de Proatividade.

Desse modo, teremos o nosso CHAS formado pela equação: Conhecimento Especializado em Liderança X Habilidade de Coordenar Pessoas X Atitude de Proatividade.

E avaliando mais um exemplo, acompanhe com o item 3 da tabela:

C: Conhecimentos sobre Técnicas de Criatividade;
H: Habilidade de Criar;
A: Pensamento Flexível.

Desse modo, teremos o nosso CHAS formado por: Conhecimentos sobre Técnicas de Criatividade X Habilidade de Criar X Atitude de Pensamento Flexível.

— Genial!

— Então, Pedro, a ideia central do Passo 9 é você entender que pode usar todos os seus recursos multiplicados entre si, ou seja, usar um CHAS que é ainda mais amplo, e dessa forma ir muito além dos resultados que a maioria das pessoas consegue atingir.

Com essa ideia em mente, podemos potencializar mais ainda as nossas capacidades e gerar resultados muito mais surpreendentes. Porque podemos multiplicar cada uma dessas capacidades por todas as demais, gerando recursos muito superiores para a solução dos problemas e a conquista de nossos objetivos.

— Você quer dizer "multiplicar toda e qualquer capacidade nossa por qualquer uma de nossas outras capacidades"?

— Exatamente. Imagine que, nos exemplos da tabela, você pode usar sua proatividade, multiplicada pela sua habilidade de criar e multiplicada ainda pelo seu conhecimento especializado em liderança, para desenvolver um projeto inovador com sua equipe. Ou então, visualize-se usando a sua habilidade de criar, multiplicada por seu pensamento flexível e multiplicada ainda pelo seu conhecimento de administração, com o objetivo de formar uma equipe altamente participativa na elaboração de um projeto.

Assim como nesses exemplos, são muitas as possibilidades de formar os seus CHAS para a solução de cada situação ou problema que surgir, potencializando seus melhores resultados, com base na sua experiência de vida.

— E quanto mais experiência de vida você tiver na vida, mais vai ter recursos para multiplicar e gerar o seu CHAS...

— Exatamente. E é aí que está o grande segredo para a construção de um CHAS: a sua experiência de vida. Não só em termos de formações e cursos que você fez, mas principalmente pelo que você viveu em campo, na vida prática, resolvendo questões ao longo da vida e agregando experiência aos seus conhecimentos.

Então, passar do CHA para o CHAS e ter mais resultados para multiplicar é uma mudança que se dá gradativamente, ao longo da nossa vida, ao longo de projetos e objetivos que vamos conquistando na nossa jornada. Quanto mais acumulamos experiências e conhecimentos, mais poderosos serão os nossos CHAS.

— Dê um exemplo, para eu entender melhor.

— Pois bem, imagine que você praticou os passos da Metodologia UP para comprar um carro, ou conquistar um apartamento, ou ainda para que a sua empresa aumentasse as vendas. Enfim, você fez planos diferentes, que levaram você a atingir esses objetivos. Durante todo esse processo, você praticou, agiu, aprendeu e se aperfeiçoou em suas técnicas e na própria maneira de fazer seus planejamentos. Você colocou nesses objetivos seus conhecimentos, as suas habilidades, suas atitudes. Assim, você escolheu vencer e fez tudo o que a Metodologia UP recomendava para atingir seus objetivos.

Pois bem, calcule agora o quanto você aprendeu e evoluiu nas suas habilidades e nos conhecimentos que favorecem a sua capacidade de atingir esse objetivo. Esse é o combustível de alta octanagem, a gasolina especial, que vai turbinar os seus próximos projetos, que vai permitir que você trabalhe neles com um CHAS ainda mais poderoso.

— E isso vai gerar um diferencial para mim, no mercado de negócios e de trabalho...

— Com certeza, Pedro. Sem dúvidas de que você sempre pode conquistar objetivos fazendo um CHA, *somando* determinados conhecimentos, habilidades e atitudes. Você estará dentro de um padrão comum, que também funciona, estará somando recursos que você tem de bom e tendo algum resultado. Mas estará no lugar comum, no meio de muita gente que faz o mesmo. E ainda estará desperdiçando grande parte do seu potencial.

"Não tenha dúvidas de que lançando mão de toda a sua experiência e conhecimento adquiridos, multiplicando suas capacidades e gerando um CHAS, você conquistará muito mais resultados. Quando você entende que pode multiplicar todos esses fatores a qualquer momento, trazendo para os seus projetos toda a sua experiência acumulada em outros projetos anteriores, você passa a potencializar ao máximo a sua capacidade de realização."

— E essa experiência só cresce ao longo do tempo, certo?

— Com certeza, toda vez que você desenvolve uma nova habilidade, ou acrescenta uma nova experiência ou um novo conhecimento, à sua lista de capacitações, você amplia o seu poder de multiplicar seu potencial e fortalecer o seu CHAS para quando for trabalhar um novo projeto.

"Imagine, por exemplo, que nos últimos meses você tenha desenvolvido sua habilidade de criação. Você estudou metodologias que desenvolvem a criatividade, praticou em determinados assuntos e projetos e ampliou a sua capacidade de criar e de inovar. Logo, hoje você está habilitado para inserir a criatividade em seus projetos e multiplicá-la pelas demais capacidades e recursos que já tem. Assim, você potencializa ainda mais o seu CHAS e maximiza os seus resultados."

"É importante entender que você deve estar sempre crescendo, sempre se tornando melhor do que no seu dia anterior, e que precisa se propor a aprender todos os dias. Vale lembrar aqui daquela filosofia japonesa, o Kaizen, que de acordo com os ensinamentos do professor e consultor organizacional japonês Masaaki Imai[8], incentiva e estimula o crescimento contínuo, dia após dia. Essa é a atitude que garante que sua experiência e conhecimentos sempre se ampliarão e que a cada dia você terá mais recursos para construir seus CHAS ainda mais fortes, em todo e qualquer

"É IMPORTANTE ENTENDER QUE VOCÊ DEVE ESTAR SEMPRE CRESCENDO, SEMPRE SE TORNANDO MELHOR DO QUE NO SEU DIA ANTERIOR, E QUE PRECISA SE PROPOR A APRENDER TODOS OS DIAS."

projeto a que você se dedicar. Esse crescimento contínuo é o resultado mais amplo que a Metodologia UP nos proporciona."

"Na prática, isso significa que se você construiu capacidades para executar um determinado projeto, utilizando a Metodologia UP, pode ter as suas habilidades, as suas atitudes e os seus conhecimentos multiplicados entre si, para obter resultados excepcionais. Então, utilize sempre suas habilidades multiplicando pelos seus conhecimentos e pelas suas atitudes, manifestando toda a potencialidade que a Metodologia UP traz para os seus projetos."

— Vamos supor que eu estou trabalhando em dois projetos ao mesmo tempo. É possível usar no outro projeto as mesmas habilidades, conhecimentos ou atitudes que estou usando em um deles?

— Sim, sem dúvida, Pedro. E isso é até muito recomendável. O mais incrível desse Passo 9 é que ele deixa claro que quando você está com múltiplos projetos em andamento simultâneo, você pode entrelaçar todos esses conhecimentos, habilidades e atitudes, de modo a potencializar os resultados de todos esses projetos.

Entrelaçar, neste caso, significa que os conhecimentos, habilidades e atitudes que você desenvolveu, por exemplo, no seu plano 1, poderão ser usados no seu plano 2, ou no plano 3, sempre potencializando o elo entre eles, multiplicando cada fator e obtendo os melhores resultados.

— Uau! Então esse Passo 9 é bem mais poderoso do que eu imaginava!

— É muito poderoso, Pedro. Resumindo, o Passo 9 ajuda a potencializar os efeitos de nossos esforços, do nosso planejamento e do nosso preparo para lidar com as mais diversas situações, lembrando que devemos multiplicar todas as nossas capacidades, além de sempre estar investindo no desenvolvimento de cada uma delas e ampliando a cada dia as nossas experiências.

Lembrando sempre que a **simples soma** de nossos conhecimentos, habilidades e atitudes gera o nosso CHA para um determinado projeto. Já **a multiplicação** desses mesmos fatores entre si gera o nosso CHAS, que é a potencialização máxima de nossos recursos e que amplia todos os nossos resultados. Essa deve ser a base de todo o trabalho que fazemos, quando escolhemos vencer.

— E hoje não tem "historinha" como exemplo, como você fez nos outros passos?

— É claro que tem, Pedro. Para facilitar o entendimento prático desses conceitos e dar uma visão funcional do Passo 9 e da própria Metodologia UP como um todo, vou trazer aqui um exemplo, da minha história profissional, que evidencia cada um dos aspectos sobre os quais conversamos até este ponto.

"Em certa época, eu trabalhava em uma empresa de informática que tinha o foco voltado para a manutenção de placas eletrônicas e também para softwares de computadores. Minha performance naquela empresa era considerada excelente, porque costumava trazer grandes resultados para a organização. Na época, eu dava assistência na área de informática, junto a um grande banco que era nosso cliente. E os próprios donos da empresa reconheciam a qualidade dos serviços que eu prestava – eram três sócios, e um deles era um grande apoiador e incentivador do meu trabalho."

"Porém, por razões ligadas diretamente aos sócios da empresa, acabei sendo dispensado do quadro de funcionários, por motivos que eu nem mesmo imaginava. Procurei entender o que estava acontecendo, mas, enfim, o fato é que fui desligado da empresa."

— Deve ter sido um sufoco, né?

— Na verdade, um dos sócios que gostava muito do meu trabalho cometeu suicídio no final de ano, após as festas. Pelo que eu soube ele estava com alguns compromissos financeiros atrasados e tinha vergonha disso. Acabei por relacionar a morte dele com a minha demissão, pois isso ocorreu apenas uma semana depois de seu falecimento.

"Fui pego de surpresa, com total despreparo para aquela situação. No entanto, no mesmo dia em que fui dispensado, fui chamado por aquele grande banco que era nosso cliente, com uma proposta um tanto surpreendente. A responsável pela área de manutenção de informática do banco me disse que eles não tinham uma empresa onde me colocar de imediato, mas queriam que eu continuasse a tocar o meu projeto com eles. Então me pediram para acreditar em uma parceria com eles, em que eu investisse em continuar fazendo o meu trabalho, mesmo correndo certos riscos, mesmo sem ter ainda nenhuma garantia oficial de colocação. Prometeram arrumar uma empresa para eu trabalhar, mas não sabiam quando isso aconteceria. Solicitaram que lhes desse um voto de confiança, porque naquele momento eles precisavam que eu continuasse trabalhando no projeto que estava desenvolvendo com eles."

"Aceitei a proposta deles, correndo todos os riscos. Precisei investir meus recursos em deslocamentos e outras necessidades básicas, para poder me manter trabalhando com eles, sem que recebesse recurso algum vindo do banco, durante algum tempo. E com isso tive a oportunidade de trabalhar em mim certas características e habilidades de empreendedor. Afinal, eu estava investindo em algo que acreditava que seria um bom negócio no futuro."

— Pelo menos experiência como empreendedor você estava ganhando, já que não tinha retorno financeiro naquele momento...

— Sem dúvida. Fiquei um tempo trabalhando naquelas condições, até que fui chamado para trabalhar em uma empresa que cuidava da parte de telefonia de alguns dos prédios administrativos desse grande banco. Fui convidado a me juntar a eles para expandir os serviços que prestavam. Eu cuidaria da parte de informática na empresa, já que eles não tinham pessoal nessa área.

Depois, junto com essa empresa, participamos de uma concorrência que estava em andamento no banco, que desejava entrar em um padrão de fornecedor único, em que os prestadores de serviço deveriam fornecer as modalidades de telefonia e informática ao mesmo tempo. A situação era um tanto delicada, porque como a empresa em que eu estava somente fornecia serviços de telefonia, cabia a mim cuidar de toda a estrutura dos serviços de informática. Caso a empresa não tivesse condições de cuidar da informática, ela corria o risco de perder inclusive o contrato dos serviços de telefonia que já prestava para o banco.

Quando cheguei na empresa que me contratou e falei do meu projeto, daquilo em que eu acreditava, e comecei a tirar os problemas da frente, olhar para a solução de fato, começaram a surgir várias ideias. Toda a minha experiência anterior começou a vir à tona e passei a traçar os rumos de um projeto muito forte de implementação dos serviços de informática como um complemento do que a empresa já oferecia.

Meus conhecimentos de administração foram fundamentais para participar de um projeto como aquele. A minha habilidade com ferramentas de planejamento fez uma grande diferença. Eram necessários conhecimentos de engenharia em elétrica e eletrônica e eu tenho formação nessa área, o que me permitiu visualizar e desempenhar toda a parte de manutenção dos computadores. Além disso, eu tenho conhecimento financeiro, o que me ajudou a montar uma proposta que de fato fizesse sentido e gerasse os resultados financeiros desejados.

Também precisávamos da habilidade de liderança porque era preciso levar o projeto para mais de mil funcionários. Era necessário liderar todo o processo, desde a sua concepção até depois da aprovação, da implantação e do acompanhamento. Também, nesse ponto, minha habilidade de liderança e minha visão de futuro foram fundamentais.

As habilidades de criatividade e proatividade eram necessárias a cada passo que dávamos na direção da solução, da definição de um projeto viável e vantajoso. Também nessas áreas eu estava profissionalmente preparado.

Enfim, o projeto todo era um enorme desafio, e cada novo passo exigia uma habilidade de superação em todos os sentidos. Acima de tudo, era preciso acreditar que era possível realizar o que estávamos planejando.

— Agora eu entendi o que você quis dizer com usar a sua experiência acumulada para multiplicar suas capacidades e gerar um CHAS poderoso.

— Percebe, Pedro, como tudo isso potencializa os resultados? Em resumo, eu tinha habilidade, conhecimento e criatividade para criar um projeto de introduzir serviços de informática em uma empresa que só cuidava de telefonia, de tal modo que todos os pedidos dos serviços prestados ficassem concentrados em uma única central de atendimento. Mas eu não tinha apenas um CHA... O que eu tinha era um enorme CHAS, construído com base em todo o conhecimento e experiência profissional que acumulei na vida, que me permitiam ter as habilidades e as atitudes necessárias para vencer. Eu escolhi vencer e para isso passei a multiplicar entre si cada uma das minhas capacidades, recursos, conhecimentos, habilidades e atitudes, de modo a obter a melhor solução possível para fazer uma proposta vencedora para aquele banco.

Por fim, precisei ter muita coragem para agir proativa e assertivamente em um momento crucial das negociações. Depois de termos feito todo aquele projeto, fomos para uma reunião com os diretores do banco – juntos comigo estavam o presidente da minha empresa e o Diretor da área de vendas. Nessa reunião estavam também várias grandes empresas, nacionais e internacionais, que tinham conhecimento e renome que garantiam que se o banco as contratasse, ele não teria problema algum com o desempenho delas. E era contra essas empresas que nós estávamos concorrendo, e ainda tínhamos a desvantagem de não sermos uma empresa global, que tinha solução para todos os tipos de serviços.

Quando chegamos à reunião, o pessoal do banco nos recebeu dizendo que os valores que havíamos encaminhado estavam muito altos. E que com aqueles valores não daria para nós continuarmos com a negociação. Mas nos fizeram uma contraproposta, mas teríamos que aceitar os números que eles já tinham em mãos e consideravam de acordo com o que esperavam.

O presidente da nossa empresa olhou para o nosso diretor e ficaram sem ação, porque era uma situação muito delicada para decidirem ali. Os dois vieram a mim para saber a minha opinião. E eu prontamente respondi, diretamente para o cliente: "Nós aceitamos essas condições e esses valores que vocês têm para nós".

Aquela foi uma situação de extremo desconforto, porque percebemos que o cliente, naquele momento, não tinha a intenção de continuar com a nossa empresa. Eles tinham uma estratégia de colocar uma empresa global naquele contrato, ou mesmo uma nacional com quem tinham maior relacionamento. Para nós, isso foi um tanto constrangedor.

Porém, enquanto eles imaginavam que nós desistiríamos do negócio, que disséssemos que não tínhamos como fazer daquela forma, nós fomos na contramão do que eles esperavam. E a minha resposta bagunçou o plano deles, e eles não tinham como voltar atrás. Dessa forma, o superintendente de compras do banco concordou que fechássemos negócio.

— Uhuuuu! – Pedro aplaudiu de pé.

Ri muito com a atitude dele, antes de continuar narrando:

— Depois que saímos da reunião, fomos caminhando para o estacionamento e o presidente da empresa olhou para mim e disse: "Mas como é que nós vamos fazer isso? Eu disse simplesmente 'por enquanto, não sei, mas vamos achar um jeito de fazer'".

"Expliquei então para ele o meu raciocínio que levou àquela decisão. Lembrei que nós estávamos falando de um negócio que envolvia mais de 300 pessoas, que nós deixaríamos pelo caminho se não fechássemos o contrato. Então, não havia outra escolha que não fosse vencer aquela concorrência. Então, o que precisávamos fazer era voltar para o planejamento e melhorar aquilo que tínhamos projetado para fazer acontecer. A partir daquele ponto, nós precisávamos construir uma conta com o banco que valesse a pena continuar nela. E assim fizemos. Assumimos a prestação de serviços, demos conta do recado e depois de alguns anos conseguimos conquistar outros serviços e localidades para atuar. E nos tornamos o maior fornecedor daquele grande banco."

"Como eu disse antes, foi um ato de extrema coragem que adotei, mas não foi algo irresponsável. Afinal, minha decisão estava embasada em um enorme CHAS, que eu vinha construindo ao longo de minha vida. Algum tempo depois desses acontecimentos, fui convidado para ser diretor da empresa. Aquele momento foi o grande impulsor da minha carreira dentro daquela organização e, dali para a frente, em tudo o que me propus a fazer na vida."

— Agora ficou claro para mim o grande potencial de realização que temos quando cuidamos de construir um CHAS forte. Grandes soluções vêm de pessoas preparadas.

— Tá aí uma frase em que eu assino embaixo – Dei uma risada. – Preparei aqui um pequeno resumo sobre esta nossa conversa de hoje, para que você tenha isso à mão sempre que estiver trabalhando em seus planos e atividades para atingir um objetivo. Dê uma olhada nesta lista:

1 – Quando você escolhe vencer, tem que pensar imediatamente em construir seu CHAS.

2 – O Passo 9 é sobre a construção do CHAS que vai potencializar os seus projetos e maximizar os seus resultados.

3 – Você só pode ter um alto potencial de vencer quando multiplica as suas competências entre si e, assim, amplia os resultados de cada uma delas.

4 – Multiplicar suas competências é usar toda a sua experiência e aprendizado de vida conjuntamente, para analisar e resolver cada ponto do seu projeto.

5 – Construir um CHAS é estar preparado e consciente de tudo o que você sabe e em que é bom e multiplicar esses fatores entre si, para potencializar ainda mais a sua capacidade de realizar e obter sucesso.

6 – É importante entender que um CHAS poderoso não se consolida com um único projeto. Ele pode nascer no primeiro projeto em que você usa a Metodologia UP, mas ele vai crescer e se fortalecer na medida em que você desenvolver mais e mais projetos.

7 – Construir um CHAS poderoso não é um ato isolado. É um trabalho de toda uma vida, onde você vai aprimorá-lo e aproveitá-lo a cada pequeno passo que dá, a cada pequeno ganho em conhecimento e experiência que adquire.

8 – Durante a sua carreira, na sua vida, vivendo e aprendendo a cada dia e com cada nova experiência, utilizando tudo o que aprende em cada novo desafio, e multiplicando suas capacidades adquiridas, você constrói um CHAS poderoso e eficaz, para usar em cada novo desafio que surgir, em cada novo projeto em que se envolver e que se propuser a desenvolver.

9 – Invista consciente e ativamente em construir o seu CHAS de modo cada vez mais sólido e eficaz, para potencializar o seu sucesso e sempre poder escolher vencer.

— Maravilha! Isso vai ajudar muito no meu dia a dia.

— Assim espero. É para isso que estamos trabalhando.

TUDO ESTÁ CONECTADO

— Até aqui, Pedro, em todos os passos da Metodologia UP, insisti na ideia de que "tudo está conectado" e que cada passo se liga aos outros, alimenta os demais e é alimentado por eles. Acredito que depois de estudar o Passo 9 isso já tenha ficado bem claro. Mas, mesmo assim, no Passo 10 vamos ver como isso acontece e a força que a interação entre as diversas etapas do nosso método tem.

Dentro dessa ideia, vamos ver a grande importância de fazer conexões poderosas ao longo da jornada, para atingir nossos objetivos encurtando caminhos, diminuindo o tempo, evitando desperdício de recursos, ganhando dinheiro, criando relações saudáveis, mantendo tudo funcionando nos nossos planos, ao mesmo tempo em que estamos presentes com nossa família.

Acredito que podemos encerrar por aqui hoje. Afinal, avançamos bastante em um ponto que é fundamental para compreender e consolidar todo o planejamento orientado pela Metodologia UP.

— Beleza... E lá vamos nós, a caminho do sucesso pleno, do sucesso completo. Indo além das expectativas, fazendo mais do que é esperado, superando nossas próprias pretensões e fazendo uma diferença positiva no mundo.

— Isso mesmo, Pedro. Aliás, ao voltar para casa você pode ir pensando sobre tudo o que aconteceu hoje e capitalizar esses seus novos conhecimentos e habilidades. Por exemplo, para vir até aqui você usou seu conhecimento sobre os caminhos possíveis que teria de tomar. Usou sua habilidade de escuta ativa durante todo nosso encontro, para facilitar seu aprendizado. Utilizou sua atitude de vencer desafios, quando acrescentou mais uma etapa da metodologia UP para a construção e conquista dos

GRANDES SOLUÇÕES VÊM DE PESSOAS PREPARADAS.

CONSTRUIR UM CHAS PODEROSO NÃO É UM ATO ISOLADO. É UM TRABALHO DE TODA UMA VIDA, ONDE VOCÊ VAI APRIMORÁ-LO E APROVEITÁ-LO A CADA PEQUENO PASSO QUE DÁ, A CADA PEQUENO GANHO EM CONHECIMENTO E EXPERIÊNCIA QUE ADQUIRE.

seus objetivos. Portanto, se você multiplicar os Conhecimentos, as Habilidades e as Atitudes que utilizou hoje, já podemos dizer que você tem o seu primeiro CHAS poderoso.

Tenha um bom retorno para casa... E escolha vencer sempre. As ferramentas para isso você já tem em mãos. Faça bom uso delas.

PASSO 10: CONECTE O APRENDIZADO DA JORNADA

16

— Pedro, você já ouviu falar do "efeito borboleta"?

— Efeito borboleta? Sei lá o que é isso…

Dei uma risadinha.

— O efeito borboleta[1] é uma metáfora que, de forma simples, sugere que pequenas ações ou mudanças em um sistema podem causar consequências significativamente maiores ou imprevisíveis ao longo do tempo.

— Não entendi…

— O principal ponto aqui é perceber o porquê de essa ideia ser bastante razoável e útil. Isso só é possível de acontecer porque **tudo está conectado**. E aqui nós trazemos essa ideia para dentro do nosso estudo da Metodologia UP.

— Bom, pelo menos é isso que você vem dizendo a cada passo da metodologia que estudamos: "Tudo está conectado".

— Exatamente. Fiz questão de ser repetitivo para que você pudesse sentir a importância dessa ideia de interligação das nossas ações no desenvolvimento do potencial de quem escolhe vencer ao longo da vida. O conceito do "efeito borboleta", que usei como curiosidade, nos ajuda a entender que "tudo está conectado". As duas expressões falam da interconexão e a interdependência entre os elementos e sistemas do mundo, ou ainda, entre cada um dos passos da Metodologia UP e entre um projeto e outro que empreendemos apoiados nessa metodologia. Quando dizemos

1. O termo "efeito borboleta" foi criado pelo meteorologista Edward Lorenz, na década de 1960.

que "tudo está conectado", em nossa metodologia, estamos destacando que todas as pequenas coisas, os pequenos passos e as nossas experiências e vitórias estão intrinsecamente ligados de alguma forma, estão em constante interação e influenciam uns aos outros. O "efeito borboleta" é uma representação específica dessa interconexão, ressaltando como pequenos aprendizados podem vir a ter consequências notáveis em nossos projetos futuros.

— Agora ficou claro. No final das contas, é essa conexão entre as diversas coisas que realizamos que nos torna bons naquilo que fazemos!

— Exatamente, Pedro. Porém é importante que tenhamos a consciência disso e que tenhamos um método para organizar e registrar esses nossos aprendizados, para que possamos efetivamente aproveitá-los no futuro.

— E é nesse ponto que entra o Passo 10?

— Exato. Você pegou "o espírito da coisa". Então, vamos ver isso mais de perto. Porém, antes de falarmos mais detalhadamente do Passo 10 é interessante darmos mais uma olhada atenta no esquema geral que representa a Metodologia UP:

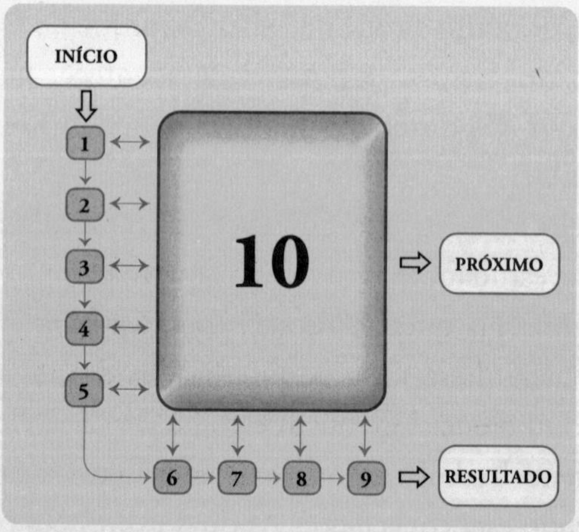

Onde:

1. Identifique o cenário atual;
2. Avalie seus potenciais;
3. Defina seu objetivo;

O "EFEITO BORBOLETA" É UMA REPRESENTAÇÃO ESPECÍFICA DESSA INTERCONEXÃO, RESSALTANDO COMO PEQUENOS APRENDIZADOS PODEM VIR A TER CONSEQUÊNCIAS NOTÁVEIS EM NOSSOS PROJETOS FUTUROS.

4. Estruture os indicadores de medição;
5. Descreva detalhadamente suas tarefas;
6. Avalie os resultados;
7. Melhore seu plano;
8. Potencialize suas crenças fortalecedoras;
9. Alimente seu potencial;
10. Conecte o aprendizado da jornada.

— Você consegue perceber, nesse esquema, como fica clara aquela ideia que estivemos assinalando, passo a passo, de que "tudo está conectado"?

— Sim, sem dúvida... O esquema nos ajuda a ver as conexões acontecendo a cada passo da Metodologia UP.

— Isso mesmo, Pedro. **É importante entender que** o Passo 10 catalisa todo o aprendizado da jornada, em um processo de colher e documentar dados e aprendizados, disponibilizando informações para todas as outras etapas do processo. Assim todos os passos da Metodologia UP alimentam seus conhecimentos, que vão sendo capitalizados e reservados para serem disponibilizados para uso nos próximos passos.

Mais ainda, o Passo 10 cria uma base de informações sobre suas experiências práticas anteriores e seus muitos aprendizados, de modo que quando você partir para buscar um novo objetivo, uma nova meta, um novo sonho, usando a Metodologia UP, você poderá utilizar no novo projeto todas as experiências, competências e aderências que desenvolveu anteriormente, o que vai fazer com que realize cada uma das novas etapas dos novos projetos de maneira melhor e mais eficaz.

— Estou sentindo falta de um exemplo prático. Apesar de termos visto isso com detalhes, no estudo de cada um dos passos, está me faltando uma visão de conjunto.

— Ótimo, Pedro. Excelente que você levantou essa questão. A título de exemplo sobre como o Passo 10 funciona, de um modo global, posso citar um pouco da minha trajetória de vida, pontuando situações mescladas entre conquistar objetivos pessoais e empresariais.

— Opa... Agora senti firmeza!

— Eu diria que a primeira vez que escolhi vencer conscientemente foi quando, ainda criança, decidi que iria conseguir completar meu álbum de figurinhas da Copa do Mundo de Futebol, o que eu teria de fazer por mim mesmo, uma vez que meu pai não tinha condições financeiras para comprar todos aqueles pacotinhos onde vinham as figurinhas. Então fiz um plano dentro do meu entendimento daquela época e saí em busca do meu objetivo. Sempre fui apaixonado por futebol e, com essa motivação, consegui preencher aquele álbum, o que foi uma vitória imensa na minha vida, que me trouxe um senso de autoconfiança enorme. Vamos chamar esse objetivo de Projeto 1, para facilitar o sequenciamento do nosso raciocínio nestes exemplos.

— OK...

— Vamos chamar de Projeto 2 o meu plano, que tinha como objetivo comprar uma bicicleta, mesmo sem depender da ajuda financeira dos meus pais. É claro que eu já tinha entendido que era capaz de vencer, depois da experiência com o Projeto 1, e entendi também que poderia usar algumas coisas que tinha aprendido do projeto do álbum de figurinhas para conseguir comprar a minha bicicleta. E foi o que eu fiz. Dessa forma, meu objetivo foi atingido mais rapidamente, e então percebi que essa forma de agir facilitava as coisas na minha vida.

"Seguindo em frente, posso dizer que o meu Projeto 3 tinha como objetivo comprar uma motocicleta. Dessa vez, peguei o aprendizado dos meus dois projetos anteriores e apliquei para construir um plano para a aquisição da moto. Novamente, percebi que as experiências anteriores facilitavam e agilizavam meu objetivo."

"E assim fui seguindo: realizei o sonho de comprar um carro e depois atingi o objetivo de cursar uma escola técnica profissionalizante. Usei a mesma estratégia de aplicar minhas experiências anteriores para arrumar um bom emprego. E então, o próximo passo foi fazer uma reserva financeira para poder cursar uma faculdade de engenharia. Na sequência de meus objetivos e sonhos, passei a trabalhar na área em que me formei, e então comprei um apartamento. Mais adiante na minha vida, realizei muitos sonhos de fazer viagens para lugares que sempre desejei conhecer."

— Você pegou mesmo "o jeito da coisa", né?

— O que houve, Pedro, foi que percebi que tudo o que sonhei foi sendo conquistado mais rapidamente e com maior assertividade porque aprendi a usar o conhecimento e as experiências anteriores como bases para trabalhar em cada novo projeto de minha vida.

Assim como dei exemplos de conquistas pessoais na minha vida, também usei os mesmos princípios para acelerar minhas conquistas na área empresarial. Foram muitos os objetivos conquistados, como ter uma empresa, aumentar o faturamento, criar novos produtos, ampliar a margem de lucro, ganhar mercado e tantos outros. Em todas essas conquistas o Passo 10 foi fundamental para ampliar minha capacidade de atingir objetivos com maior assertividade e mais rapidez. Este livro, por exemplo, é produto de uma decisão que tomei de compartilhar com as pessoas a Metodologia UP e toda a experiência que acumulei para construí-la. Em outras palavras, inclusive para escrever esta obra, os resultados que obtive aplicando o Passo 10 na minha vida têm sido o meu maior recurso.

— Por que você decidiu que era importante escrever este livro?

— O que acontece, Pedro, é que embora eu tenha feito essas descobertas e aprendido a usar minhas experiências anteriores para realizar os novos projetos, fiz isso intuitivamente. Muitas vezes em nossa vida usamos o que aprendemos em um determinado projeto para favorecer o trabalho em outros projetos seguintes, mas fazemos isso de maneira inconsciente e instintiva. Porém, com toda certeza, muito desse nosso conhecimento e experiências adquiridas se perdem, por uma falta de cuidado e de consciência da necessidade de capitalizá-los para uso futuro.

"Por isso, escrevi este livro pensando em ajudar as pessoas a direcionarem suas energias e aproveitar suas experiências para fomentar seu crescimento. E dentro dele faço questão de destacar que o Passo 10 nos torna mais poderosos, uma vez que nos permite, de maneira organizada e planejada, armazenar e lançar mão de todo o nosso histórico de experiências vividas para servirem de material para trabalharmos nos nossos novos projetos. O Passo 10 se configura em uma caixa de ferramentas, um local onde vamos armazenando informações fundamentais para construirmos uma vida de sucesso."

— Como você diria que o Passo 10 muda a vida das pessoas?

— Bem, Pedro, a essência do Passo 10 da Metodologia UP é ajudar as pessoas a criarem o hábito de registrar religiosamente todas as suas experiências e resultados. Dessa maneira, elas passam a servir de bases para serem investidas em novos projetos que vierem a ser desenvolvidos pela pessoa. O Passo 10 é a sistematização consciente de que devemos colocar todas essas experiências passadas em cada projeto executado em um repositório de conhecimentos adquiridos, para uso posterior. Podemos realizar isso de diversas maneiras, como fazendo anotações, criando relatórios sobre o ocorrido, gravando áudios e vídeos, e tantas outras formas de manter esse conhecimento vivo e disponível para uso. De tal modo que possamos lançar mão de tudo isso para desenvolver e executar nossos projetos seguintes. O passo 10 é a capitalização consciente de nossas experiências e conhecimentos adquiridos.

— Dá para dizer que o Passo 10 é o coração da Metodologia UP?

— Eu diria que o Passo 10 está mais para ser a memória da Metodologia UP. Com ele ampliamos o nosso aproveitamento de cada passo, lembrando que tudo o que fazemos está conectado com os demais passos no nosso projeto. E mais ainda, cada avanço que fazemos ao concluir um determinado projeto está conectado com o que poderemos fazer nos nossos próximos projetos. Em resumo, é a compreensão e a prática de uma mentalidade que nos diz que não precisamos começar do zero todas as vezes que escolhemos vencer ao empreender algo, seja na nossa vida pessoal, na área profissional ou no campo empresarial.

NÃO PRECISAMOS COMEÇAR DO ZERO TODAS AS VEZES QUE ESCOLHEMOS VENCER AO EMPREENDER ALGO, SEJA NA NOSSA VIDA PESSOAL, NA ÁREA PROFISSIONAL OU NO CAMPO EMPRESARIAL.

"O grande ganho do Passo 10 está exatamente em criar o hábito de registrar tudo o que é importante. Sim, porque é muito provável que você não tome consciência de muitas coisas que já fez no passado, quando teve vitórias, mas não registrou e simplesmente esqueceu. Ou, caso tenha registrado, tenha deixado em um nível inconsciente. E sempre que vai fazer um novo projeto acaba começando tudo de novo, sem utilizar o seu aprendizado."

— Sem registrar, não dá para aproveitar, certo?

— Exato, Pedro. Faça uma pequena experiência agora. Por exemplo, imagine se hoje você fosse tentar relembrar o passo a passo de algumas vitórias que você já conquistou na vida. Será que você lembrará dos pontos realmente importantes? Será que você tem conscientes quais foram os pontos fundamentais para que conquistasse aquelas vitórias? Seria possível resgatar agora todas essas memórias, de modo a que pudesse usá-las em um novo projeto que você quer realizar? Com certeza, você vai perceber que muitas coisas de suas experiências já se perderam, ficando esquecidas no passado.

Agora, caso você tivesse utilizado a Metodologia UP e, no Passo 10, tivesse feito todos os registros de suas ações e os resultados obtidos, você poderia resgatar todo o seu histórico de vitórias, de modo que teria material de qualidade para usar em seus novos projetos e mais uma vez escolher vencer.

— Não ficou muito claro para mim: eu faço minhas anotações sempre que termino um projeto?

— Esse é um engano frequente, que as pessoas cometem, Pedro. É importante entender que o Passo 10 deve acontecer **simultaneamente** com todos os demais passos. Embora ele seja chamado de Passo 10, ele não é o último passo a ser executado na Metodologia UP. Pelo contrário, ele tem seus melhores resultados quando é executado a cada vez que completamos um dos passos da Metodologia UP.

Além da precisão maior com que iremos fazer nossas anotações, essa interação entre o Passo 10 e todos os demais passos da Metodologia UP cria uma dinâmica interessante e produtiva. Um determinado aprendizado gerado na etapa 2, por exemplo, será acumulado no Passo 10 e poderá ser usado em qualquer dos outros passos seguintes. O Passo 10 recebe subsídios de cada passo e assim pode fazer uma devolutiva em qualquer das etapas seguintes, ou mesmo em todas elas. Pode ser que o conhecimento que você recebeu do Passo 1 seja útil para todos ou em qualquer um dos passos seguintes individualmente.

Muitas vezes, com a experiência acumulada no Passo 10 e aplicada a um novo projeto, você poderá perceber que algumas etapas na busca desse novo objetivo podem ser puladas e assim acelerar o processo todo e conseguir mais rapidamente os resultados buscados. Por essa razão é que podemos dizer que o Passo 10 funciona como um acelerador de processos nos seus projetos e na busca de seus objetivos.

Por isso repito que é fundamental entender que a ideia por trás do Passo 10 é a orientação para guardar, de modo metódico e organizado, a sua experiência e o seu aprendizado ao longo da vida, de modo a ter esse material disponível para reutilizar e potencializar seus próximos projetos e empreendimentos. Pode parecer algo bastante simples conceitualmente, mas, por incrível que pareça, isso é algo que a gente normalmente não faz, até por uma questão de dificuldade de manter isso na memória, na nossa mente.

Vamos pensar em um exemplo: procure lembrar agora de um objetivo que você atingiu com sucesso...

— Lembrei de uma ocasião em que passei em um exame de seleção para uma bolsa de estudos que tinha muitos concorrentes e poucas vagas.

— Perfeito, Pedro. Agora responda: o que você entende que foi o diferencial que o levou a atingir esse objetivo? Você tinha clareza do que era esse objetivo? Viu a sua potencialidade para ter sucesso? Você acompanhou o seu progresso por meio de metas? Tinha um plano de execução bem-feito e coerente? Quando algo não deu certo, você aplicou uma melhoria naquele ponto e seguiu em frente? Você se inspirou ou se abasteceu de atitudes e comportamentos positivos e eficazes? Afinal, qual foi o seu posicionamento mais importante, que fez com que você atingisse aquele objetivo?

É bastante provável que quando eu lhe faço essas perguntas, você não tenha uma visão clara do que foi que o levou a atingir o seu objetivo. A maioria das pessoas não têm esse registro, não armazenam essas informações, porque não foram orientadas a fazer isso de modo sistemático e organizado. Dessa maneira, ao fazer um novo plano elas simplesmente vão ter que reconstruir a sua jornada para o sucesso a partir do ponto zero. Vão ter de fazer tudo novamente porque não têm como aproveitar os aprendizados vencedores utilizados anteriormente e partir daquele ponto em diante.

— Mas com o tempo a experiência de vida não conta para a pessoa melhorar?

— Sem dúvida de que conta, Pedro. Com o tempo e com a experiência nos tornamos melhores e mais eficazes, mas a pergunta que fica é: quando vai atingir um objetivo, um sonho, você consegue trazer claramente, para o seu uso, o aprendizado que acumulou das suas jornadas anteriores que o levaram ao sucesso? Diante dessa pergunta, a grande maioria das pessoas fica no achismo: eu acho que foi isso que fiz, ou eu acho que foi aquilo; eu penso, eu acho, eu imagino... O problema é que nem sempre isso está claro, nem sempre a resposta vem de forma direta, a pessoa não faz conexões poderosas entre esses projetos, nem sempre ela registra devidamente suas experiências, seus ganhos e seus erros, de modo a poder aproveitá-los no futuro, em seu próprio benefício.

“Para que isso não aconteça mais na sua vida, o uso do Passo 10 da Metodologia UP vai exigir que você faça o registro de suas ações, experiências e resultados que o levaram à excelência, de maneira clara e objetiva. Com ele você vai poder dizer o que aprendeu e testou a cada passo que deu na direção de um objetivo que já conquistou.”

— Dê um exemplo, para ficar mais claro. Ainda não sei se entendi direito...

— Claro, Pedro. Vamos voltar um pouco aos exemplos que dei sobre minha trajetória de vida. Vou detalhar alguns pontos, de modo a ficar totalmente claro sobre o que estamos falando.

Quando consegui completar meu álbum de figurinhas da Copa do Mundo de Futebol, isso me trouxe um senso de *autoconfiança* enorme, além de eu *compreender que era capaz de vencer* e que *valia a pena lutar pelos meus sonhos.*

Depois, para comprar a bicicleta, entendi que poderia ousar sonhar mais alto e usei a autoconfiança e a certeza de que era capaz de vencer, coisas que eu tinha aprendido do projeto do álbum de figurinhas, para planejar e executar as ações rumo ao meu novo objetivo. Nessa ocasião, além de reforçar minha autoconfiança, aprendi também que era necessário ter *perseverança e persistência*, porque era preciso respeitar o tempo necessário para eu juntar o dinheiro para a bicicleta, além de continuar trabalhando para levantar aquele dinheiro. Percebi também que eu estava *agindo de um modo que funcionava e facilitava as coisas* na minha vida. Isso *elevou minha auto*estima e me ajudou *a confiar mais em minhas decisões.*

Em meu próximo objetivo, que era comprar uma motocicleta, o salto que eu pretendia dar era bem mais alto. Porém eu já trazia na minha bagagem de experiências coisas importantes, como: eu já sabia que era capaz de vencer, tinha minha autoconfiança reforçada, tinha percebido que a perseverança e a persistência faziam parte de um bom plano de ação e tinha entendido que o meu "método", vamos chamar assim, de fazer as coisas, funcionava perfeitamente para me levar aos meus objetivos. Mais ainda, minha autoestima estava elevada e isso me ajudava a tomar melhores decisões e até ousar um pouco mais, se necessário.

E assim por diante, fui sempre pegando as experiências dos projetos anteriores e usando em novos projetos e, com eles, somando novas experiências, que me tornavam mais capaz de vencer a cada novo objetivo conquistado.

— E quanto mais projetos você realizava, mais experiência e confiança acumulava, de modo a conseguir cada vez melhores condições de planejar e executar suas atividades que o levavam a atingir seus objetivos?

— Exatamente. E é assim desse modo que você irá formar, também na sua vida, um banco de práticas recomendáveis e testadas, objetivos vencidos e passos e ações aplicados e resultados obtidos, para gerar um diferencial positivo na sua jornada. Você vai ter um material de alta qualidade e grande eficácia, pronto para utilizar nos seus próximos objetivos e projetos.

"Perceba que o Passo 10 funciona como um tanque de oxigênio que lhe permite ter muito mais fôlego na sua luta pelo que deseja conquistar. É uma base fundamentada e consolidada a partir de tudo o que você acreditou, experimentou, testou, atingiu e realizou. Dessa maneira, a sua chance de atingir seus novos objetivos será muito maior, e o tempo que vai levar para fazer o sucesso acontecer será bem menor – afinal, a curva de aprendizado que você vai usar vai facilitar muito sua vida."

Isso é muito útil e providencial, especialmente em situações críticas, de dúvidas ou de incertezas. Quando um empresário quebra, por exemplo, quando ele está em uma situação de dificuldade extrema, o Passo 10 pode funcionar como uma válvula para aliviar a pressão da situação. Ela funciona como uma ferramenta de sustentação para que ele se organize e reconquiste o que perdeu, para que se reerga. A história e a jornada que ele trilhou estarão devidamente registradas e formarão uma conexão poderosa e se tornarão sua base de reação contra as vicissitudes.

Construir uma conexão poderosa entre o que você viveu no passado, o que vive no presente e o que planeja para o futuro é trazer a sua história e a colocar para funcionar como um atributo de valor para que atinja seus sonhos de uma forma mais efetiva. Esse é o potencial real do Passo 10 da Metodologia UP.

— Podemos dizer que dentro do Método UP o Passo 10 faz uma espécie de revisão, atualização e ampliação de nossas experiências e aprendizados?

— Sem dúvida que sim, Pedro. Fazer o Passo 10 com seriedade e responsabilidade desencadeia um processo contínuo de modernização de nossas referências, adequando-as sempre ao que precisamos nos projetos em que estejamos trabalhando no presente. Dentro da estrutura desse método, essa etapa é uma peça que faz com que a pessoa ganhe

CONSTRUIR UMA CONEXÃO PODEROSA ENTRE O QUE VOCÊ VIVEU NO PASSADO, O QUE VIVE NO PRESENTE E O QUE PLANEJA PARA O FUTURO É TRAZER A SUA HISTÓRIA E A COLOCAR PARA FUNCIONAR COMO UM ATRIBUTO DE VALOR PARA QUE ATINJA SEUS SONHOS DE UMA FORMA MAIS EFETIVA.

dinamicidade e poder de ação, porque não terá que despender o mesmo esforço do passado a cada nova empreitada. O Passo 10 não deixa que as experiências e aprendizados já conquistados se percam, sempre proporcionando a oportunidade para que esses subsídios sejam trazidos à baila para que possam ser utilizados em novos projetos.

— E quando a pessoa tem, no seu passado, algum projeto em que fracassou? Como incorporar isso ao Passo 10?

— Esse é outro ponto a considerar: mesmo que a pessoa não tenha atingido seu objetivo anteriormente, a experiência registrada no Passo 10 também será rica para que ela possa tomar melhores decisões quanto aos seus próximos projetos, tanto no seu planejamento quanto na execução. Caso a pessoa tenha feito um plano anteriormente, com um conjunto de tarefas, executou-as devidamente, mas no fim não atingiu seus objetivos, isso não pode ser considerado como uma perda, mas sim como um ganho de experiência. E isso é uma informação importante que deve ser registrada no Passo 10 do método, e que também irá orientar seus próximos planejamentos.

"É também possível que a pessoa tenha sido eficiente na execução, mas aquelas tarefas não eram eficazes para atingir o objetivo buscado. Por isso é importante ter sempre uma conexão clara entre as tarefas e seus objetivos. Para atingir um objetivo você não precisa fazer 100 tarefas, só para ter a sensação de que trabalhou o bastante, mas sem ter certeza de que existe uma conexão entre elas e o seu objetivo. Em grande parte das vezes, apenas algumas tarefas resolvem a questão, desde que sejam as tarefas certas. Nesse caso, também essas informações irão para a base de dados construída com o implemento do Passo 10, como mais uma fonte riquíssima de aprendizado e referência."

"Na maioria das vezes trabalhar muito, mas executar as tarefas erradas, além de não levar a pessoa ao seu objetivo ainda gera sentimentos ruins e frustrantes, em que a pessoa passa a pensar coisas negativas, alimentar crenças limitantes, ter pensamentos do tipo 'eu não sou capaz, não consigo', o que piora a situação e faz com que ela nem ao menos tenha ânimo para se dedicar a outros projetos. Para superar essas situações, novamente podemos lançar mão de nosso histórico gerado pelo Passo 10 da Metodologia UP como ferramenta de ajustes emocionais e práticos em nossa jornada rumo ao nosso objetivo."

Pois bem, Pedro. Com isso, terminamos de estudar todos os 10 passos da Metodologia UP. E o que devemos fazer agora?

— Agora é pôr em prática e fazer funcionar na minha vida, do mesmo modo que está funcionando para você.

— Exatamente, Pedro. É ótimo conhecer a Metodologia UP a fundo, como fizemos nestes nossos estudos em conjunto. Mas isso tudo de nada valerá, se não for colocado em prática. Além do mais, é a partir da prática com a Metodologia UP que vamos adquirir a experiência necessária para ampliar cada vez mais a nossa capacidade de ter sucesso em nossas empreitadas.

— E por hoje é só, certo?

— Sim, Pedro. Mas antes de encerrarmos o dia, me responda: o que foi que você aprendeu de mais importante hoje?

— O que é "efeito borboleta" – ele deu uma risada. – Desculpe a brincadeira... O que considero de mais importante no aprendizado de hoje é ter a consciência de que "executar o Passo 10 com responsabilidade, dedicação e consciência é a melhor forma de efetivamente sempre escolher vencer".

"EXECUTAR O PASSO 10 COM RESPONSABILIDADE, DEDICAÇÃO E CONSCIÊNCIA É A MELHOR FORMA DE EFETIVAMENTE SEMPRE ESCOLHER VENCER."

ESCOLHA VENCER... E VENÇA

17

— Então, hoje concluímos o estudo da Metodologia UP?

— Isso mesmo, Pedro. Depois de uma longa série de conversas, agora você já tem a visão completa do método e as orientações sobre como aplicá-lo na prática.

— E assim escolher vencer?

— Exatamente. Escolher vencer... e vencer de fato.

— É impressionante como o método funciona... Durante os nossos estudos, fui aplicando nas minhas atividades e projetos do dia a dia cada passo que aprendia e fiquei admirado com como os meus resultados melhoraram muito.

— Fico muito feliz com isso, Pedro. Primeiro porque você já se beneficiou do uso da Metodologia. Depois porque o melhor meio de aprender algo é efetivamente colocando-o em prática. E você fez isso muito bem.

— Me diz uma coisa: como surgiu para você essa ideia de criar a Metodologia UP?

— Bem, Pedro... Decidi escrever a Metodologia UP depois que notei que existia em minha vida uma série de conexões que favoreciam o meu aprimoramento. Percebi que sempre que eu trazia para uma nova empreitada alguns aprendizados e experiências que tive em projetos anteriores, meus resultados melhoravam muito. Entendi que cada vez eu me saía melhor em meus objetivos, fossem eles pessoais ou profissionais, e que havia uma razão muito forte por trás dessa realidade.

Analisando todas essas conexões, ficou claro para mim as evidências de que a minha trajetória era repleta de decisões em que escolhi vencer e que cada nova vitória me preparava melhor ainda para os meus próximos projetos.

— Tudo está conectado, certo?

— Sim, Pedro, isso mesmo. Assim, resolvi fazer a estruturação do que comprovei ser uma caminhada vitoriosa, que considerei como sendo "uma trajetória para escolher vencer". E o resultado dessa estruturação, depois de muitas análises e muitos testes práticos que fiz, se transformou no que hoje chamo de Metodologia UP.

— Uma metodologia que acabo de aprender...

— Certíssimo, Pedro. E que, com certeza, percebeu que é algo bastante simples e natural, que só precisa do seu conhecimento do método para aplicá-lo e da sua vontade e sua decisão de vencer para fazer dar certo na sua vida. Vamos entender melhor isso, fazendo um passeio rápido pelos passos do método.

A partir do momento em que faz o Passo 1, você entende o seu cenário atual e vê as relevâncias do que está à sua disposição. Você olha quais são as condições em que está inserido e tudo aquilo que existe de oportunidade. Percebe também quais são as coisas que geram risco para o seu plano, que poderiam dificultar atingir o objetivo que você busca.

Lembro-me bem da época em que escolhi a faculdade que eu iria fazer. Na hora de fazer minha escolha, identifiquei o cenário e percebi a engenharia como sendo um ponto forte, partindo da premissa que eu já tinha experiência anterior na área, por ter feito a escola técnica do Senai.

— Uma experiência anterior que iria potencializar o seu estudo e o futuro trabalho na área da engenharia?

— Perfeito. Então, Pedro, perceba como é importante ver as evidências que o Passo 1 nos apresenta, para entender o cenário que está se apresentando e poder entender em que direção nos convém investir.

"O Passo 1 é uma estratégia que tem que andar com você a vida inteira, em todos os momentos da sua vida. Sempre que você for decidir sobre um objetivo, o primeiro passo é identificar claramente quais são os pontos fortes e fracos que você tem e que tipo de riscos e oportunidades estão à sua frente. Posso afirmar que, com certeza absoluta, as grandes coisas que aconteceram na minha vida, de forma extraordinária, foram resultantes de uma análise minuciosa e responsável do Passo 1."

"Na etapa seguinte, você precisa carregar consigo, de modo ativo e consciente, o Passo 2. É nesse ponto que você vai obter um entendimento claro dos seus potenciais para seguir adiante na busca do seu objetivo. Então, Pedro, é nessa hora que você deve avaliar quais são suas habilidades, que tipo de conhecimentos e quais atitudes você tem, para poder lidar com aquele desafio de buscar o objetivo que você deseja; e não só ir em busca desse objetivo, mas principalmente escolher vencer e conquistar realmente a sua meta."

"A jornada do Passo 2 tem que ser muito intensa na sua vida. Ela propõe que você entenda muito bem qual é a sua potencialidade. E quando entende tudo aquilo que de fato você é e os recursos que tem, passa a ter grandes chances de fazer o seu objetivo acontecer."

— E o nosso potencial tende a crescer com o tempo?

— Exatamente, Pedro. Esse é outro ponto sensacional e animador que temos dentro da nossa metodologia: a consciência de que nosso potencial é diferente a cada dia, a cada ano que passa. Melhor ainda: ele só aumenta, porque com o passar do tempo e as experiências adquiridas, reunimos mais conhecimento, mais habilidades, e assim passamos a ter mais atitudes que nos levem a escolher vencer.

"O Passo 2 tem sido determinante na minha jornada de vida e, com certeza, vai ser também fundamental na sua caminhada para o sucesso. Sempre carrego comigo a ideia de que escolher vencer passa por eu entender os meus potenciais. E tenho consciência de que esses potenciais estão cada vez melhores, de modo que posso sempre subir a régua e aceitar desafios cada vez maiores, posso escolher vencer em situações cada vez mais ousadas e compensadoras."

— É como fazer treino físico: quanto mais treinamos as técnicas de musculação, maior se torna a capacidade dos nossos músculos...

— Essa é uma boa comparação, Pedro. A ideia é mesmo esta: tudo o que aprendemos e treinamos em uma etapa ou projeto servirá para potencializar os resultados das etapas e projetos futuros.

"Já quando falamos do Passo 3, é nele que definimos claramente o nosso objetivo. Afinal, não dá para utilizarmos bem nossos potenciais se não tivermos um objetivo claro. É nesta etapa que você vai definir aonde quer realmente chegar, o que espera alcançar no final da sua jornada. Por exemplo, se você deseja ter uma empresa, é preciso definir de que tamanho ela será, em que área essa empresa atuará, qual será o seu mercado e quem serão seus concorrentes e tantos outros fatores mais. Ter clareza do seu objetivo é o que vai permitir que você tenha maiores chances de vencer."

"O Passo 3 tem que caminhar com você sempre e precisa estar sempre muito claro e presente em sua mente, para que não perca o foco no seu objetivo. Aconselho inclusive que você escreva esse objetivo de maneira bem legível e deixe visível em diversos pontos que frequenta diariamente em sua casa ou seu escritório. Lembre a si mesmo, todos os dias, para onde você está caminhando, qual é o lugar aonde quer chegar."

— A clareza de objetivo nos ajuda a manter o olhar na direção certa.

— Isso mesmo, Pedro. Por isso ter clareza de objetivo é fundamental. A partir do momento que você tem seu objetivo traçado, é claro, é preciso caminhar para ele e, mais ainda, é necessário ter a certeza de que está se mantendo na rota certa. Logo, você precisa ter placas de sinalização do seu caminho, precisa ter indicadores poderosos e precisos que garantam que você continua na direção certa. Então, é nesse momento que você entra no Passo 4 da Metodologia UP.

— O Passo 4 é aquele que fornece os indicadores que vão ser nossos guias na caminhada rumo ao nosso objetivo, certo?

— Certíssimo, Pedro. E caso você desvie da sua rota, esses indicadores sinalizarão o erro e o ajudarão a voltar para o caminho certo. Lembro-me de uma época em que quis comprar um carro e estipulei um determinado valor em dinheiro que eu deveria guardar por mês, para atingir o meu objetivo dentro de certo prazo. Esse valor mensal era um dos meus indicadores. Eu o checava mês a mês e, caso eu me desviasse da minha meta – por exemplo, se em algum mês eu não tivesse condições de fazer aquela reserva mensal de dinheiro, ficava claro para mim que eu desviei da minha rota –, os indicadores me avisavam disso e eu dava um jeito de fazer algumas outras atividades que me permitissem corrigir a rota e voltar para o caminho certo. Então eu ajustava tudo o que faria nos próximos meses, para não perder de vista o meu objetivo lá na frente.

— E é comum que a gente desvie da rota de vez em quando?

— Sim, sem dúvida. Afinal, somos humanos e erramos, falhamos e ainda temos que admitir que existem situações não previstas que podem surgir e atrapalhar a nossa caminhada.

Na verdade, Pedro, existem momentos em que os nossos indicadores poderão se apresentar totalmente desfavoráveis ou negativos. Nesses casos, muitas vezes será necessário até mesmo rever todo o nosso plano.

Mas não se assuste e nem desanime. Isso faz parte do nosso método. O Passo 4 existe exatamente para que a gente tenha condições de perceber e corrigir os desvios, e até mesmo tomar outras trajetórias, sempre com o foco de atingir o nosso objetivo desejado.

— E no Passo 5 tratamos diretamente da questão do "como fazer".

— Muito bom, Pedro. Pelo que vejo você aproveitou muito bem as nossas conversas. Está corretíssimo: uma vez que você já tenha clareza sobre aonde quer chegar e definiu seus indicadores, para poder fazer suas medições, é preciso ter clareza sobre *como você vai atingir o seu objetivo*, sobre o que você precisa fazer para realmente chegar até lá.

O Passo 5 é a declaração clara do que você vai precisar fazer. É nesta etapa que você define e elabora claramente quais são as atividades que vai fazer, quais serão as suas tarefas, qual é o grupo de ações que vai construir para efetivamente caminhar para seu objetivo.

Quando descreve claramente as suas tarefas, à medida que as vai executando e avançando, você também confere os seus resultados com os seus indicadores. Em muitos casos, isso vai deixar bastante claro que o seu plano pode não ser bom o suficiente para atingir o seu objetivo, e que é necessário corrigir o próprio plano como um todo.

— Como assim?

— Veja: quando você executa rigorosamente as tarefas do seu Passo 5, seus resultados têm que comprovar que você está garantindo seu caminho até seu objetivo. A garantia de certeza do seu caminho acontece quando cada ação sua leva ao resultado esperado. Caso contrário, é preciso, muitas vezes, até mesmo corrigir o seu plano. Afinal, só podemos ver se há assertividade plena nos nossos planos quando os colocamos em execução.

"Deixe-me dar um exemplo: certa vez fiz uma caminhada pela Trilha Inca, para Machu Picchu, uma cidade inca que fica no alto da Cordilheira dos Andes, no Peru."

"Fiz o meu projeto de caminhada, inclusive com a minha declaração de tarefas. Mas eu não tinha uma ideia precisa de quais eram realmente as dificuldades que enfrentaria. Até que tive de enfrentar diversas escadarias, com milhares de degraus, até chegar em Machu Picchu. E então tive de mudar o meu plano inicial, porque havia degraus no caminho que eram muito altos para mim, de modo que, para transpô-los, precisei encontrar alternativas que eu não tinha previsto no plano inicial."

A Caminhada Inca me mostrou mais uma vez que, mesmo tendo um objetivo claro e um plano bem elaborado, é possível encontrar imprevistos que nos mostrem que as atividades que tínhamos previsto não eram suficientes para vencer as dificuldades. Então, precisaremos construir algo novo para continuar na jornada e chegar ao objetivo.

— Mas você conseguiu chegar a Machu Picchu?

— Com toda certeza, Pedro. Afinal, poder lidar com imprevistos e corrigir rotas, tarefas e ações é uma das grandes vantagens da Metodologia UP.

Então, é interessante ter isso em mente: uma vez que você tenha executado bem todas as atividades que previu, caso perceba que não está caminhando para o seu objetivo, porque as atividades não são suficientes ou não são totalmente adequadas, mesmo assim não desanime. Tudo o que é preciso é fazer alguns ajustes em seu plano e seguir em frente. Esse processo de ajustes é totalmente normal em todo e qualquer plano que se faça, para qualquer que seja o objetivo.

É aqui que entra o Passo 6, em que fazemos basicamente nossas avaliações de resultados e verificamos se existe necessidade de fazer modificações. Não existe como garantir que se está indo no caminho certo sem avaliar nossos índices de acertos frente aos nossos indicadores. É simples: você tem um resultado obtido para uma determinada tarefa e tem um indicador que lhe diz o que esperar dessa ação que empreendeu. Então é tranquilo fazer uma avaliação, por simples comparação desses fatores.

Se você está sendo eficiente na execução das suas tarefas, então seus resultados deverão estar de acordo com os seus indicadores. Isso significa que você está caminhando para o objetivo. Mas se algum indicador não está sendo atingido, é preciso rever o seu plano e as suas ações. Nesse caso, teremos duas situações possíveis:

1 – Se você não está executando suas tarefas em 100%, então você sabe que não atingiu o seu indicador porque não está sendo eficiente na questão. Está faltando disciplina, empenho e comprometimento na execução das suas tarefas.

2 – Porém, se você está executando todas as suas tarefas com empenho e foco, mas o seu indicador ainda assim não está sendo atingido, então é preciso mexer no seu grupo de tarefas. É preciso rever o projeto e ajustá-lo para a realidade que você está enfrentando.

— Neste caso, quer dizer que as tarefas não estão adequadas ao nosso objetivo?

— Isso mesmo, Pedro. Significa que por algum fator desconhecido, ou que nós simplesmente não levamos em conta, desenhamos as tarefas de modo inadequado. E isso ficou evidente quando fomos checar nossos resultados. Muitas vezes as tarefas até estão certas e temos que continuar fazendo-as, mas não são suficientes, ou seja, é necessário adicionar um grupo de ações complementares para atingir o indicador que o levará ao seu objetivo.

"Lembro-me de que quando abri a minha primeira empresa planejei faturar com ela um valor muito maior do que consegui nos 6 primeiros meses. Mas o que estava acontecendo poderia não ter ficado claro para mim, e até mesmo passar despercebido no meu dia a dia corrido. Porém, como estava avaliando os meus resultados o tempo inteiro, então eu sabia que não estava atingindo aquilo que tinha planejado. O que me deu a oportunidade de refazer minhas ações e colocar a empresa em um rumo lucrativo."

"É bastante comum encontrar empresas que até têm bons negócios, mas que acabam quebrando nos dois ou três primeiros anos, simplesmente porque os empresários não medem seus resultados e não os comparam com indicadores importantes. Quando se dão conta, a empresa já está comprometida demais para que possam salvá-la. Portanto, a maneira de efetivamente escolher vencer em seus negócios, e na vida, é avaliar seus resultados sempre. Ter clareza de onde você quer chegar, clareza das tarefas, de como medir seus resultados."

— Mas em qual momento devo fazer essas avaliações?

— É preciso avaliar o tempo inteiro a sua jornada. Esse é outro ponto importante a considerar. A sua avaliação tem que ser recorrente. Não dá para ter um plano que você avalie somente a cada 6 meses. É importante ter avaliações mensais e, muitas vezes, até mesmo semanais. Por exemplo, se você escolhe vencer por meio de uma meta de vendas arrojada, não dá para fazer esse tipo de medição apenas uma vez por mês, porque essa atividade é algo muito dinâmico.

"Enfim, é muito importante que você tenha também clareza sobre suas avaliações e que elas sejam recorrentes, planejadas e suficientes para lhe dar o senso de direção que você precisa para tocar em frente os seus negócios e se manter na direção de seus objetivos. Neste caso, a disciplina é fundamental."

"E então, quando passamos a trabalhar no enfoque dado pelo Passo 7, fica claro e urgente que todas as vezes que se avalia o andamento de um plano e se verifica que ele não está indo na direção do nosso objetivo, precisamos melhorar o nosso plano. O Passo 7 é aquele que potencializa o certo, que evidencia tudo o que está dando errado e o que precisa mudar e melhorar."

— Todo plano tem necessidade de ser melhorado, ou ele pode dar certo logo na primeira tentativa?

— Bem, Pedro, um projeto nunca sai totalmente dentro daquilo que foi planejado. Em princípio, um planejamento é feito para dar certo. Mas a realidade nos mostra que não existe plano que acerte em 100%. É praticamente impossível alguém construir um planejamento em que não se vai precisar mudar nada durante a execução – afinal, são muitas as variáveis envolvidas e os eventos que não poderiam ser previstos. Logo, a única alternativa para chegarmos a esses 100% é com a possibilidade de estarmos sempre melhorando o nosso plano. Essa função está exatamente no Passo 7 do nosso método.

"Você escolhe vencer, faz o seu plano, põe em ação e segue em frente. E todas as vezes que alguma coisa não der certo, você precisa agir no sentido de melhorar o seu plano. Escolher vencer na sua vida como um todo é estar disposto a melhorar sempre os seus planos em toda e qualquer área da sua existência."

— É aquela velha história do *Kaizen* japonês[9]... A melhoria contínua?

— Exatamente, Pedro. Essa é a ideia. Como costuma dizer o autor e empresário brasileiro Edgar Ueda[10], "O caminho se faz caminhando". Melhorar o caminho a cada dia, em especial naquelas coisas que necessitam ser corrigidas, está dentro desse princípio do *Kaizen.* Com essa ideia de melhorar o nosso plano, ajustá-lo e executá-lo com responsabilidade, avançamos para o nosso objetivo lançando mão do Passo 8, para potencializar as nossas crenças fortalecedoras e melhorar nossas chances de ter sucesso e ser feliz.

"Eu gosto muito de acreditar que meu corpo, minha alma e minha mente estão conectados o tempo inteiro com a ideia de 'escolher vencer'. Isso sempre me levou a fazer o que era preciso para melhorar o meu nível de entendimento, para que eu pudesse sempre corrigir minhas rotas e me manter na direção de meus objetivos. É essa crença fortalecedora que me dá sempre a certeza de que vou conseguir, vou chegar lá e vou vencer. É essa maneira de pensar, de me portar, que mantém em mim um espírito vencedor cada vez mais fortalecido."

"Quando tem a crença fortalecedora de que mesmo que algo não dê certo você tem as potencialidades necessárias para melhorar o seu plano e que você tem um método para colocar as coisas nos seus devidos lugares, qualquer obstáculo se transforma em um desafio a mais para você poder seguir em frente acreditando na vitória."

"Quando a sua crença no "escolher vencer e fazer acontecer" é forte o suficiente, você tem o poder de derrubar as crenças limitadoras e as negatividades e levantar a sua energia para prosseguir na sua luta. O Passo 8 nos leva ao fortalecimento das nossas crenças positivas e construtivas, de modo a nos tornarmos cada vez mais confiantes e capazes de alcançar o sucesso."

"E coroamos esse processo todo com o Passo 9, que nos ensina a alimentar o nosso potencial o tempo inteiro, além de estimular e fortalecer os nossos conhecimentos, nossas habilidades e atitudes positivas. E então nos tornamos capazes de utilizar isso o tempo todo e multiplicar nossas habilidades, atitudes e conhecimentos para potencializar os nossos resultados – e assim também ampliamos e potencializamos o nosso CHAS."

— Certo... Lembro-me dessa ideia do CHAS. Tem a ver com multiplicar nossos conhecimentos pelas nossas habilidades e por nossas atitudes positivas e construtivas...

— Isso mesmo, Pedro. E assim potencializamos cada vez mais as nossas ações e ampliamos os nossos resultados.

"O importante neste ponto é perceber que as suas experiências evoluem, à medida em que você avança pela vida e reúne novas vivências e conhecimentos. A cada ano de vida você passa a ter mais material para incorporar ao seu CHAS. E cada projeto e cada nova experiência que vive passam a fazer parte do suporte que você reúne para conquistar os seus próximos objetivos. Dessa maneira, aumentam suas chances de vitória e diminuem os erros e os fracassos."

"Finalmente, você compreende que no Passo 10 estamos falando de conectar todas as experiências que traz da sua vida e manter um registro delas para que possa cada vez mais buscar e usar esse material como apoio para os seus próximos projetos. Com esses registros, você formará uma base de conhecimento que poderá acessar facilmente, conforme a necessidade de cada novo projeto que resolver empreender. Portanto, jamais terá que começar algum projeto do zero novamente."

"Utilizar o Passo 10 para registrar suas experiências e conhecimentos e construir sua maturidade para empreender qualquer projeto que desejar realizar na sua vida é aquele 'toque de Midas', que vai transformar em ouro cada uma das suas ações em direção ao seu objetivo traçado. Portanto, registre suas grandes e pequenas conquistas, mas também registre os seus fracassos. Tudo é material para você usar como base para os seus projetos futuros. Dessa forma, você potencializará muito a sua chance de vencer e aumentará em muito os seus resultados."

— O Passo 10 não deixa que percamos de vista os nossos aprendizados anteriores...

— Perfeito, Pedro. Pois bem, esse é um resumo das principais razões pelas quais decidi escrever a Metodologia UP e também este livro: para ajudar as pessoas a aplicarem em sua vida as mesmas estratégias que aprendi a aplicar na minha jornada e que me ajudam a vencer em cada projeto de vida que decido empreender.

"Agora, para tranquilizá-lo um pouco, Pedro – porque sei que isso tudo pode acabar deixando você um tanto ansioso –, quero dizer também para que você use a Metodologia UP sempre, mas não se cobre pela estruturação do passo a passo todo o tempo, gerando tensão e ansiedade em seu dia a dia. Use a metodologia de forma natural, com consciência e responsabilidade, mas se deixe também livre o suficiente para desfrutar da jornada."

"Esteja motivado pela sua jornada e procure usar a Metodologia UP como uma ferramenta de suporte em cada projeto seu, um facilitador, sabendo que isso irá ajudar em toda a sua vida. Porém, seja bondoso com você mesmo, aceitando que algumas vezes você vai falhar e entendendo que mesmo essas falhas servem de experiências para aprimorar o seu uso dessa metodologia e levar você a resultados cada vez melhores. Compreenda e aceite que muitas vezes não faremos o passo a passo do método em 100%, mas que é sempre certo que a cada passo que dermos melhoraremos o nosso potencial de escolher vencer e realmente vencer. Neste caso, quando temos fé e temos a espiritualidade guiando nossas ações, compreendemos que o Criador tem um plano para nós e que é preciso confiar e fazer a nossa parte sempre."

"Certa vez estava com um médico, amigo meu, enquanto me aconselhava a fazer caminhadas diárias. Perguntei a ele:

— Quanto de caminhada devo fazer por dia?"

Ele respondeu:

— Trinta minutos é melhor que 20; 20 minutos é melhor que 10; e 10 minutos é melhor que nada... O importante é que você faça caminhadas todos os dias. Ou seja, mantenha-se caminhando regularmente, mas sem gerar estresse. No nosso caso, eu diria "mantenha-se aplicando a Metodologia UP diariamente, mas sem gerar estresse ou ansiedade."

— Gostei dessa ideia!

— Também gosto muito dela. Vou lhe contar sobre uma situação que vivenciei recentemente, para que você fique mais à vontade ao usar tudo o que você aprendeu neste livro. Aliás, a história tem a ver exatamente com o processo de escrita desta obra.

"Eu tinha iniciado a escrita deste livro já havia algum tempo, mas em determinado momento resolvi parar com este projeto e fiquei alguns anos sem retomá-lo. Mas por que parei por tanto tempo? Porque a minha empresa, que sempre deu muito certo, não estava bem naquele momento. Nós estávamos com muitas dificuldades nos negócios."

"O meu raciocínio era que, como eu queria ajudar as pessoas a vencer, contribuir com o sucesso delas, eu precisaria ser um exemplo desse sucesso. Precisaria ser um exemplo completo de tudo o que estava querendo ensinar para os meus leitores."

"Em tudo o que fiz na minha vida, colecionei inúmeros sucessos, tanto na área da empregabilidade como na vida de empreendedor. Mas naquele momento eu estava passando por dificuldades com a minha empresa. E sentia que precisava superar aquela fase, para falar novamente para as pessoas sobre o sucesso, para ser mais verdadeiro com as pessoas

"USE A METODOLOGIA DE FORMA NATURAL, COM CONSCIÊNCIA E RESPONSABILIDADE, MAS SE DEIXE TAMBÉM LIVRE O SUFICIENTE PARA DESFRUTAR DA JORNADA."

"MANTENHA-SE APLICANDO A METODOLOGIA UP DIARIAMENTE, MAS SEM GERAR ESTRESSE OU ANSIEDADE."

que eu queria inspirar. Então, resolvi deixar o livro em espera, para quando fosse o momento certo de voltar a ele."

"Com o tempo, minha empresa se aprumou e ficou muito bem, graças a Deus. Superamos todos aqueles desafios, usando exatamente a metodologia UP, que é a base desta nossa conversa."

"Cinco anos se passaram, então, até que finalmente me encontrei pronto para retomar a escrita deste livro. Então voltei a procurar meu Assessor de Escrita, Gilberto Cabeggi[11], e disse a ele: 'Mestre, estou pronto para escrever meu livro, para concluir a obra'. E recomeçamos o trabalho que resultou no livro que hoje está em suas mãos."

"Essa foi mais uma experiência em que a Metodologia UP me ajudou a reavaliar e redirecionar os meus planos, para que eu pudesse ter um resultado muito melhor em um futuro mais adequado. Enfim, hoje tenho a felicidade de entregar-lhe um método com um componente de aplicação prática que torna possível que você use no seu dia a dia tudo o que a gente conversou até aqui. E espero que de alguma maneira possa realmente fazer sentido para você e gerar uma grande diferença positiva na sua vida."

Aproveito para mais uma vez lembrar a você que a Metodologia UP se aplica a tudo em sua vida, tanto no âmbito pessoal quanto no profissional e empresarial. Porque a vida é uma somatória de várias facetas de que desfrutamos na nossa jornada. E, como aprendi com Roberto Shinyashiki, o verdadeiro sucesso é ser feliz[12], em tudo o que fazemos e em tudo a que nos dedicamos. O sucesso não está ligado aos números da sua conta bancária, aos carros que você tem, às casas que comprou, ou às tantas outras coisas que você tem. O sucesso verdadeiro está naquilo que de fato somos. Está na vitória da nossa principal busca nesta vida, que é ser feliz.

E o mais surpreendente é que você pode ter felicidade, simplesmente escolhendo vencer na arte de ser feliz e traçando um plano para esse seu objetivo de ser feliz. E então aplicar a Metodologia UP e chegar lá. Você decide vencer e vencerá em conquistar a felicidade.

É fundamental a gente entender que na jornada de vida não existe o certo e o errado, não existe o sucesso e o fracasso. Tudo conta e, no final, o que vale mesmo é o aprendizado que tiramos de cada experiência da vida. Aprendemos todos os dias, em toda e em qualquer situação, e isso precisa ser valorizado e capitalizado como experiências para as nossas próximas jornadas, para que nos tornemos cada vez melhores e possamos mais vezes escolher vencer.

Como conselho especial, sugiro que você sempre tire os arrependimentos da sua mente, não se culpe por nada; apenas aprenda e siga em frente, usando o passado como uma ferramenta de autoconhecimento e não de punição por eventuais falhas – que por sinal também fazem parte da vida e do nosso aprendizado.

É nesse sentido que espero que este livro contribua na sua jornada, daqui em diante, e que você passe a escrever cada vez mais histórias de sucesso na sua vida.

VOCÊ MERECE VENCER

18

Neste momento, quero compartilhar com você como é rica a possibilidade de "escolher vencer" e, mais ainda, efetivamente vencer como decorrência das suas escolhas.

Como empreendedor, como pai, filho, como um funcionário de empresas, como empresário, e em todas as outras facetas que vivi, exerci sempre o interesse de evoluir e priorizei ao máximo o aprendizado. E isso me permitiu vivenciar tudo o que há de mais precioso na vida, em todas as áreas da existência.

Permiti-me saborear em sua totalidade, tanto nas dores quanto nas alegrias, tudo aquilo que a vida me ofereceu, na sua abundância. Entendi que mesmo as dores que me incomodavam eram necessárias para que eu tivesse a oportunidade de aprender, para que em um momento futuro estivesse pronto para escolher vencer. Já quanto às vitórias, elas me mostraram que era muito importante sentir e viver aquilo plenamente, porque além de prazeroso também era um referencial positivo do que eu deveria sempre buscar.

Todas as vezes em que subi em um pódio para levantar um troféu, um símbolo de mais uma conquista, eu sabia que não estava sozinho naquele momento de comemoração. Estavam comigo as pessoas que me amavam, como meu pai, minha mãe, minha esposa e meus filhos, entre outras pessoas queridas, que trilharam comigo aquela jornada. E eu via em seus olhos um brilho de orgulho por aquelas conquistas que, embora representadas em mim, eram também deles.

Então pude perceber que a jornada de "escolher vencer", e realmente vencer, fazia muito bem para mim e para tantas outras pessoas. Por isso mesmo eu queria estar naquele lugar, naqueles pódios, levantando aqueles troféus.

Entendi que a felicidade de escolher vencer e realmente conquistar cada pódio era algo muito maior do que simplesmente ganhar exposição, ou algo de ostentação; não era uma posição de querer ultrapassar os limites alheios e querer ser melhor do que os outros. Era uma questão de deixar claro para mim mesmo que eu poderia crescer cada vez mais e realizar mais ainda.

Com esse tipo de pensamento, passei a olhar com mais atenção para outros vencedores e a aprender também com eles. Assim, gradualmente recebi lições importantes, corrigi muitas imperfeições, melhorei meus processos e percebi o valor inestimável que tem o fato de estarmos ao lado de pessoas que possam agregar valor para nossos objetivos. Os grandes vencedores me mostraram que existia um lugar especial na vida e que eu também merecia estar ali. E assim me estimularam a seguir em frente, com determinação e fé, todos os dias da minha vida. Sim, a fé faz uma grande diferença no seu resultado final. Conforme diz meu Assessor, Gilberto Cabeggi, "Com a fé você se abre para as mensagens que a vida lhe passa através de cada situação que apresenta, e, a partir daí, começa a agir de acordo com essa orientação recebida"[13]. A fé nos garante alcançar o sucesso pelo qual lutamos.

Assim como aconteceu comigo, você também vai perceber que quando escolhe vencer e aplica a Metodologia UP, tudo passa a trabalhar a seu favor. Vai descobrir as coisas que pode fazer melhor, porque já executou algo semelhante em sua vida, com muita eficiência.

Preciso compartilhar com você, nesta reflexão final, a minha certeza de que todos nós merecemos escolher vencer, e vencer. Isso é algo que temos por merecimento, porém muitas vezes na vida esquecemos de que tudo aquilo que vivemos e conquistamos é algo merecido. Nós nascemos para ter sucesso e ser feliz. Mas é preciso que tomemos posse dessa nossa herança divina.

Um cenário de negatividade, de coisas que não dão certo, também precisa ser visto como um momento de aprendizado e de resiliência. Passar por dificuldades não tira o seu merecimento da vitória. É mais uma oportunidade que você tem para escolher vencer, para impor a sua determinação sobre os desafios.

A Metodologia UP que está sendo entregue em suas mãos tem o compromisso de colocar a eficiência e a eficácia a serviço da realização dos seus sonhos. Mas ela só vai funcionar na sua vida quando você perceber que a sua atitude e a sua postura frente aos desafios sempre serão os pontos principais da sua jornada de sucesso. Você tem que ser o ator principal, o protagonista da sua vida. Somente você é capaz de escolher vencer na sua vida e fazer com que isso o leve à vitória de forma efetiva.

Em meu coração existe um sentimento de gratidão por você ter chegado até aqui nesta leitura e por ter dado a mim a oportunidade de contribuir de alguma forma com suas próximas vitórias. Espero sinceramente que na sua jornada de vida, daqui para frente, você leve consigo estas estratégias e, com elas, que escolha vencer, conquiste grandes vitórias e viva plenamente todos os momentos da sua vida, como um autêntico vencedor.

SOMENTE VOCÊ É CAPAZ DE ESCOLHER VENCER NA SUA VIDA E FAZER COM QUE ISSO O LEVE À VITÓRIA DE FORMA EFETIVA.

Lembre-se sempre que você é a melhor resposta para todas as situações da sua vida. **Você é o seu melhor plano**, as suas melhores ações e o seu melhor resultado. Esta metodologia vai ajudá-lo a render mais naquilo que você já faz bem e a desenvolver-se melhor naquilo que ainda não domina, comprovando sempre que você ainda é a sua melhor opção de investimento.

Então, escolha vencer sempre. Escolha vencer... E vença.

Nós nos encontraremos no topo dos pódios da vida, ainda neste plano, se Deus permitir.

Um dos meus maiores sonhos é que este livro se perpetue por gerações e realmente faça uma grande diferença positiva no mundo e para um número enorme de pessoas. Logo, mesmo depois de eu já ter sido recrutado pelo Pai, saiba que do lugar onde eu estiver estarei torcendo pelas suas vitórias.

Um grande abraço,

Julio Amorim

Notas e referências

1. ROBBINS, Tony. *Desperte seu gigante interior.* Best Seller, 2017.

2. CARROLL, Lewis. *Aventuras de Alice no País das Maravilhas & Através do espelho*. Coleção Clássicos Zahar. Ed Zahar, 2013.

3. SÉNECA, Lúcio Aneu. *Cartas a Lucílio*. Fundação Calouste Gulbenkian, 2014.

4. MACHADO, Antonio. *Campos de Caste*la. Editora e Livraria Caminhos, 2017.

5. O Guia 4 Rodas foi um grupo de guias rodoviários brasileiros, editados pela Editora Abril entre 1965 a 2014, com indicações de hotéis, restaurantes, rodovias, passeios, escolas, parques, hospitais e outros pontos de referências para viajantes motorizados.

6. O Pager era um dispositivo eletrônico usado para contatar pessoas através de uma rede de telecomunicações. Foi muito popular entre os anos 1980 e 1990 e utilizava sistemas de rádio para interligar o centro de controle de chamadas e o destinatário.

7. UEDA, Edgar. *Kintsugi: o poder de dar a volta por cima.* Citadel Grupo Editorial, 2019.

8. IMAI, Masaaki. *Kaizen: The Key To Japan's Competitive Success.* McGraw-Hill Education, 1986.

9. Kaizen é uma filosofia japonesa que se concentra em melhorias contínuas, de maneira gradual. Ela se baseia na crença de que pequenas mudanças diárias podem levar a grandes melhorias a longo prazo.

10. UEDA, Edgar. *Kintsugi: o poder de dar a volta por cima.* Citadel Grupo Editorial, 2019.

11. CABEGGI, Gilberto. *Antes de escrever seu livro*: os segredos que fazem os livros de sucesso. 2. ed. LivroMeu, (17 junho 2016). Edição do Kindle.

12. SHINYASHIKI, Roberto. *O sucesso é ser feliz*. 4. ed. Gente, (17 fevereiro de 2012).

13. CABEGGI, Gilberto. *Santo remédio*: tudo posso na fé que me sustenta. Edição do Kindle, 2014.

14. PACHECO, Otavio. *Planilha Excel*. Edição Moore Capital, 2013.

Este livro foi composto nas tipologias Cinzel e Adobe Garamond Pro.
Impresso pela Gráfica Printi em agosto de 2024.